政府行政人员角色研究

ZHENGFU XINGZHENG RENYUAN JUESE YANJIU

毕瑞峰 著

人民出版社

目　　录

序　言

“角色”与“身份”是相对应的一对范畴。如果说人是自然与社会的统一体，那么，身份更多地具有自然的成分。虽然我们也习惯于把身份看作是人的社会标识，却是由自然因素决定的。在农业社会，人出生在哪个等级上，也就拥有了相应的身份，这说明人的身份不是社会选择的结果，更不是个人所作出的选择，因而，我们称其为人的自然方面，受到自然因素的决定。到了工业社会，人的身份多重化，除了拥有公民身份之外，还会因为出身于不同的地域和活动于不同的领域而拥有其他身份。这样一来，人的身份的自然色彩受到削弱，而社会性特征则日益增强。即便如此，与角色相比，身份依然具有更多的自然色彩，受到自然因素的制约。比如，人的基础性身份是公民，表现为一种政治设定，至少公民权是由政治体系所赋予的。但是，如果我们对一个人的公民身份设问：为什么你是这个国家的公民而不是那个国家的公民？则可以发现，出生地在获得公民身份方面发挥了重要作用。当然，与农业社会的等级身份相比，公民身份已经表现出了一定的可选择性，但这种可选择性是受到诸多因素限制的，而不是一种自由选择。所以，我们仍然注意到了身份在此意义上的自然属性。也就是说，身份无非是以社会标识出现的人的自然因素，在表现形式上是社会的，而在实质上则是自然的。

与身份相比，角色则纯然是人的社会属性。第一，角色具有可选择性，人的角色扮演活动既是个人选择也是社会选择的结果，或者说，是个人选择与社会选择共同作用的结果；第二，角色具有流动性，一个人可以终生扮演一种角色，也可能不断地变换角色，可以通过个人的努力而实现角色的升级，也可能因为社会的变动或个人原因而使角色出现自己所不期望的下滑；第三，角色具有可替代性，或者说，有着比身份更强的可替代性，一个人所扮演的某种角色是可以被他人所替代的，而且可能会有着大量的后备军准备替代这个角色；第四，角色是可以评价的，一个人的角色扮演状况如何，必然会引发相应的评价，而身份一般不会遇到评价的问题；第五，由于角色具有上述特征，角色扮演与人的能力、素质以及修养等方面有着直接的关系。从这五个方面来看，角色的社会性特征是非常明显的。在某种意义上，我们认为，角色以及人的角色扮演活动标志着人远离了自然界，是社会进化的一项成果，人类社会的文明化可以在人的角色以及角色扮演活动中去加以理解。

总的说来，身份构成了人的角色扮演的条件，或者说，身份是人的角色扮演的准入门槛。在农业社会的等级身份制条件下，尽管社会角色体系尚不发达，但也存在着某些可以被视作角色的社会构成因素，特别是在社会治理领域中，已经在某种程度上出现了身份与角色的二重化，因而，可以在人的社会活动中去区分人的身份与角色。就人的角色扮演来看，在这一历史时期中，基本上是受到身份制约的，人能否开展某个方面的社会活动，需要以所拥有的身份为前提。在此方面，人们也许会以为中国古代的科举选仕超越或打破了身份限制，其实不然。我们认为，中国古代的科举选仕实际上是制造了一个身份的模糊地带，在其背后所包含的思维依然是依据身份而授予某个角色，科举考试其实是改变身份的过程。所以，科举选仕仍然可以视为身份决定了角色扮演。从历史上看，在农业社会的历史阶段中，角色并未成为一个显性化的社会现象，是在工业化进程中才使角色凸显出来，应当说，是社会分工造就了各种各样的角色。由于社会分工，出现了各种各样的职业，而在职业活动中，人们是以具体的角色扮演的方式参与其中，分工越是充分，职业划分就越细致，角色也呈现出了多样化的状况。

在身份与角色之间存在着一个模糊地带，或者说，身份与角色在某个地带上是交叉重叠的，可以将人的某种形态既看作为身份也看作为角色。一般来说，这往往是出于理解的需要才会遇到的问题，在实践中并无多大的意义。比如说，在人的职业生涯中，作为一种职业的从业者获得了某种职业身份，但职业活动本身也是职业角色扮演过程。对于这一问题，出于理解的需要，在静态的意义上，可以把职业看作人的身份，而在动态的意义上，所看到的则是人的角色扮演。在这个模糊地带中去理解身份与角色的区别，还会把我们的视线引向职位和岗位。这样一来，我们也就看到，当人从事某项职业时，获得了一种职业身份，但在人与具体的职位和岗位联系在一起的时候，所扮演的则是某个角色。人在不同的职位和岗位间流动，也就是一个角色变换过程。就此而言，身份存在于组织之外，而角色则存在于组织之中，是人在组织中开展活动时的标识和载体。

对身份与角色的上述辨识让我们可以提出这样一个判断，那就是，身份在某种意义上是“天赋的”，而角色则是选择的；身份是人的外在规定，而角色则更多地受到了内在规定的支持。基于这一判断，也就使我们的关注重心投向了人的角色扮演需要什么条件上来。显然，对这一问题的回答需要我们梳理两个方面的条件。

第一，角色扮演需要客观条件。比如，组织及其职位、岗位设置，与角色扮演相对应的规则体系，角色扮演的目标等等，都是人的角色扮演的客观条件。只有当这些条件具备了，才会有角色扮演的问题，否则，也就无所谓角色了。就角色扮演的这些条件来看，农业社会的社会分工很不充分，在社会整体的层面，人们往往不是通过角色扮演去开展生产和社会活动的。一方面，尚未形成社会化大生产的格局，自然经济条件下的生产活动往往是以家为单位开展的，并不需要进行角色扮演，而且，人也不需要通过角色去作出标识；另一方面，社会的组织化程度还很低，只有在社会治理以及军队等方面实现了组织化，而且，这些方面的组织建构并不从属于科学原则，而是更多地反映了身份决定的色彩。所以，我们也把农业社会称作身份制的社会，即把等级身份制简称为身份制。在工业社会中，之所以角色显性化为显著的社会现象，是社会组织化和法治化的结果，一方面，社会的组织化提供了各种各样可供选择的职位和岗位；另一方面，社会的法治化将法的精神灌注到组织运行之中，让组织去自觉地建构人的角色扮演所需要的规则；再者，组织目标通过分析分解而被注入到了职位和岗位之上，使角色扮演行为都能够与明确的责任联系在一起。相应地，身份只在某些职业活动中才构成了准入条件（比如，公共领域中的各种活动需要以公民身份为前提），而在广泛的社会层面，职业活动并不刻意计较身份，除非国家出于某种目的而作出了保护性规定之外，职业活动是对全社会开放的，身份并不对角色扮演形成制约。

第二，角色扮演更需要某些主观条件。比如，人的受教育程度、能力、素质、个性特质、道德状况等，都影响着人的角色扮演质量。角色扮演的客观条件是前提，只有具备了客观条件，人才能在社会活动和社会生活中去扮演某种角色。人能否扮演好一个角色，或者对所扮演的角色作出什么样的诠释，都取决于其主观条件。在人选择了某个角色时，或者，当社会选择了某个人去扮演某个角色时，人的能力会成为优先考虑的因素，但此时所考虑的人的能力只是一个基准能力，并不意味着扮演相同角色的人不存在能力上的差异。如果说人的能力方面具有差异的话，那么，在角色扮演中就会有着不同的表现。同样，人的其他方面也都存在着差异，而且有这些方面的差异都会影响到人的角色扮演。当然，人的角色扮演状况并不是由单一主观因素决定的，而是所有主观因素综合作用的结果。但是，在人的角色扮演的所有主观条件中，道德因素发挥着关键性的影响作用。在某种意义上，我们考察人的角色扮演问题，目的正是要厘定人的道德因素对人的角色扮演的影响。可以认为，正是对人的角色扮演条件的思考，把我们引向了对人的职业道德的关注。

毕瑞峰的著作所考察的是行政人员的角色扮演，这是一个很有意义的课题。从上述我们对人的身份与角色分析中可以看到，在行政体系中是不存在身份的，因为，在人踏入行政体系的门槛之前，身份作为一个制约因素已经得到了消解，一旦人进入行政体系之中，就必然是以扮演某个角色的形式出现的。所以，也许行政人员在总体上拥有一种职业身份，但这种身份只是相对于行政体系外部因素时才会作为标识而存在，而且，这种标识给予行政人员的是时时准备接受监督的约束条件。总之，在行政体系中是不存在身份问题的，不会有人关注身份，更不会基于身份去处理各种各样的关系和开展行动。在行政体系中，发挥基础性主导作用的是人的角色。也就是说，行政体系无非是一个组织体系，是由众多职位和岗位构成的，每个职位和岗位都意味着相应的角色，行政人员与职位和岗位建立起了联系，也就意味着扮演了某个角色。在此意义上，我们倾向于认为行政体系无非是一个角色系统，是由角色集合而成的行动体系。所以，从角色的角度去观察行政体系，无疑是一个非常好的观察视角。正是这一点，决定了《政府行政人员角色研究》这本书有着独特的价值。

毕瑞峰以我的分析框架——统治型政府、管理型政府、服务型政府——为轴线去考察行政人员的角色，实现了对行为主义以及社会心理学的角色理论的超越，使得叙事文本显得更加客观和科学。毕瑞峰把角色放在行政发展史上，对行政人员的角色进行了历史描述，把行政人员的角色与行政模式的变迁有机地统一起来进行分析。这是一种对行政人员的角色进行实质性考察的方法，即把行政角色与社会治理的客观要求联系在一起去把握角色的实质，而不是像行为主义或社会心理学那样去就个体的人的动机、利益要求去理解行政人员的角色扮演活动。显然，在社会分工体系中，行政管理有着自身的特殊性，即便是在分工尚未显性化的农业社会，（官吏的）行政活动也不同于其他的社会性活动。考虑到这一点，把行政人员与其所在的行政模式联系无疑是一条正确的研究路径。严格说来，农业社会的身份与角色尚未实现分化，官吏既是一种身份也是一种角色，角色是在近代社会分工的历史背景下才与身份分离，并构成了一种重要的社会要素。该书作为对行政人员角色的专题性研究，从统治型政府所代表的行政模式开始展开叙事是必要的，而且，作者也准确地揭示了从身份到角色的演变过程。对社会治理者的这一历史性描述包含着诸多深刻的隐喻：在从身份到角色的转变中，获得了许多可以进行科学把握的因素，同时也流失了许多对于社会治理而言非常重要的因素。进而，也为我们前瞻性的思考指明了一个方向，那就是在面向后工业社会的服务型政府建设中，需要根据这一新型行政模式的要求去重构行政人员的角色。行政人员的角色问题是一个专题性的问题，而将其与行政模式的历史演进联系在一起考察，使得这一课题得到了极大地提升，反映了马克思主义的历史发展观。

由于把行政人员的角色与行政模式联系起来考察，使角色概念的双重内涵变得清晰了。应当承认，在行为主义以及社会心理学的角色理论中，角色也是以两种形式出现的，一种是个体的角色扮演；另一种是以群体为载体的角色集，但是，在行为主义以及社会心理学的文本中，我们更多看到的是对个体角色扮演的研究，而群体角色并未得到科学界定。在这本书中，毕瑞峰对这两重角色及其历史演进的考察是独到的，特别是对行政人员作为一个独特的职业群体角色扮演活动的研究取得了创新性成果。从行为主义的视角来看，个体与群体都将归于行动者的概念，也就是说，个体与群体概念上的区别将变得模糊和不再必要。但是，在科学发展史上，从代表了静态观察视角的个体主义向代表了动态科学观念的行动主义的转变肯定需要一个中介性的逻辑环节，即需要通过某些方面的研究去把从个体主义到行动主义的历史连接起来。这样一来，我们就看到了对群体角色扮演活动的研究是具有这项意义的。

总的来说，对行政人员角色的研究是一个重要理论课题，无论是行政人员的个体角色还是群体角色，都是值得进行深入探讨的课题。如果说管理型政府的行政过程中存在着许多无法破解的难题，在某种意义上，恰恰是因为对行政人员的角色扮演活动缺乏研究所致。因为，一旦我们去思考行政人员的角色扮演问题，立马就发现，工具理性及其形式合理性追求的片面性。再者，从职业的角度去看问题，在近代社会分工的背景下，行政人员无疑是一个非常独特的职业群体，因而，对作为个体的行政人员角色扮演活动也会有着特殊的要求。然而，关于这方面的研究却是不足的，甚至可以说几近空白。因此，毕瑞峰的这本书的出版是必要的。

毕瑞峰是我指导的博士，这本书是她的博士学位论文，现在付诸出版，我理应作个序以表示祝贺。毕瑞峰属于那类“不用扬鞭自奋蹄”的学生，毕业后不久，便遭遇了身体健康状况不佳的问题。对此，我心中感到内疚，总是后悔她在读期间没有多提醒她劳逸结合。即使生病期间，毕瑞峰也一直念念不忘自己的这篇论文，希望修改出版。对此，我的态度是鼓励她出版奉献社会，但不赞成她去修改论文。因为，健康比一切都重要。再者，就这篇论文而言，有着它的独特价值，对行政学研究中的一项几近空白领域的开拓本身就具有出版价值。虽然作为一本书在各个方面都显得粗糙，但提出这个问题本身对行政学研究就是一项促进。

张康之

2016 年 3 月

第一章 导 言

第一节 选题背景与意义

一、选题背景

20 世纪人类政治生活领域最显著的特征就是行政国家的兴起和发展，政府对人们生活影响的深度和广度都达到了前所未有的状态。我们完全有理由断言，政府在社会发展中具有不可替代的作用。而政府机构的持续膨胀，行政权力的持续扩张，财政赤字的不断攀升，政府信任的不断下降，政府不可治理性问题的不断增加，又迫使全世界都在重新思考政府问题。英国前首相撒切尔夫人曾经说过，“当今世界唯一不变的就是变革”。

目前，新一轮的世界性政府行政改革仍在如火如荼地进行中。中国的行政改革以党的十一届三中全会的召开为标志进入了一个新的历史时期，随着行政改革的深入开展，不再是简单地围绕着机构精简、削减冗员而进行，而是把改革的重点转向政府的职能定位，开始“重新思考政府”，把政府在社会主义市场经济条件下的主要职能定位为“经济调节、市场监管、社会管理、公共服务”。时任总理的温家宝同志于 2004 年 2 月 21 日在省部级主要领导干部“树立和落实科学发展观”专题研究班结业式上的讲话中，再次强调指出：“公共服务，就是提供公共产品和服务，包括加强城乡公共设施建设，发展社会就业、社会保障服务和教育、科技、文化、卫生、体育等公共事业，发布公共信息等，为社会公众生活和参与社会经济、政治、文化活动提供保障和创造条件，努力建设服务型政府。”从而第一次正式地提出了服务型政府建设的改革目标。

适应全面深化改革的要求，党的十八届三中全会《中共中央关于全面深化改革若干重大问题的决定》指出，必须切实转变政府职能，深化行政体制改革，建设法治政府和服务型政府，并把全面正确履行政府职能定位为：“加强中央政府宏观职责和能力，加强地方政府公共服务、市场监管、社会管理、环境保护等职责。”尤其要指出的是，中国行政改革的持续深入开展是涵蕴在世界性行政改革之中的，是与各国的行政改革同步进行的。因此，我们才可以更深刻地理解中国服务型政府建设的改革目标。

20 世纪 70 年代末 80 年代初，西方各国也掀起了一场旷日持久的政府改革运动，应付政府不可治理性增加所带来的困扰，当时的改革又被称为“新公共管理”或“管理主义”。由于认识到政府不是唯一的公共服务直接提供者，在许多情况下，政府完全可以通过补助金或合同等方式间接地更好地来提供公共服务，新公共管理者采用市场化的富有弹性的其他组织形式来替代僵化的程式化的官僚制组织形式，对政府进行“重塑”，通过赋予管理者自由的方式让“管理者自己来管理”。新公共管理的突出贡献就在于认识到政府的重要性是不可替代的，着重于通过管理技术与方法的改进来提升政府的公共服务能力。

“如果新公共管理的原则与传统公共行政进行比较的话，那么新公共管理无疑看起来是一个更为可取的方案。但是，通过对近期公共行政文献的研究，我们可以明确地认识到，这两种研究方法并未充分包含当代的政府理论与实践。”① 在当代的政府理论与实践中还存在着别的改革探索，如延续着宪政主义传统的新公共服务理论。其代表人物登哈特夫

① Robert Denhardt & Janet Denhardt，“The New Public Service：Serving Rather than Steering”，*Public Administration Review*，2000，60 (6)，pp.549-559.

妇通过对新公共管理“急于掌舵时，或许正在淡忘谁拥有这条船”的批评表达了一种对民主价值的全新关注，指出政府不应该像企业那样运作，它应该像一个民主政体那样运作，强调政府的重要性应体现在服务而不是掌舵上，突出了公共服务、民主治理与公民参与在治理体系中的中心地位。又如作为善治的治理理论，则强调具有合法性、透明性、责任性、法治、回应以及有效的公共服务体系，这也引起了许多国际性治理机构对服务公平问题的关注。如世界银行 2004 年报告的主题就是《让服务惠及穷人》并宣称“把穷人置于服务供给的中心：使他们能够监督和规范服务提供者，扩大他们在政策制定过程中的发言权，并加强对服务提供者的激励使之服务于穷人”。① 还有更多的国家在正式文件甚至法律文件中明确指出了公共服务的职责，正如狄骥所言：“如今，公共服务的概念正在逐渐取代主权的概念成为公法的基础。”②

应该看到，这场世界性的变革是自发的、是内生的，其目的都是为了解决各国发展中所面临的难题，是各国理性权衡的选择。我们同意丹尼尔·贝尔提出的描述西方社会发展趋势的“后工业社会的来临”的概念，认为这是由于人类社会进入了一个高复杂性、高不确定性的阶段，预示着一个全新的历史阶段的到来，或者说，人类历史进入了一个新的转型期。根据控制论者阿什比提出的“必要的多样性”定律，只有当控制器或“控制系统”的多样性不低于被控制对象的多样性时，才能实施有效的控制。控制系统的复杂性、多样性要与被控制的对象系统的复杂性、多样性相适应。相对于对象系统而言，控制系统的复杂性、多样性过高，则会提高控制成本、产生不必要的冗余和浪费；而若控制系统的复杂性或多样性不够，控制也必然是无效或低效的。③ 正所谓“魔

---

① 世界银行：《2004 年世界银行发展报告：让服务惠及穷人》，中国财政经济出版社 2004 年版，第 1 页。

② ［法］狄骥：《公法的变迁·法律与国家》，郑戈、冷静译，辽海出版社、春风文艺出版社 1999 年版，第 40 页。

③ 李亚、李习彬：《行政体制改革与阿什比定律》，《北京行政学院学报》2006 年第 5 期。

高一丈”，则需“道高一尺”。针对现阶段社会高复杂性、高不确定性社会事件的增多，如何才能确保正常的社会秩序，都对管理系统提出了更多的要求，而改革则是应对越来越多、越来越频繁的社会危机事件的必然选择。

我们还应该看到，中国的行政改革有着自己的逻辑必然性。我国历届政府都十分重视自身建设，与新中国的成立同步，前后经历了数十次大大小小的改革。尤其是党的十一届三中全会作出了把全党工作的重心转移到社会主义现代化建设上来的决定，为新时期的行政改革确立了基本方向：适应国家政治与经济体制改革的需要，适应社会与经济发展的需要，“改革政府体制、增强政府工作的活力、提高工作效率，成为这一时期政府行政改革的主要任务”。① 行政改革中具有标志性的成果是形成了“依法行政”和“以德行政”的指导思想。

首先是“依法行政”思想的形成。改革开放以来，我国社会主义民主与法制建设取得了重大成果，党的十五大进一步巩固了这项成就，确立了依法治国、建设社会主义法治国家的基本方略，并在九届全国人大二次会议上将其载入宪法。依法行政作为依法治国的重要组成部分，也取得了重大推进。党的十六大明确提出“加强对执法活动的监督，推进依法行政”，要求深化改革，形成“行为规范、运转协调、公正透明、廉洁高效”的行政管理体制，提出了要按照“决策、执行、监督相协调的要求，继续推进政府机构改革”的思想。为了贯彻落实依法治国方略，全面推进依法行政，建设法治政府，制定了《全面推进依法行政实施纲要》，要求转变政府职能、深化行政管理体制改革，建立健全科学民主决策制度，加快行政程序建设，规范行政执法行为，强化行政监督机制，不断提高行政机关工作人员依法行政的观念和能力。十八届五中全会进一步指出，在全面深化改革的实践中，要深入推进依法行政，加快建设法治政府。

---

① 中国行政管理学会：《新中国行政管理简史》，人民出版社 2002 年版，第 309 页。

其次是“以德行政”思想的形成。江泽民在 2000 年 6 月中央思想政治工作会议上的讲话中指出：“法律与道德作为上层建筑的组成部分，都是维护社会秩序、规范人们思想和行为的重要手段，它们互相联系、互相补充。法治以其权威性和强制手段规范社会成员的行为。德治以其说服力和劝导力提高社会成员的思想认识和道德觉悟”，而以德治国具体到行政领域就是“以德行政”。

然而，“徒善不足以自政，徒法不能以自行”，无论是“依法行政”的问题，还是“以德行政”的问题，归根到底又都是人的问题，都是由“行政人员”这个主体来执行的，因而，只有调动了“行政人员”内在的主动性和积极性，才是改革的根本出路。改革的实践表明：越来越多的法律规章制度并不会必然地导向廉洁、有效的治理；越来越高级的管理技术和方法也不会必然地意味着及时、高效的服务供给等。究其原因就在于，所有的法律、法规和规章制度、管理技术与方法都离不开人的主动性，都有赖于人的制定与实施、有赖于人的具体实施、有赖于人的创新与改造，因而，只有充分认识到人的主体重要性，充分释放人这个主体的潜在能量，才能使法律、制度与技术发挥出其应有的作用。马克思说过：“人并不是抽象的栖息在世界以外的东西。人就是人的世界，就是国家，社会”①。因而，行政改革的真实成效有赖于行政人员的努力与付出，“政府行政组织，不仅是一个权力体系，职责体系，是一个僵化与静止的机构，更重要者，它是一个由公务人员组成的一个人的群体”。

“政府管理的效能固然取决于机构的合理设置和职掌分明，层级控制的管理体制，更重要者，它更取决于公职人员群体集体的奋发努力、精诚团结、热诚尽职，共同的合作。”② 行政体制中的各项改革措施，政府职能转变的具体落实，政府改革目标的基本实现等，只有与行政人员这个重要主体相结合才具有了现实可能性。因而，要想让行政人员尽职

① 《马克思恩格斯选集》第 1 卷，人民出版社 1972 年版，第 1 页。

② 张成福：《大变革——中国行政改革的目标与行为选择》，改革出版社 1993 年版，第 143 页。

尽责的工作，让行政人员全身心地服务于公民，我们则唯有本着“以人为本”的理念，坚持“人的自由而全面的发展”的原则，真正去理解行政人员的工作，了解他们的内心需要，强化他们对服务理念的信仰，鼓励并激发他们对公共利益的职业追求。正是基于这种考虑，本文试图系统地研究行政人员的角色问题。

二、选题意义

行政人员作为事实上的行政主体，承担着政府管理的具体职能，行政人员的能力和素质直接决定了政府作用的发挥程度和水平。本书并不倚重于从法律制定或制度构建等外在的技术层面来寻求行政工作的改进，而是聚焦于对行政人员角色的研究，着力于从社会关系互动的角度理解行政人员的角色承担，试图通过深入了解行政人员内心世界的方法，在充分挖掘行政人员主动性和积极性的基础上去寻找并发现有效的改革路径。正是在这个意义上，本书对行政人员角色的研究将具有重要的理论意义和实践意义。

1. 理论意义

社会科学的发展正日益呈现出多学科相交叉的特点，各学科之间的界限正逐渐变得模糊。而公共行政学作为一个年轻的学科，是一个科际整合的领域，其发展也必须建立在对其他学科的学习和借鉴之上。公共行政学的发展历程也表明：无论是传统公共行政、新公共行政、公共政策、公共选择、新公共管理或是新公共服务等不同的学派或理论的构建与发展，都借鉴了政治、经济、社会、心理、一般管理学等学科的理论与方法。同时，公共行政学的理论进步也将促进其他相关学科的发展。本书对行政人员角色的研究也将采用多学科交叉研究的途径，尤其是借用社会学中的角色理论来研究行政人员这个事实上的“行政主体”。其研究将具有重要的理论意义，既契合了社会科学理论研究中“以人为主题”的发展趋势，体现了人本关怀；又为公共行政学提供了一种新的解释框架。

首先，契合了社会科学理论研究中“以人为主题”的发展趋势，体现了人本关怀。人学是人文社会科学尤其是哲学的一个永恒而又常新的主题，人学的理论和历史也异常的丰富和饱满。本来，人应当拥有丰满的个性，而官僚制则把人压榨成单薄无情的任务执行工具，处在一个分工系统中的人就如同一个机器中的零部件，根本不可能拥有追求自主、创新、信任、合作等这些精神生活。① 在现代社会里，大规模、多层次的社会组织是一个普遍现象，这就决定了人这个社会存在体在某种程度上又被称为“组织人”。组织的维系需要管理，而管理的对象或管理的主体都是人；日益高涨的残酷竞争和不可遏制的技术发展又要求组织不断地变革。正如罗贝尔·萨蒙所说：“技术正在不可避免地快速前进，因而一切组织注定将落后于形势。它们必须不断地革新。使这种革新成为可能并从而显示出具有持久价值的唯一的竞争优势，乃是有关人员的素质。”② 管理中人的重要性正在日益凸显，管理工作的成效正越来越依赖于人的主体性和能动性，依赖于人的积极性和创造性。对行政人员角色的研究即是契合了这一发展趋势，它试图突破法律、规范等制度性框架，深入了解行政人员的工作动机和价值追求，认真对待行政人员的职业追求及其自我实现的社会理想，从而深入行政人员的心灵去探索行政改革之路。

其次，对行政人员角色的研究将为公共行政学提供一个新的解释框架。从威尔逊提出政治与行政二分以来，公共行政学的发展已经历了一百多年的进程。威尔逊认为“行政管理是政府工作中极为显著的一部分，它就是行动中的政府；它就是政府的执行，政府的操作，就是政府工作中最显要的部分”。③ 自此开始了公共行政学偏重于管理技术、方

① Right Hummel，*The Bureaucratic Experience*，New York：St. Martin’s Press，1987，p.124.

② ［法］罗贝尔·萨蒙：《管理的未来——走向以人为本》，王铁生译，上海译文出版社1998年版，第3页。

③ 丁煌：《西方行政学说史》，武汉大学出版社1999年版，第23页。

法的改进，倚重于管理制度构建的不断完善的传统。纵观公共行政学的发展史，我们不难发现，它曾交叉运用了许多学科的解释框架。既在发展过程中曾得益于一般管理学的解释框架的运用，致力于科学性、技术性的专业化追求，并带来了管理效率的大幅增进；也得益于政治学的解释框架的运用，并在其中找到了公共利益的原点；还得益于经济学的解释框架的运用，发现经济理性可以促进社会效率的改善。当然，我们也不难发现，还可以借用更多的其他学科的解释框架来使公共行政的实践受益更多。

而对行政人员角色的研究就将是这样的一种努力，它将采用社会学中的角色理论来对相关的行政现象做出解释，并将突破单纯的静态制度研究的束缚，而是把行政人员放在社会互动过程之中加以全面系统的研究，通过把握社会互动具体过程的方法去探求行政效能提升的出路。即用“角色”这个概念把“社会公众”与行政人员的“权力”、“权利”、“义务”与“责任”联系起来，不仅仅局限于政府管理领域，而是放大到社会整体中研究行政人员。这样不仅可以了解社会的动机——心理机制如何作用于行政人员个体的行政行为，而且注重在整体的社会文化机制中理解行政人员的行为做出与责任承担，从而能够更深刻地认识行政人员所肩负的公共需求与社会责任；同时，这也有利于突破在行政环境中认识行政现象的局限与弊端，而是能够在更大的社会系统内探寻行政持续发展的历史动因和社会动因。

2. 实践意义

当然，对行政人员角色的研究意义不仅仅反映在理论上，还体现在能够引导社会实践发展，深化行政体制改革，促成政府职能的全面正确履行，并针对改革中所面临的现实问题提出建议。历史和现实都已证明，行政改革的成效最终都要取决于行政人员这个实施主体，因而，行政人员能力的高低，品德的优劣往往会成为备受关注的焦点。其实，改革无非可以区分为顺应社会发展趋势所提出的前瞻性改革和为了解决现实问题所进行的回应性改革。两种改革途径各有利弊，一方面，回应性改革的优点是见效快，但难免会存在着成本大，治标不治本之嫌；另一方面，前瞻性改革的效果虽然不是那么立竿见影，但长期效果却很显著。同理可言，理论研究的实践意义也可以区分为短期明显性与长期不明显性两种。即有些理论研究的现实针对性很强，而有些理论研究的现实针对性虽没那么强，但却着眼于一些深远的根本性问题的解决。本文对行政人员角色的研究就属于后者，其现实针对性可能不及“治庸”、“治贪”等专项研究的短期效果更明显，但其所作出的理论探索必将具有重要的社会意义与深远影响，它将有利于纠正长期存在的“缺位、错位、越位、虚位”等广为诟病的行政现象，也将改变“门难进，脸难看，话难听，事难办”，或是改革初见成效后的“门好进，脸好看，话好听，事仍难办”的官僚主义作风，还将有利于“建设职能科学、结构优化、廉洁高效、人民满意的服务型政府”的改革目标实现。

首先，对行政人员角色的研究将有利于我们正确地把握行政体制改革的方向，坚定服务型政府建设的信心。在十届人大三次会议的《政府工作报告》中，温家宝同志明确阐述了建设服务型政府的内涵：“创新政府管理方式，寓管理于服务之中，更好地为基层、企业和社会公众服务。整合行政资源，降低行政成本，提高行政效率和服务水平。政府各部门要各司其职，加强协调配合。健全社会公示、社会听证等制度，让人民群众更广泛地参与公共事务管理。大力推进政务公开，加强电子政务建设。增强政府工作透明度，提高政府公信力。”服务型政府建设的提出，一方面反映了近年来政府自身建设和行政改革的成就，另一方面也为下一步的深化改革指明了方向。如何保证服务型政府的理念能够贯彻下去而不是流于形式，就顺理成章地成了实践中的最大难题。行政人员的角色定位不仅是健全行政体系的一个必要方面，而且是整个行政改革的重心。通过行政人员的角色研究可以让我们站在历史的高度上认识服务型政府建设的必然性，确定地把握“服务”理念的产生机制，致力于培养具有伦理自觉性的行政主体，全面理解行政人员对公共利益和服务价值的价值追求，挖掘出、爱护好行政人员的主动性和积极性。

其次，对行政人员角色的研究将有利于强化行政人员的公共性信仰和责任意识，改变官僚主义作风。在行政改革实践中，“反腐倡廉”，“强化舆论监督和社会监督”等字眼经常见诸政府工作报告以及各大媒体报端，相关党纪国法更加健全，违反法律的成本也越来越高昂，但打击贪污腐败的任务仍然艰巨；屡屡强调要切实加强政府自身建设，推行行政问责制，但矿难等恶性事件仍时有发生；时常宣传要求政府工作人员能够深入群众，了解群众疾苦，全心全意为人民服务，但仍广泛存在着人浮于事、政府本位、部门主义、推诿塞责、与民争利等情况。1980年8月18日，邓小平同志在中央政治局扩大会议上的讲话中曾经指出：“这些方面的制度好可以使坏人无法任意横行，制度不好可以使好人无法充分做好事，甚至会走向反面。”制度建设的重要性不必多说，但即使再好的法律与制度如果没有得到推行也不会发生效力，况且，与不断变化的社会需求相比，法律和制度总是不够周延。另外，在制度执行过程中，行政人员这个事实上的行政主体总是具有主观能动性，要行使个案的自由裁量权，要不断创新具体的行政执法体制。因而，只有通过行政人员的角色意识强化，使其牢固树立起公共性信仰，积极主动地把客观责任或制度责任转化为内在责任，增强对客观责任的认同感且主动地承担责任，权责统一才成为可能。

最后，对行政人员角色的研究还将有利于培养有责任心的公民，推进国家治理体系和治理能力的现代化。近年来，政府职能转变中提出的“社会管理”职能，以及服务型政府建设的“服务”定位都使得“社会发展”这个主题日益彰显。“培育成熟的社会是政府应有的价值取向，同时又是政府对自己的主观定位，即定位在服务者的角色上，为社会提供服务”。“政府应该通过管理的手段去自觉地培育成熟的社会，而且将此作为一项任何时候都不应忽视的重要任务。”① 改革的成果是很明显

① 张康之：《政府的责任在于培育成熟的社会》，《浙江学刊》2000年第2期。

的，如政府对行业组织成长的关注，以及调动公民参政议政的热忱和监督积极性的各项制度安排，如听证会制度，会议旁听制度，民主决策制度等。但普遍的公民参与仍未实现，公民进行利益表达的愿望仍然不高，其原因就在于公民认为自己位卑言轻，对于自身在行政改革中的价值缺乏认识或认识不足。通过对行政人员的角色研究，我们将更加深刻地理解“有责任心”的公民对于民主行政的意义，“当人们在寻求公共的意涵时，便会发现，公共与公民的角色密不可分。”① 公民对行政人员的期望和要求将成为行政人员不断改善服务的源源不断的动力，在某种程度上，我们甚至可以说，有责任心的公民将造就有责任心的行政人员，造就负责任的政府行政。而有责任心的公民又促成了市民社会的发展目标，适应国家治理体系和治理能力的现代化要求。

第二节　研究现状及本文创新

一、国外研究现状

角色原是戏剧中的名词，指演员在戏剧中所扮演的人物。社会角色理论的渊源则可以追溯到德国社会学家格奥尔格·齐美尔，他最早使用“角色”概念，这一概念后来经过其他社会学家的发挥，逐渐演变成为社会心理学和社会学及行为科学中的一个重要概念，成为研究社会结构、个人行为和人际关系的重要理论。齐美尔是从微观角度研究社会的一位大师，他虽然只是偶尔使用了“角色”的概念，并没有创建一套角色理论，但他具体分析了社会交往关系中形成的个人特性，如“异乡人”、“穷人”、“贵族”等个人的特性，这些特性类似于角色的概念。而角色理论经由很多学者的努力得以发展，成为社会学理论中有系统框

① ［美］乔治·弗雷德里克森：《公共行政的精神》，张成福等译，中国人民大学出版社2003年版，第10页。

架，有专门的概念，能正确反映和说明个体行为模式的理论，尤其是乔治·H.米德、拉尔夫·林顿、戈夫曼、乔纳森·特纳等社会学家作出了突出的贡献。

特别是在20世纪30年代到50年代，美国涌现出一批研究角色理论的学者。其中，美国芝加哥学派的乔治·H.米德的贡献最为突出。学者米德使用“角色”的概念来强调自我与“一般他人”的角色之间的互动，他认为，凭借语言这个媒介，具有心灵的有机体能够成为其自身的对象，并通过反思、学习与扮演他人的角色而发展起来“自我”。同时，基于对儿童角色意识的形成过程的研究，他主张，“自我”的发展要经过玩耍和游戏这两个重要的阶段。在玩耍阶段，儿童扮演他想象中的他人角色，通过有声姿态的自我刺激作用而采取他人的态度，有助于儿童以一个有关角色的方式从他人角色的角度来发展自己；而在游戏中，他扮演参与共同活动的任何一个他人的角色，“各种态度控制了他自己的直接反应。在游戏中我们获得一个组织化的他人，一个泛化的他人，……正是儿童天性中控制特定反应的那种有组织的活动产生了统一性，建立起他自己的自我。”[①] 据此，米德提出了一个在当时非常深刻的论点：社会塑造了个体的心智和自我，而后者反过来又影响社会。社会成员就这样具备了担当“泛化的他人”角色的能力，而角色又正是在这样的社会互动中得以形成。

角色理论的另一位重要代表是美国人类学家拉尔夫·林顿，有人甚至认为角色理论是经由林顿创立的人类学而进入社会学中的。他认为角色可以定义为：在任何特定场合作为文化构成部分提供给行为者的一组规范。他在其1936年著的《人的研究》中区分了角色与地位的关系，认为地位是权利和义务的一种直接的集合，而角色则体现着地位的动态方面，即当地位所代表的权利与义务发生效果时即为角色扮演。同时，林顿将社会结构置于个人行为之上，视社会结构为一个行为规范体系，

---

① ［美］乔治·H.米德：《心灵、自我与社会》，赵月瑟译，上海译文出版社2005年版，第125页。

个人要接受和遵循这些规范，因此可以说角色是由社会文化塑造的，而角色表演则是依据体现文化的剧本来进行的。

美国社会学家戈夫曼则以其创立的“戏剧理论”而出名。“戈夫曼的自我概念就是通过他的戏剧论形成的，在他看来，与其说‘自我’是属于演员的不如说‘自我’是演员与观众共同演绎的。”[①] 他在其第一部著作《日常生活中的自我呈现》中提出了戏剧分析模型，把活动场所区分为“前台”、“后台”以及“舞台外”，通过将戏剧比拟引入社会学分析，把角色作为研究社会行为的一种方法，为以后的研究提供了框架。戈夫曼开创了社会学理论研究中的戏剧分析研究范例，并把它作为研究社会结构的一种角度，将人们的日常生活比作剧院里的演出，社会中的行动者被类比为舞台上的演员。因而，他的理论一般被称为“戏剧论”或“拟剧论”，是一种关于个体实际行为的微观研究，是对结构分析的一种有价值的补充。

学者乔纳森·特纳则认为角色理论是连接个体与社会结构的关键概念，个体通过一定社会地位的占有，扮演着相应的社会角色，从而承担着一定的社会职责，并以此为基础与更大的社会结构建立起紧密的联系。他在纵观角色理论的发展历史中，第一次把角色理论概括为结构角色理论和过程角色理论。结构角色理论重视对微观社会结构的研究，认为社会就是由各种不同且相互联系的位置或地位所构成的网络，个体在社会中占据特定的位置，扮演着各种不同的角色。个体的行为是由其在社会结构中的地位及与此地位有关的社会期望规定好的，他所承担角色的过程不过是这种结构化的行为释放过程。以拉尔夫·特纳为代表的过程角色理论则强调了角色互动的动态过程，“行动者建构角色，并在与他人的交往中告知对方自己在扮演何种角色”。[②] 因此只有从动态的角

① George Ritzer，*Contemporary Sociological Theory and Its Classical Roots*：*The Basics*，New York：McGraw-Hill Companies，Inc.，p.147.

② ［美］乔纳森·特纳：《社会学理论的结构》（第六版，下），邱泽奇等译，华夏出版社2001年版，第49页。

度，即从角色扮演的全过程来分析角色，才能建立起合理的角色理论，认识到人们在社会生活中所承担的角色并不是单纯意义上的角色模拟，而是一个持续的角色学习或角色创造的过程。在这个过程中，角色扮演者能够主动地通过互动来界定社会情境并据此对社会结构发生着自己独特的影响。

波兰学者弗洛里安·兹纳涅茨基的《知识人的社会角色》则采取了完全不同于上述社会学家对角色问题研究的方式，对知识人的社会角色进行了专门研究。兹纳涅茨基“把社会角色设想为一个动态社会系统，它包括四个相互作用的元素。(1) 社会圈子：一群与行动者相互作用并评价他的成绩的人；(2) 行动者的自我：由于其地位而赋予他的身体与心理特征；(3) 行动者的社会地位：由于其地位而固有的特许权与免疫权；(4) 行动者的社会功能：他对社会圈子作出贡献。这一范式规定了对社会角色进行系统比较时必须加以分析的最起码的东西”①。在本书中以知识人为研究对象，以文化知识系统为背景，对知识人可能扮演的社会角色进行了分类研究，主要分为技术顾问、圣哲、学者及知识的创造者或探索者，并深入剖析了知识人的行为模式及其所创造的知识形态。追溯了知识人所扮演的各种不同的社会角色之间的关系，具体描述了他们与此相应的种种不同的态度。

社会角色理论的研究成果被拓展到其他相关领域后，也取得了许多理论成果。在一般管理学中的运用成果集中体现为管理角色学派的研究。管理角色学派又称为经理角色学派，它产生于20世纪70年代，以对经理所担任角色的分析为中心来考虑经理的职务和工作，以求提高管理效率。其代表人物是明茨伯格。他们所讲的“经理”是指一个正式组织或组织单位的主要负责人，拥有着正式的权力和职位。至于“角色”的概念，该学派的创始人明茨伯格曾在《经理工作的性质》一书中作了这样的说明：“这是行为科学从舞台的术语中借用到管理学中来的。角

---

① [波兰] 弗·兹纳涅茨基：《知识人的社会角色》，郑斌祥译，译林出版社2000年版，第139页。

色就是属于一定职责或地位的一套有条理的行为。一个人的个性能够影响他如何扮演他的角色，但不会影响他所演的内容。所以，演员、经理和其他人担任的角色是事先规定好的，但各人可能以不同的方式来解释这些角色。”①

经理角色学派的学者们采用日记的方法对经理的工作活动进行了系统的观察和记载，并在对所搜集的资料进行总结的基础上得出了有规律性的东西。在明茨伯格1973年所著的《经理工作的性质》（*The Nature of Managerial Work*）中，他认为，一个管理者同时承担着许多角色，而这些不同的工作又可以归纳为三个方面，在每一方面的不同工作中，他又扮演着不同的角色，总共有十种角色。即人际关系方面的角色：挂名首脑、领导者和联络者；信息方面的角色：监听者、传播者及发言人；决策方面的角色：企业家、故障排除者、资源分配者及谈判者。② 这些角色不是相互孤立的，而是一个整体，一个结合起来的整体。经理实际上是一个投入——产出系统，因其权威和地位产生人际关系方面的角色，人际关系方面的角色导致投入（信息），而这又导致产出（信息和决策）。人们不能随意地取消一种角色而使其余角色完整无缺。③ 三十年后，明茨伯格重新思考管理者的角色，在《明茨伯格管理进行时》中把管理者所扮演的角色进一步归纳为三个平台上的角色，首先是管理的信息平台，管理主要有沟通角色和控制角色；其次是管理的人员平台，管理对内扮演领导角色，对外建立联系；另外，在行动平台上，管理要对内行动，扮演实干家的角色，对外要进行交易。进而指出，管理者在实践中要把这些角色结合起来，管理不是这些角色中的任意一个，而是所有角色。管理不是这些角色的简单相加，而是它们融合而成。“忽略其中任何一个角色，你就没有实施全面的管理。”④

---

① ［加］明茨伯格：《经理工作的性质》，孙耀君译，团结出版社1999年版，第83—84页。

② ［加］明茨伯格：《经理工作的性质》，孙耀君译，团结出版社1999年版，第8—10页。

③ 郭咸纲：《西方管理学说史》，中国经济出版社2003年版，第371页。

④ ［加］明茨伯格：《明茨伯格管理进行时》，何峻、吴进操译，机械工业出版社2010年版，第48页。

在公共行政学中虽然很少有人对行政人员的角色理论进行过系统地研究，但“角色”思想的光辉却到处在闪烁。如公共行政学的开山鼻祖威尔逊提出了文官中立，认为“行政管理是技术性职员的事情”，从而把行政人员的角色定位为“执行者”。泰勒的科学管理理论则把组织视作一架大机器，而组织的成员只是这架大机器上的附属物。学者马克斯·韦伯的贡献是提出了所谓理想的行政组织体系理论，在这种组织体系中工作的人们是一种“职业的”管理人员。即“职务就是‘职业’。这首先表现在要求有明确规定的、在很长时间内往往要投入整个劳动的培训过程和进行一般规定的专业考试作为聘任的先决条件”[①]。韦伯以“经济人”或“理性人”来理解组织成员，主张在组织中占支配地位的是“非人格化”的规范与准则，这就要求管理人员在履行职务时必须严格地遵守组织中的规则和纪律，而这些规则和纪律是在任何情况下都普遍适用的，试图以此排斥组织中个人感情的非理性影响。

与科学管理学派和古典组织论者的看法不同的是，人际关系学派的学者们不再把企业组织的职工视为一种机械的、被动的生产要素，不再把组织的成员视为孤立的个体存在。而是主张，每个人都拥有着自己独特的感情和特殊的需要，他们都是身处集体和社会环境的“社会人”，良好的人际关系对调动人们的积极性将起着决定性的作用。学者西蒙也通过对古典行政学的批判，提出用“行政（管理）人”来取代“经济人”，认为“行政管理人”是“心理人”和“经济人”两者的结合，其赖以存在的基础是“有限理性”。“心理人”有他自己个人的目的、动机与怪癖等，由于每个人的心理构造各不相同，因而在组织的决策方面就可能有合理和不合理两种结果，对组织的需要也可能有自觉和不自觉两种情况；同时，“经济人”的“理性”则能引导其作出实现组织目标的最佳选择。因而，行政（管理人）对行政形势的分析易于简化，只具

① ［德］马克斯·韦伯：《韦伯文集》（下），韩水法编，中国广播电视大学出版社2000年版，第325—340页。

有有限理性，宁愿满意而不愿作最大限度的追求，满足于从眼前可供选择的办法中选择最佳的办法①。学者迈克尔·哈曼则在批判行政理性模式的范式中提出了自主的、社会的范式，认为“人是自主的，而非被动的；是社会性的，而非单个性的”。自主的、社会的个体能够对他们自己的行动赋予意义，并基于人与环境是交互影响的认识，提出公共组织中应该拥有一个新的规范性责任基础，据此使个体能够同时感受到群体利益和个人自由裁量两方面的指导。②

新公共行政学派的学者强调把社会公平作为公共行政所追求的目标，这就要求“行政管理人员不能是价值中立的，他们应当担负起对社会的责任，应当把出色的政府管理与社会公平作为一种新的公共行政的基本原理、应履行的必要职责和应遵循的社会准则”③。其代表人物乔治·弗雷德里克森在其后来的《公共行政的精神》一书中指出，随着政府管理职业化的发展，政府的效率和效能得到改善的同时，有必要弄清楚职业的公共服务与公民之间的关系，从而明确地提出有关行政人员是“作为代表性公民的公共管理者”的角色论断。认识到行政人员角色特殊性的更进一步的看法则是：把行政人员的角色视为一种职业角色。从职业角色的视角出发，公共行政学文献围绕着不同的主题提出了很多有关公共职业者的角色分类方法。如从关注职业者的动机出发，学者安东尼·唐斯在《官僚制内幕》一书中提出了五种类型的官员，即“权力攀登者”、“保守者”、“狂热者”、“倡导者”与“政治家”④角色类型。又如从关注公共服务职业者参与公共政策制定与执行的方式的主线出发，学者理查德·C. 博克斯在《公民治理：引领21世纪的美国社区》中将其公共服务职业者的角色描述为三类：“执行者”、“控制者”与“帮

① 唐兴霖：《公共行政学：历史与思想》，中山大学出版社2000年版，第355页。

② ［美］罗伯特·B. 登哈特：《公共组织理论》（第三版），扶松茂、丁力译，中国人民大学出版社2003年版，第182—184页。

③ 丁煌：《西方行政学说史》，武汉大学出版社1999年版，第337页。

④ ［美］安东尼·唐斯：《官僚制内幕》，郭小聪等译，中国人民大学出版社2006年版，第93页。

助者”①。

此外，针对公共行政或公共管理的特殊性，还有许多学者都作出了突出的贡献。如“阿普里伯认为公共管理者除不能忽视政治角色与公共性质外，应成为民主价值与公共利益的保卫者和提倡者”。而“哈特也认为公共管理者应先具有公民和良民的身份，并在公共服务使命的召唤下，经由法定程序任命，所以他不仅娴熟于政策执行技术，更应坚持与捍卫立国精神，保障和提升公民道德，如此方无愧为民主行政的卫士——高尚官员”②。

学者魏姆斯利（也有学者把此名译为万斯莱）等人在“黑堡宣言”中，阐述了公共管理者在民主社会治理中的角色。认为公共行政不是简单的工具，公共行政也不是价值中立的手段，公共行政应追求崇高的目标与道德承诺，应考虑全民的利益，应以改善人民的生活，追求公平、效率与民主为职责。因而，“公共行政者是否为专业人员，或者他们是否具有专业资格并不重要。重要的是公共行政者在专业责任上，扮演关注能力和标准提高意义上的角色。专业化更重要的观点是将公共行政者视为受托管理者及社会治理过程中合法的、重要的参与者。作为一名受托管理者，公共行政者必须超脱于当时的政治压力和不断下降的单纯工具主义的自我形象。他或她应该寻求‘有批判意识’的角色：有意识地追求公共利益与维持民主治理过程，但也要遵守法律规范和有限政府的宪法传统。不过，公共行政者还必须坚定信念，‘扮演贤明少数的角色’，而不是吵嚷的多数人或有权的少数人，要追求长远的公共利益而不是急功近利或畏于强权的压力。公共行政者必须负责任地对合乎宪法和法律规定的特定要求作出回应。”③

---

① ［美］理查德·C. 博克斯：《公民治理：引领21世纪的美国社区》，孙柏瑛等译，中国人民大学出版社2005年版，第117页。

② 张成福、党秀云：《公共管理学》，中国人民大学出版社2001年版，第37页。

③ ［美］加里·万斯莱等：《公共行政与治理过程：转变美国的政治对话（黑堡宣言节选）》，《中国行政管理》2002年第2期。

新公共管理的学者们则秉承公共选择学派“理性人”的理念，力推“让管理者来管理”的基本准则，认为公共管理人员是具有高度专业化和通晓如何管理的个人，公共管理人员只有从政府的繁文缛节中解放出来，从制度束缚中解脱出来，才能实现良好的管理。与新公共管理学者们的“行政官员应像企业家那样有更多的行动自由”的主张不同，新公共服务理论家认为公务员不能只关注市场，他们还应该关注宪法法律、社区价值观、政治规范、职业标准以及公民利益。新公共服务理论的代表人物登哈特在《新公共服务，服务而不是掌舵》中进一步提出，政府的职能是服务而不是掌舵，公务员日益重要的角色就是要帮助公民表达并满足他们共同的利益要求，而不是试图通过控制或“掌舵”，使社会朝着新的方向发展。在这样一个公民积极参与的社会中，公共官员将要扮演的角色越来越不是服务的直接供给者，而是调停者、中介人甚至是裁判员。这些新角色所需要的不是管理控制的老办法，而是做中介、协商以及解决冲突的新技巧。

如果说，上述的学者只是在公共行政领域里间接的涉及行政人员的角色问题，那么，下述两部著作则系统的专门论述了行政人员的角色问题。第一部是美国公共行政伦理学领域的学者特里·L. 库柏的著作《行政伦理学：实现行政责任的途径》。在这部书中，作者着重研究了组织环境中的公共行政人员的角色，并使用“责任”一词指称这种角色。提出尽管行政人员为特定的职责承担责任，这些责任构成了他们的职业角色，但由于行政人员同时还承担着家庭、社区以及社会中的其他角色，各种角色中的权益与义务之间会发生冲突，从而将角色的扮演者——行政人员置于尴尬、矛盾的境地，要解决这些冲突，法规通常只给行政人员很宽泛的指导，这就要求行政人员在随意性很大的情况下，彰显其伦理水准和良知的重要，从而作出负责任的行为。第二部是日本学者片冈寛光所著的《论职业公务员》，书中提出：“职业是人发挥的各种作用中的一种，是社会分工的结果。人们通过职业获取社会作用，使自己的存在社会化，无非是由于职业构成了社会分工的一个单位，使人们通过职业参与社会化分工体系的缘故。”① 为了保持社会团结，人们所参与的各种不同职业需要相应的职业道德来确保其社会责任的承担。职业公务员的角色也承担着相应的社会责任，表现为“作为国民一分子的公务员”、“作为普通人的公务员”以及“作为人才的公务员”。

二、国内研究现状

国内学者在恢复社会学和社会心理学的研究后，对角色理论的研究也作了不少有益的探讨，使“角色”逐渐成为社会学理论中的一个专门概念，并初步形成了一套理论框架，比如角色和角色集，角色与权利义务，角色与地位，角色类型，角色规范，角色学习，角色扮演，角色错位，角色互动，角色转换，角色冲突，角色发展等。许多社会学和社会心理学的教材中，把社会角色列为专门的章节来加以论述和分析。如学者郑杭生的《社会学概论新修》，学者奚从清等人的《社会学原理》，学者周晓虹的《现代社会心理学——多维视野中的社会行为研究》，学者汪新建等人的《社会心理学概论》等。另外，在报刊杂志上也有许多文章介绍了社会角色的概念及其在社会生活中的应用。

首先是角色概念的研究。一般都认为社会角色是借用舞台术语中的“角色”，也称“脚色”。如学者郑杭生指出：“社会角色是指与人们的社会地位、身份相一致的一整套权利、义务的规范与行为模式，它是指人们对具有特定身份的人的行为期望，它构成社会群体或组织的基础。”② 学者奚从清与俞国良的《角色理论研究》中指出，“角色是指个人在社会关系体系中处于特定社会地位，并符合社会要求的一套个人行为模式。……角色是由下列五个基本要素所构成的，即（1）角色扮演者；(2) 社会关系体系；(3) 社会地位；(4) 社会期望；(5) 行为模式”。③ 换句话说，角色是一定社会关系所决定的个体的特定地位、社

① ［日］片冈宽光：《论职业公务员》，熊达云、郑希宏译，上海科学普及出版社 2001 年版，第 61 页。

② 郑杭生：《社会学概论新修》（第三版），中国人民大学出版社 2003 年版，第 107 页。

③ 奚从清、俞从良：《角色理论研究》，杭州大学出版社 1991 年版，第 6 页。

会对个体的期待以及个体所扮演的行为模式的综合表现。学者周晓虹在《现代社会心理学——多维视野中的社会行为研究》中把角色视为个体在群体或社会中的一种功能，是“处于一定社会地位的个体，依据社会客观期望，借助自己的主观能力适应社会环境所表现出的行为模式”。[①]一个人可以像在社会生活中学习各种习惯和掌握各种品质特性一样学习他的社会角色。学者汪新建等人在《社会心理学概论》中指出：“社会角色是社会地位所规定，为社会所期望的行为模式。”[②]主要包括了三种含义：社会角色是一套社会行为模式，每一种社会行为都是特定的社会角色的表现；角色所反映的是一个人在群体生活和社会关系体系中所处的位置；社会角色要求符合社会期望，即社会对于某一特定地位的人，都有一套明确的权利义务和行为规范，处于该地位的人必须按照已经规定好的或社会所期望于它的一整套的行为模式去行事，不能为所欲为。学者杨心恒等人在《社会学概论》中也指出：“个人在一定的社会关系和社会组织中处于特定的地位，并按照这个地位的规定行为办事，这就是人的社会角色。”因而，主张“社会角色的本质就在于任何社会角色的行为表现，都是与其相对应的角色伴侣之间互相联系和交互影响的产物”[③]。学者丁水木与张绪山在《社会角色论》中指出：“社会角色是指简单社会关系两端位置上的由社会需要所规定的个人行为模式。”[④]

其次是社会角色的状况与分类研究。学者郑杭生在《社会学概论新修》中曾提出，在社会实践中，“角色不是孤立存在的，而是与其他角色联系在一起的，这样一组相互联系、相互依存、相互补充的角色就是所谓角色集。”可以说，每个人在社会中都扮演着多种角色，而这些角色又总是与别人承担的更多的角色相联系，将这众多的社会角色加以

① 周晓虹：《现代社会心理学——多维视野中的社会行为研究》，上海人民出版社1997年版，第361页。

② 汪新建、孙丽丽、杨桂华：《社会心理学概论》，天津人民出版社1988年版，第293页。

③ 杨心恒、宗力：《社会学概论》，群众出版社1986年版，第92页。

④ 丁水木、张绪山：《社会角色论》，上海社会科学院出版社1992年版，第29页。

分类，可以区分为：建立在血缘、遗传等先天的或生理因素基础上的先赋角色与通过活动、努力而获得的自致角色；意识到自己所承担的权利义务且主动努力地扮演的自觉角色和未意识到自己角色而更多地按习惯去做的不自觉角色；有着比较严格和明确规定的规定性角色和没有严格、明确规定的开放性角色；以追求效益、实际利益为目标的功利性角色和以表现社会制度秩序、表现社会行为规范、价值观念、思想道德等为目的的表现性角色。[①] 学者汪新建等人在《社会心理学概论》中还提出了理想角色、领悟角色和实践角色的分类。认为理想角色也称期望角色，是指社会对某一特定地位的人所期望或理想化了的权利义务和行为模式；领悟角色是角色扮演者本人根据对自己地位的理解和领悟所采取的角色行为模式；实践角色则是指个人在特定的社会活动中实际表现出来的行为。[②] 学者周晓虹在《现代社会心理学——多维视野中的社会行为研究》中按角色扮演者所处群体的不同，把角色区分为家庭角色、学校角色、职业角色与社会中的角色；按角色扮演的时间久暂，把它区分为永久角色、长期角色与临时角色；按角色在角色丛中的地位，把它区分为主导性角色与辅助性角色。[③]

其三是社会角色的扮演研究。一般都认为角色的扮演体现为一个互动的社会化过程，是客观的社会期望与主体能动性的有机统一，要求个体进行角色学习，掌握一定的角色技能。如学者郑杭生在《社会学概论新修》中提出，人们在按照角色所要求的行为规范去活动的过程，也就是角色扮演的过程。在角色扮演中，人们首先要接触的是社会或他人对其所寄予的角色期望，继而才是扮演者循着自己对角色的领悟进行角色实践的过程。学者奚从清与俞国良在《角色理论研究》中作了如下论

---

① 郑杭生：《社会学概论新修》（第三版），中国人民大学出版社 2003 年版，第 109—112 页。

② 汪新建、孙丽丽、杨桂华：《社会心理学概论》，天津人民出版社 1988 年版，第 302—303 页。

③ 丁水木、张绪山：《社会角色论》，上海社会科学院出版社 1992 年版，第 60 页。

述：认为角色的产生是一定社会文化历史积淀的结果。一定的角色表示了个人具体的社会存在形式，是对社会存在的反映，而这些反映又必然受社会的生产关系、经济关系与政治关系的制约。人们的社会角色必然要受到角色规范的制约，“角色规范是群体中每一个角色都必须遵守的行为准则。它是在长期的社会生活中形成的，并在个体的社会实践活动中表现出来。”① 角色规范通过成文的形式，或不成文的约定俗成形式，对人的行为举止起着调节作用，是社会影响个人的重要媒介。在某种意义上，我们甚至可以说，一个人接受角色规范的过程，就是实现个体社会化的过程。而人们接受角色规范的约束，形成角色观念的过程将经历一个由拒绝角色阶段到承认角色阶段再到接受角色的阶段的变化。角色观念必将导向具体的角色行为，即个体在角色观念的指引下，通过学习角色的权利义务以及角色的知觉、情感和态度，进入或占据一定社会位置的过程。其中最重要的贡献是，指出了角色扮演的过程是社会互动得以进行的基本条件，是个体受角色期望和角色规范制约的一系列行为。

学者周晓虹在《现代社会心理学——多维视野中的社会行为研究》中认为，一个人可以像在社会生活中学习各种习惯和掌握各种品质特性一样学习他的社会角色。当个体依照社会对他的要求去履行其义务，行使其权利时，我们又称他是在扮演着一定的角色，其社会行为就是一种角色行为。角色扮演的好坏有赖于其扮演者的身心投入程度或参与程度，角色需要通过互动来表现自己，而在与他人进行互动时，为了使他人能够理解自己并配合自己，就必须要遵循特定的角色规范来表现自己。但角色扮演的过程又不是人们被动的承受过程，而是个体主动地进行角色学习，从而创造性地理解角色期望，并形成自己独特的角色行为模式的过程。这是因为，互动中的角色期望不能给扮演者提供一个固定不变的行为模式，同时个体针对同一角色期望的理解也不可能完全一样，而是受个体的生活经验和社会期望的双重限制。

① 奚从清、沈赓方：《社会学原理》，浙江大学出版社2004年版，第70页。

学者丁水木与张绪山在《社会角色论》中还指出了角色扮演的八种技巧：理想化技巧；神圣化技巧；运用错觉技巧；舞台装置技巧；现实化技巧；专一化技巧；沟通技巧与合作技巧。① 学者奚从清在其论文《关于建立角色社会学的几个问题》中则进一步倡议，要在现有角色理论研究的基础上开展"角色社会学"的研究，认为角色社会学的研究任务就是把握角色与社会的互动及其发展规律，这种研究将有助于分析社会结构；有助于解释和预测人们的社会行业；有助于促进角色学习，提高角色扮演的自觉性等，而具体的研究过程中则应坚持静态与动态相结合、理论与实践相结合以及借鉴与创新相结合的原则。

其四是角色冲突与角色发展的研究。鉴于角色扮演者在社会中总是集数种角色于一身，而每个角色又都有自己的一套行为规范，要求个体去承担相应的权利与义务，这就使得角色冲突成为一个难以避免的情况。学者郑杭生在《社会学概论新修》中提出，由于角色承担者个人的思想基础、道德水平、价值观念以及所处环境的不同，再加上每个人对角色的领悟与社会的角色期望之间所存在的距离，角色实践中总会有一定的角色距离，从而表现出社会角色的失调，具体体现为角色不清、角色冲突、角色中断以及角色失败。②

学者奚从清等人在《社会学原理》中认为，倘若角色期望的矛盾使个体在角色扮演时产生了左右为难的情况，就是发生了角色冲突，冲突表现为角色内的冲突与角色外的冲突。解决角色冲突的最有效的办法则是采取合作、转移、顺应或自居等方式进行角色协调。③ 学者丁水木等人在《社会角色论》中分析了引起角色冲突的原因包括：社会规范不清与社会环境变迁等社会方面的原因；他人期望过高、矛盾等方面的原因以及个体对角色领悟不够、学习不够或角色承担过多等原因，因而解

① 丁水木、张绪山：《社会角色论》，上海社会科学院出版社 1992 年版，第 144—146 页。

② 郑杭生：《社会学概论新修》（第三版），中国人民大学出版社 2002 年版，第 119—122 页。

③ 奚从清、沈赓方：《社会学原理》（第五版），浙江大学出版社 2004 年版，第 85—86 页。

决角色冲突的方向就是要沿着社会发展和个体完善两方面来思考。通过社会控制的方式来进行角色建设，具体可采用制定角色规范，强化角色意识，组织角色学习，建立角色行为的监控机制等方法。

学者周晓虹在《现代社会心理学——多维视野中的社会行为研究》中还进一步指出，因为角色行为赖以产生的基础是社会期望，它以社会规范的形式为一定社会地位上的个体规定了相应的权利和义务；而个体的扮演能力则是在社会期望规定的范围内对角色的一种自我驾驭。所以社会期望的形成和发展又受制于一定的社会文化。这就赋予了社会角色相应的文化内涵，而职业角色则是社会生活中文化色彩非常浓厚的一类角色。由于职业成了"个体借以实现自我发展和表现个人能力及成就感的一个重要场所，而职业角色也成了实现自身价值的主要形式。人们不仅通过扮演职业角色得到物质上的利益，而且要借此得到心理或精神上的满足"①。人们的职业行为要受到公众对其进行的职业声望评价的影响，但更主要的是受到自我对职业的主观认识的影响。这种主观认识也可以说是职业角色意识，即从事某一职业的人将社会对其职业的角色期望内化为自我意识，从而指导自我职业行为的一种主观认识。

除了上述采用总论的方法研究角色以外，还有一些学者用专论的方法具体研究了专门领域的角色问题。如学者王秀华在《技术社会角色引论》一书中具体研究了技术社会角色的历史沿革、技术的社会认知以及技术角色的冲突与协调。学者彭澎在《政府角色论》中基于对政府角色论的历史考察，指出了在国家政治制度中如何对政府进行定位的问题，并具体分析了社会政治体系中的政府角色、政府管理经济的角色以及政党制度中的角色等，从而提出了重塑政府角色的问题。学者高王凌在《政府作用和角色问题的历史考察》一书中，通过对政府作用和角色的历史考察，认为在中国古代就存在一个大政府，其后的发展中政府的

① 周晓虹：《现代社会心理学——多维视野中的社会行为研究》，上海人民出版社 1997 年版，第 384—385 页。

作用时强时弱，遵循着一定的发展轨迹，为我们留下了宝贵的遗产。学者夏有恒在《新角色——企业文化人》中认为，改革开放和发展经济的实践中创造着新的企业文化人，企业文化要内化于人，外化于行为，实现企业文化人的人格化，从而提高人的文化品质和企业管理的文化品位。学者钟年在《中国人的传统角色》一书中，从传统中国人的日常生活着手，在历史的长河中来具体分析了中国人的民族性，追踪了特定物质文明的发展过程。

在许多针对公务员制度的介绍中也曾涉及行政人员这个研究对象，如学者李和中的《21 世纪公务员制度》，学者谭功荣的《公务员制度比较研究》，学者徐颂陶的《国家公务员制度教程》，以及学者傅礼白的《国家公务员制度概论》等。但是，其所述的内容多偏重于公务员制度的研究，包括行为规范，历史发展，各国公务员情况介绍等，却很少涉及公务员制度范畴以外的其他方面，尤其是缺乏对行政人员角色的系统研究与论述。当然，也有极个别的学者曾涉及行政人员的角色问题。

首先是有关行政人员的角色定位，有些学者从公共行政的公共性着手，作出了“公共人”或“公务人”的定位。如刘祖云教授在其《当代中国公共行政的伦理审视》中把行政人员的角色定位为“公共人”。张成福教授在《公共管理学》中也提出：“公共管理者在民主治理中应扮演重要的、有价值的、正当的角色，而不能将自己混同于一般的管理者。”① 学者李春成在《行政人的德性与实践》中提出了一种新的“功能性的”行政人概念——“德性行政人”。认为行政人是具有裁量权的责任行政者，是具有道德能动性的义务承担者，是根本性地受其自身信念与伦理约束的行动者，是以“公意”和公共利益为最高准绳的价值负荷者。学者林希斌在《“公共性”视角下政府行政人员的角色定位》的论文中指出公共性是政府得以产生、运行的内在依据和合法性来源，是政府的根本属性。政府公共性决定了行政人员的“公共性”，行政人员在

① 张成福、党秀云：《公共管理学》，中国人民大学出版社 2001 年版，第 38 页。

公共行政过程中只能扮演“公共人”的角色。[①] 学者孙政与齐心在《公务员职业角色定位与行政伦理建设》中提出，现代行政管理制度中的公务员是一种职业角色，而公务员法的施行更是在法律的意义上强化了其职业化的特性。[②] 学者郑钟炎与程竹松在《论公务员的角色定位和职业属性》中指出，我国公务员是指行政机关中除工勤人员以外的所有工作人员。公务员的职业属性是公共性，对公务员的角色定位不能是“政治人”、“经济人”，或者“法律人”，而应该是“公务人”。[③] 学者林敏娟在《浅谈公共行政人员的公共性》中认为，从公共行政人员的产生及其权力来源看，公共行政人员是受人民的委托产生的，是代理人角色，公共行政人员的权力是公众作为委托人让渡所得的。[④] 学者王学军在《新时期公共管理者的角色定位》中在分析公共管理面临的新挑战的基础上，具体罗列了新时期公共管理者的角色：宪法的捍卫者与执行者、人民的信托者、技术专家、治理者、公共企业家、故障排除者、战略管理者。[⑤]

其次是行政人员的角色冲突问题。有几位学者分析了行政人员的角色冲突问题，如学者陈桑桑在《公共管理者的伦理角色与责任的关系》一文中指出，公共管理者在社会中拥有双重角色，即作为“公民”的基本角色和作为“公共管理者”的角色。角色所追求的利益目标不同造成了角色的矛盾并涉及如何正确界定行政人员的公共责任以使责任得到有效落实的问题。[⑥] 学者张劲松与宋清在《论官僚制与行政人员的角

① 林希斌：《“公共性”视角下政府行政人员的角色定位》，《常熟理工学院学报》2005 年第 5 期。

② 孙政、齐心：《公务员职业角色定位与行政伦理建设》，《辽宁教育行政学院学报》2006 年第 5 期。

③ 郑钟炎、程竹松：《论公务员的角色定位和职业属性》，《上海大学学报（社会科学版）》2004 年第 3 期。

④ 林敏娟：《浅谈公共行政人员的公共性》，《行政论坛》2004 年第 11 期。

⑤ 王学军：《新时期公共管理者的角色定位》，《党政论坛》2005 年第 3 期。

⑥ 陈桑桑：《公共管理者的伦理角色与责任的关系》，《科技经济市场》2006 年第 7 期。

色冲突》一文中则指出，在官僚制形成后，官僚职业使行政人员出现了经济人角色与公共人角色的冲突。行政管理层级过多导致行政人员公共人角色弱化，组织扩张又导致了经济人角色强化。因此，可以通过以服务行政确定行政人员的工作对象、以市场化确立行政人员的工作目标、以扁平化组织满足行政人员的需要等改革官僚制的手段来消除角色冲突。[①] 学者刘晓红在《影响行政人员伦理角色定位的因素及对策分析》一文中指出，由于行政人员作为公民的角色与作为公共管理者角色的双重属性，在出现冲突的情况下，应以何种角色为重的考虑，即是一个伦理角色定位的问题。行政人员的伦理角色定位应是“以公共利益为重”。[②] 学者周建勇在《从行政伦理看行政人员的角色冲突及其对策》中认为，行政人员的角色冲突表现为行政人员与公民之间的冲突以及行政人员自身的角色冲突，在现实中表现为行政过程中的种种困境，其实质是公权与私权的冲突，解决角色冲突的对策包括改革官僚机构和加强行政人员自主性等。[③]

其三是行政人员角色研究的新视野。张康之教授在《公共行政中的哲学与伦理》中站在一个全新的角度，另辟蹊径来研究行政人员的角色及其行政行为。指出行政人员是行政体系中的主体，他是否拥有行政人格，他的角色意识的强弱，都决定着行政行为的质量和影响着行政体系的健全。因而在健全行政体系的实践中，应把关注的焦点转移到法律建设、制度建设以及行政管理方式和方法的改进之外，去深入行政人员的心灵世界去寻找健全行政体系的通道，这就要求人们去关注行政人员的角色定位。并具体分析了行政人员的角色定位是客观定位与主观定位、政治定位与伦理定位、法律定位与命令定位、职务定位与权力定位

---

① 张劲松、宋清：《论官僚制与行政人员的角色冲突》，《中共长春市委党校学报》2005 年第 5 期。

② 刘晓红：《影响行政人员伦理角色定位的因素及对策分析》，《福建经济管理干部学院学报》2003 年第 4 期。

③ 周建勇：《从行政伦理看行政人员的角色冲突及其对策》，《云南行政学院学报》2005 年第 4 期。

等方面的综合统一。从而提出要重视行政人员的角色自觉，也就是要重视行政人员的伦理定位，只有这样，才能确保行政人员的岗位责任的实现，才能保证行政权力的公共性，才能造就行政人员的行政人格。①

张康之教授在《论行政人员角色的伦理定位》中指出，一切规定、规范和要求都要落实到行政人员的角色上。所以，行政管理无非是行政角色的设置、安排、调整和改变，并通过这些活动来获得角色体系的系统功能。②他还在《论作为职业活动的公共管理——公共管理伦理学视角中的公共管理活动》中指出，在公共管理这种新型的社会治理模式下，公共管理者是严格意义上的职业活动者，在其职业角色扮演中，需要在平等的观念下行使公共权力，需要把职业价值体系内化为自己的社会生命的内容，需要在职业活动中完善自己的社会生命，致力于公共利益积极地、创造性地实现。③进而，张康之教授在《论社会治理中的身份与角色》中指出，社会治理过程中，人们的一切行动，都是与角色联系在一起，是角色扮演的活动。在工业社会里，身份只是人们角色扮演的前提条件，但身份更多的只具有标识的意义，在社会生活实践中发挥作用的是角色，特别是在组织生活中，人们总是扮演着特定的角色。并断言，在全球化、后工业化的进程中，身份正在受到冲击，角色的功能则不断增强，而社会治理也将从对身份的维护转向对角色的规范上来。④

三、研究的创新

通过对上述诸多研究成果的详细梳理和认真归纳，使笔者对行政人员角色的研究掌握了丰富的思想源泉，并坚定了进一步展开研究的信心。行政人员作为政府管理的直接实施者，随着人们对政府重要性认知

① 张康之：《公共行政中的哲学与伦理》，中国人民大学出版社2004年版，第292—298页。

② 张康之：《行政人员角色的伦理定位》，《天津行政学院学报》1999年第3期。

③ 张康之：《论作为职业活动的公共管理》，《北京行政学院学报》2003年第4期。

④ 张康之：《论社会治理中的身份与角色》，《中共福建省委党校学报》2015第9期。

的深化而备受关注。特别是当下人们对官僚制及其管理弊端的广为诟病，规章制度烦琐的程度已经到了让人无法忍受的地步，而制定和执行各种无益的规章制度也成了最大的不效益，如何走出当前政府所面临的管理困境，更好地发挥行政人员的主动性和能动性，适应全面深化改革的要求，本书试图对行政人员的角色作出如下尝试。

首先，本书对行政人员角色的研究是一种研究行政人员的新视角，具有学科交叉研究的特点。不局限于管理学科的知识，而是交叉运用社会学、心理学等相关知识展开对行政人员的研究。试图对过多地依赖科学技术方法的改进来不断强化对行政人员管制的做法有所突破，希望在更为努力地制定烦琐细致的制度规定之外找到一种办法，能更好地激发行政人员的主体能动性。本书主要借用社会学的角色理论，并据此确定行政人员的角色含义，致力于挖掘行政人员的积极性与主动性，试图通过明晰的角色边界，使一些制度化的客观权利义务与责任，通过角色认知和学习等途径内在地转化为行政人员主观认可或接受的权利义务，继而通过行政人员角色意识的不断强化与角色责任的自我承担，不断增强行政人员对法律规范、社会规范以及职业道德规范的认同，并最终建立起行政人员的伦理自觉，使行政人员的内在自我约束可以弥补外在规章制度的空洞和不周延，甚至在某种意义上去解决一些规章制度制定与执行所导致的行政不效益或行政低效益。

其次，对行政人员角色的研究采用了历史的研究方法。即在公共行政的历史发展进程中展开对行政人员角色的研究，认真地考察了行政人员作为一个独特的职业群体的发展历程，认为其角色的发展与变化蕴涵于社会的发展进程之中，是适应经济社会发展要求的结果，并在相应的治理模式中探讨行政人员的角色定位、角色行为、角色责任及角色发展是如何互动变化的。并据此得出判断：治理模式的变化必然引起行政人员的角色变化。当今，为了应对高复杂性、高不确定的后工业社会的治理需求，必须及时地完成行政人员角色的转换。特别是在当前的服务型政府建设中，如何促使行政人员在服务理念的指导下重新进行角色定位，适时地完成相应的角色转换，全面正确地履行好政府职能。

最后，行文中具体探讨行政人员的角色问题是以行政人员与社会公众的互动为主线的。即不仅把行政人员视作制度的一部分，更把他看成是一个能动的主体，是生活于社会关系之中的，是典型的社会存在，是社会的一个有机组成部分。行政人员的行为不仅要受到外在制度的规范和限制，而且也是有血有肉的生命个体，有着自己的认知和情感，其酌情和裁量行为的作出难免会受到相关社会联系中其他人与其他事的影响，同时，行政人员行为及其所履行的社会职责也将对所处的社会、环境及文化产生积极的或主动的影响，引起某些社会效果的发生。一方面，我们从行政人员的视角研究社会，了解行政人员的社会需要和行为动机，了解其所承担的社会职责来源和作用，以图发现制度建构中需要改进的地方。另一方面，我们从社会的视角来研究行政人员，了解社会对行政人员的期待和要求，以及对行政人员承担职责的评价和影响。同时，从社会的视角来看，行政人员与社会公众、行政环境的作用是双向发生的过程，也就是说，要把行政人员的角色实践过程视为这样一个社会互动的过程，行政人员的角色行为是一个既受社会环境与社会文化影响，又反作用于社会环境与社会文化的双向运动过程。

由于本文对行政人员角色的发展与完善的思考是落脚在未来后工业社会阶段的，而历史的发展虽说具有规律性，但终归还是具有不确定性的。虽然，从 20 世纪 80 年代末 90 年代初开始，后工业社会到来的迹象已越来越明显，但各种社会矛盾与冲突的暴露还是不充分的，以此作为根据来思考或展开对未来行政人员角色的建构难免会存在着许多困难。另外，本研究着力于在社会关系的持续互动过程中来认识行政人员的角色，而要展开研究又势必只能捕捉到某个动态过程的瞬间，难免会存在着静与动的矛盾的不可缓解性。

第三节 研究范围、思路及方法

一、研究范围的界定

首先是本书中行政人员的概念界定。在近代意义上，行政人员泛指公务员。在西方国家，公务员的概念从产生之日起就与资本主义的发展密切相联，是西方国家政党制度的直接产物。为了改变因多党竞争与政党分肥所造成的任人唯亲，行政效率低下等现象，建立一个相对稳定、行政高效的政府以促进资本主义的发展，先是在英国，继而在世界上许多国家开始探索文官制度的建立，并在此基础上发展出现代意义的公务员制度。公务员的概念在各国存在着很大的差别，有很多不同的称谓，如联邦雇员、文职官员、文官、公务员等，各国大都采用了描述的方法来界定其范围。公务员所指称的具体范围大小也存在着很大差别，如在英国及许多英联邦国家，公务员是指中央政府中非选举产生和非政治任命的事务官。在美国，公务员是指联邦行政机构中的所有人员，包括政府部门的清洁工、邮政局的投递员以及公立大学的教授等。在法国，公务员的概念更广泛，包括中央政府、地方政府及其所属的公共事业机构中正式担任职务的工作人员。在我国，随着社会主义市场经济体制的建立和发展，传统的干部人事制度越来越不适应，因而提出了建立现代公务员制度的需求。根据我国第十届全国人民代表大会常务委员会通过的《公务员法》规定，公务员是指依法履行公职、纳入国家行政编制、由国家财政负担工资福利的工作人员。不仅指各级政府中除工勤人员以外的工作人员，还包括党的机关、权力机关、审判机关、检察机关以及群众团体等机构中符合上述标准的工作人员。公务员都必须坚决地拥护中国共产党的领导和社会主义事业。另外，虽然世界各国在政治、经济、文化及社会发展水平等各个方面都不尽相同，公务员制度的建立也有早有晚，适用范围有大有小，但公务员制度的基本框架是基本相同的，只是在具体内容上依据各自国情的不同而作出相应规定。

囿于本书选题背景与行文的需要，尤其是在行文涉及公务员制度建立之前的时期用以指称行政事实上的主体，特确定为行政人员的概念，行政人员在行文中是一个不完全等同于公务员的概念，是一个从行政实践中抽象出来的事实上的行政主体概念，主要是指政府管理中依法行使行政职权，承担公共事务，由国家财政负担工资福利的一个独特群体。本文之所以使用行政人员的说法而不直接采用公务员的概念，还因为本文对行政人员的研究是一种不同于公务员制度研究的思路。对公务员制度的研究一般采用科学化、制度化的建构路径，偏重于制度性建构，致力于探讨公务员管理制度与方法的改善。但制度化的建构路径，由于过分看重外在的制度建设，往往漠视或是忽视人的主体性价值，在政府管理实践中缺乏必要的弹性和人性关怀。而本文中对行政人员角色的研究，则对人的主体性给予了充分地重视，正如罗素所说，“这个世界是我们的世界，要把它变成天堂或地狱都在于我们。”① 人类创造了历史，创造了社会，创造了世间诸般繁华的景象，无论如何，人的主体性都将是一个必须正视与重视的核心。本文的研究，就是在充分重视行政人员主体性价值的基础上展开的，致力于发现一种内在于行政人员之心的角色自觉，这将是一种非源于管理控制目的，而是源于行政人员内在认同的非制度性约束机制，也将赋予管理必要的弹性和张力。

其次是本书中的角色概念界定。本书中的“角色”借用了社会学的角色理论，并以此作为分析框架，从一个新的角度来认识行政人员这个事实上的行政主体，但却不是简单地从社会学中照搬而来，而是结合行政学的理论和管理实践的灵活运用。这里的“角色”是指在近代的社会分工发展中，整个社会就像是由无数个角色构成的角色体系。社会结构就是一个角色结构，而行政人员就是整个角色结构中重要的一环，行政人员的行政行为、职权、职务、职责等都是其社会使命的重要实现途

---

① ［英］罗素：《社会改造原理》，张师竹译，上海人民出版社 2001 年版，第 119 页。

径。同时也指出，角色行为的作出有赖于行政人员的主体性作用，行政人员在领域化发展中所取得的专业自主性与在职业化进程中所尊奉的职业精神，直接决定和影响着行政人员的角色行为和责任承担，从而为纠治行政失范现象开辟了一条来自行政人员内在心灵的新路径。

二、研究的思路及方法

1. 研究的思路

鉴于近代领域分化的前提，人们主要以角色的形式参与社会的分工——协作体系之中。在本书中，着重于以行政人员的角色这个概念性图式为契入点展开对行政人员这个职业群体的独特性研究。但是，角色又是直到近代社会才产生出来的，是一个历史的社会发展概念。以此可以推及，在传统社会的领域混沌状态下，是无所谓角色问题的，然而，这并不意味着当时的人们没有社会生活，也不意味着没有行政事务。历史的真实情况是，在传统社会中，人们已经开始以身份的形式参与到社会生活之中。身份不同于角色，它主要以血缘、亲属等先在性的因素为核心特征，根源于人际交往中的家族纽带，并据此造成了传统社会中普遍的人身依附与专制统治。因此，在传统社会中，行政官吏也经常地陷入依附性与自主性的身份困境之中难以自拔，而近代契约的发展则为走出这种困境提供了一条发展出路。

在近代社会，随着社会交往和商品交换的不断扩大，契约所蕴涵的自由、平等精神也呈现出泛化的状态，这就极大地促进了市民社会与公民国家的发展，而角色也逐渐取代传统社会的身份成为人们参与社会生活的主要形式。角色总是会突出科学化与专业化的要求，从而有利于社会生产力的迅速提高，大大地推进了社会的发展与进步。在领域迅速分化的社会中，社会治理中的领域化特征也愈加明显，这就是公共行政的职业化，它不仅是管理的，而且是公共的，而促成其领域化发展的过程也就是科学化的过程。作为一个专业化的职业角色，行政人员有着自己独特的专业化追求，满足了社会公众的公共服务需求，承担着相应的社会治理责任。

在历史发展的视野中，行政人员角色的出现体现了历史变化的深刻性。它顺应了近代社会从分配主导到市场主导的变化，从权力主导到规则主导的变化，以及从统治秩序到管理效率追求的变化，契合了人们以角色而不是身份的形式对社会发展的参与和贡献。然而，在行政人员角色化的过程中也暗含着许多严重的问题，如政治中立的局限，理性主义的局限，以及管理主义的局限等。这在某种程度上扼杀了人们在近代社会刚刚成长起来的自主性，甚至在祛除价值巫魅的追求中，最终滑向了理性极端化的深渊。如果说，行政人员职业角色的出现与发展曾经适应了社会发展的时代需求，那么，随着社会的发展与变化，为了适应变化了的社会需求，行政人员的职业角色也必然要确立起新时期的发展目标，寻求与把握新的发展契机。

而如今，各种社会迹象表明，我们正在步入一个高复杂性、高不确定性的后工业化时代。同时，为了顺应全面而自由的人类发展要求，为了应付频发的社会危机，达到社会良好治理的局面，我们唯有进行一场公共管理的治理模式变革，进一步发展行政人员的角色。应该指出的是，超越官僚制的努力与探索，以及组织变革中对环境适应能力增强的要求，都将为纠治行政人员普遍的角色失范行为提供一块全新的试验田。我们有理由相信，在走向合作治理的未来时，行政人员的职业角色将会得到更为完善的发展。与此相应地，在社会治理领域将发生一次重要的转型，而行政人员也将进一步成长为有伦理自觉性的公共管理者，并将结合中国特色的服务型政府建设诉求，专注于服务的价值追求，致力于自身服务能力的不断提高与负责任行政的实现。而在这次从科学定位转向伦理定位的努力中，我们要以足够的前瞻性去努力地用未来推动现在的发展，积极地促进行政人员的管理角色转向伦理角色的发展。

2. 研究的方法

(1) 比较的研究方法

“在与行政管理职能有关的各个方面，一切政府都具有很强的结构方面的相似性”,① 因而在本书对行政人员角色的研究中，主要采用了比较的方法来具体把握不同时期、不同国家的行政人员角色的变化规律。一方面，对社会发展变化的纵向比较使我们能够以一种历史发展的眼光来看待近代社会所取得的各种文明成就，并在此基础上较客观地对官僚制进行反思，正确认识专业主义与理性主义所具有的社会影响。因而，使我们能够从历史发展的角度，以相对客观的态度去主动地促进行政人员角色向公共管理者角色的发展。另一方面，本书还对相同时期的行政管理的发展特点及各国所进行的公共行政改革作了横向的比较，力图较全面的把握行政人员角色的现实发展状况，并具体分析了各国所拥有的独特的行政体制与行政文化。正是基于这种比较的方法，在认真总结各时期、各国家行政人员角色发展的特点的基础上，我们才能拥有一个整体性的认识，并结合中国服务型政府建设的特色实践与诉求，提出未来伦理角色的发展构想。

(2) 历史与逻辑相统一的研究方法

本书对行政人员角色的研究是一种规范性研究，是一种历史与逻辑的演绎。正如戴维斯·诺斯所说，“理论不可能从一些象牙塔似的理论家的前额中生长成熟的，它更有可能从那些关注于逻辑的理论家和解释过去的历史学家之间的相互影响的点滴与片断中形成”。② 正是在梳理社会治理模式变化的历史过程中，我们才能具体地把握行政人员这个事实上的行政主体，才能了解行政人员角色的实践情况，才具备了开展

① 转引自丁煌：《西方行政学说史》，武汉大学出版社 1999 年版，第 26 页。

② ［美］戴维斯·诺斯：《制度变迁理论：概念与原因》，载 R. 科斯、A. 阿尔钦、D. 诺斯：《财产权利与制度变迁——产权学派与新制度学派译文集》，生活·读书·新知三联书店、上海人民出版社 1994 年版，第 267 页。

进一步理论研究的前提和基础。而理论的推演则进一步深化了对行政人员角色进行历史梳理的意义，使我们能够较深刻地认识行政人员角色的历史发展，并主动地站在未来的高度上来努力地推动现实的变革，不断地发展与完善行政人员的角色。

（3）多学科、多视角相交叉的研究方法

对行政人员角色的研究离不开多学科、多视角交叉的研究方法。虽然，行政人员这个事实上的行政主体属于公共行政学的研究范围，但是，行政人员作为一个职业角色的扮演者，他同时还属于自己，属于家庭，属于社会，为了更准确地把握其职业行为的作出，更深刻地认识其角色行为的社会影响，我们又必须从公共行政领域跨出来。即我们不能以分离、分解的方法，而是要从多学科、多视角的角度，采取更全面的方法去研究与认识行政人员的角色。同时，角色理论本身就来源于社会学、社会心理学的领域。因而，对行政人员角色的研究必然要涉及社会学、社会心理学、政治学、管理学等多个学科领域的知识。正是在这个意义上，本书将主要采用多学科的理论与方法来完成对行政人员角色的研究，这项研究将不是局限于某个学科的排他性的孤立的研究，而是一项多学科、多视角的融合性或交叉性研究。

第二章　行政人员角色研究的缘起

行政改革是公共行政中一个永恒的主题，而针对行政人员的“治庸”、“反腐”、“责任行政”，又一直是行政改革中一个不能回避的问题，其历史的久远性甚至能给人留下一个错觉，好像公共行政的存在理由和主要职能就是为了制止行政人员的行政不作为、行政腐败以及怠于承担责任等问题。其实，公共行政作为一个专业领域的出现，其作用绝对不是为了减轻行政人员所产生的影响，或是弥合它自己所造成的伤害。正如社会学家涂尔干在论述社会分工的作用时所说的，“如果劳动分工除了适应这些需要之外不再适应别的什么需要，那么它的作用就仅限于减轻它所产生的影响，弥合它自己所造成的伤口。在这种情况下，它也许是不得已而为之，但我们也不再有渴求它的理由，因为它所做的一切无外乎是在减少和补救它所造成的危害。”[①] 我们需要行政人员的理由就在于他们对社会公共事务的管理、社会公共服务的提供和社会公共秩序的维护等方面所具有的独特作用。但由于行政人员的主体能动性作用是双方面的，即在行政领域的专业化实践中致力于管理技能提高的同时，也会引发许多行政不作为或行政腐败等问题，而且所引发的社会问题有时还可能很严重。其影响范围会随着工业文明与专业化成就的发展而日趋扩张，甚至在某种程度上喧宾夺主，我们又不得不分出许多精力来对付

① ［法］埃米尔·涂尔干：《社会分工论》，渠东译，生活·读书·新知三联书店2000年版，第18页。

这些顽症。鉴于行政人员履行公共职能的必要性与制造行政顽症的不可避免性，我们唯有正视且重视行政人员这个事实上的行政主体，努力引导行政人员能动性的正确方向，尽可能地缩减其不良影响。

关注行政人员这个事实上的行政主体是公共行政中一个亘古不变而又时新的永恒主题。在正视工业文明所取得的辉煌成就时，我们不能不为之惊叹，但惊叹之余，我们也会反思，为什么如此精湛的制度设计，引人注目的工业化成就却始终不能解决公共行政中的“庸庸无为”“贪婪无度”“责任推诿”等顽症。其原因就在于，公共行政虽是一个规范性程度极高的领域，但仍需要为行政人员的能动性留下很大的空间，而行政人员的能动性总是会具有正反两方面的作用。只是囿于静止的、外在的制度性规范，没能深入行政人员的内心世界去探寻改革的出路绝对是不周延或不妥当的。正是在这个意义上，我们说只有被承担或被认同的责任才是有价值的，或者说，客观的制度化责任只有在得到了责任主体的内化和认同时才是有意义的责任。否则，责任主体可能会在责任规定不够严厉时漠视责任的存在，不主动承担责任；也可能会在触犯责任时尽量避开责任规定，努力寻求责任规定的漏洞。类似的情况表明，我们很难把这些简单地归结为个别不负责任的行政行为，也很难说这只是个别行政人员的不道德行为。

责任的制度化成就必须建立在责任主体内化和认同责任的基础之上，而要解决行政人员对责任的认同问题，只能依赖于行政人员通过角色自觉建立起来的职业道德的约束。“人的道德生活来源于人的社会角色，首先是由于人在社会中扮演着什么样的角色，然后才能判定他在何种程度上是道德的。”① 行政人员是一个职业群体，社会对其有着特定的职能需求和功能定位。对行政人员的道德生活的判定只能建立在对其职业角色的深入细致的认识之中，而行政人员的角色自觉和责任认同也只能来源于此。因此，我们必须认识到：正是在工业社会的社会化大

---

① 张康之：《公共管理伦理学》，中国人民大学出版社 2003 年版，第 124 页。

分工中，随着人类社会生活的日益分化，使得公共事务管理的职能日益突出，而此类管理职能的典型化与复杂化发展，确立了公共行政这个职业领域出现的前提，预示着行政人员这个独特的职业群体的产生。最终使得行政管理的从业者即行政人员能够拥有自己独特的职业追求，运用自己领域内的专长专能去行使行政职权，完成其对特定公共性事务进行管理的社会使命。换句话说，无论是要评估与认识行政人员工作的意义与成就，判定行政人员在何种程度上是道德的或是不道德的，还是为了能够拥有一支高尚、高效的行政人员队伍，使他们能够更好地为公民服务，我们唯有站在历史的高度，在全面的把握行政人员职业群体的演进逻辑过程之中才能做到。

第一节　行政人员角色的内涵

一、角色概念的演变与发展

角色，同“脚色”，意为传统戏曲中根据剧中人不同的性别、年龄、身份、性格等而划分的人物类型，指戏剧、影视剧中人物。引申义为“社会角色”。① 追溯角色概念的演变过程，根据《美国传统词典》（双解）的解释，Role 在法语中是“rôle”，其词义为：1. 羊皮纸的文书卷，案卷；2. 名册，名单，目录；3.（法）庭期表；4.（法）公证文书，判决书；5.（剧）角色；（一个角色的）台词及表演动作；（引为）生活中的角色；6. 职务、职责，作用，影响；7. 嚼烟卷。② 该词的语源来自古法语的“rolle”与拉丁文的“rotula”。古法语“rolle”中，表示“羊皮纸卷”，尤指上面写着演员台词的羊皮纸手稿，该词也可指“法律文件”或“名录、记录”，由此而引申为演员所背的台词全文。该词于 1606 年

① 辞海编缉委员会：《辞海》，上海辞书出版社 1999 年版，第 5599 页。

② 《新法汉词典》（修订本），上海译文出版社 2000 年版，第 897 页。

首次载入英语。在英语中的意思是：1. 角色，即表演者扮演的角色或剧中人物；2. 职分、责任，即个人特征或被期望的社会行为；3. 功能，职位。

在戏剧学中，角色，也称“脚色”，指表演者所扮演的角色或剧中人物，这也是角色最常用的词义，或称为角色的基本含义。角色的产生是与剧作者、剧本以及演员三者紧密联系在一起的，是剧作者在剧本中所创造出的一个社会人，而演员的表演就是根据角色的规定在舞台上创造一个有血肉的人的过程。由于“演员原来是一个社会人，而角色是剧作者创造出的另一个社会人。无论这两个人是怎么样相似，他们总有差异，两个人格多少是不同的。最后，这两个不同的人格仍旧要统一为一个人格”。① 这个统一的过程就是所谓的表演，是演员与角色从相对立到相一致的发挥演员创造性的过程。而每个演员表演角色的方法可以是不同的，有从模仿角色的外形着手的模仿，也有深入演员自己的内心去演绎角色的体验。但不管是机械化的模仿或是惟妙惟肖的模拟，还是表现演员本色的体验或是具有艺术创造性的体验，都只能由演员本人通过肯定自己，到超越自己，才能成功地接近角色。正如俄国著名戏剧和表演理论家斯坦尼斯拉夫斯基所说：“无论你幻想什么，无论在现实中或想象中体验什么，你始终要保持你自己。在舞台上，任何时候都不要失去你自己。随时要以人——演员的名义来动作。离开自己绝对不行。如果抛弃自我，就等于失去基础，这是很可怕的。……因此不管你演多少戏，不管你表演什么角色，你在任何时候都应毫无例外地去运用自己的情感！破坏这个规律就等于杀害自己所描绘的形象，就等于剥夺形象的活生生的人的灵魂，而只有这种灵魂才能赋予死的角色以生命。”②

角色概念于20世纪二三十年代被一些学者引入社会学，引申出“社会角色”的用法，其含义是职分、责任，并形成了较为系统的角色

① 郑君里：《角色的诞生》，中国电影出版社1981年版，第1页。

② 转引自郑君里：《角色的诞生》，中国电影出版社1981年版，第28页。

理论。社会角色是指“与人们的某种社会地位、身份相一致的一整套权利、义务的规范与行为模式，它是人们对具有特定身份的人的行为期望，它构成社会群体或组织的基础”。① 而很多人谈及社会角色时，都喜欢引用伟大的戏剧学家莎士比亚在《皆大欢喜》剧本中的几句台词：“全世界是一个舞台，所有的男人和女人都是演员，他们有各自的进口与出口，一个人在一生中扮演着许多角色”。这与中国民间所说的：“舞台小天地，天地大舞台”的说法相类似，意思都是说社会就像一个大舞台，而人的一生就好比是演戏，人的各种社会活动则好比是进行的社会角色表演。其原因就在于人生舞台与戏剧舞台具有颇多的相似性，正如表演者在戏剧中因身份、年龄、性格等不同而扮演着不同的角色一样，一个人在社会生活中，也各自从事着不同的工作，承担着不同的社会责任。

社会角色的研究在社会学中是一种偏微观的研究，主要通过对人们在社会结构中所承担的具体职分的分析，如父母的角色、子女的角色、农民的角色、工人的角色、老师的角色以及学生的角色等，来关注人们在社会生活实践中所形成的受特定行为规范所规定的特定行为模式，以及社会主体彼此之间的权利义务关系。这样形成的社会角色理论对维护社会秩序的稳定，实现人的社会化，促进人们之间的团结合作，以及指导人们的社会行为等方面都具有重要的意义。“社会成员学习、了解和掌握了角色理论，他就能以这种理论来指导自己的行为，使自己的行为符合或者比较符合社会为他所承担的角色所制定的规范，从而使自己的工作和学习适合社会的需要，使自己的生活和谐、愉快。”②

我们必须承认，正是通过角色理论的引导，才能使社会成员不断地强化自己的角色意识，自觉地通过学习来提高自己的角色行为能力，增强其承担社会责任的主动性，从而妥善地处理各种社会角色之间的矛

① 郑杭生：《社会学概论新修》，中国人民大学出版社 2003 年版，第 107 页。

② 丁水木、张绪山：《社会角色论》，上海社会科学院出版社 1992 年版，第 7 页。

盾与冲突。此外，我们还必须认识到，社会角色理论不是一种简单的抽象存在，它只能来源于对社会成员的角色行为实践的不断抽象与概括，并在社会成员的角色实践中得以不断的丰富和发展。同时，我们还要认识到，人的本质就在于人是一种社会存在，人生所有的意义与价值就蕴涵于无穷无尽的社会生活中，体现于各种社会角色关系之中。如果拿抽象的理论与实践中活生生的人相比，无论何时何地，人都更应该受到关注。因而，我们主张社会成员在进行角色行为时不能只是遵循角色理论的引导，而更应该重视角色相对方的感受、需求与互动。同时，我们也反对过度地角色化，反对过度地依靠角色规范去束缚角色主体的发展。

角色概念在社会心理学中也占有着独特的地位，因为社会心理学要了解人们的社会知觉与认知，要揣测人们的行为动机，要研究人们会作出什么样的行为以及为什么会作出某种行为，而角色概念对于解释和研究人类行为有着其独到之处，所以角色概念一传入社会心理学领域，就受到特别的青睐。角色概念在社会心理学的发展中尤为重视社会期望和社会互动，认为“角色既是社会对处于特定的与他人发生互动的社会地位上的个体的社会期望系统，又是占有一定社会地位的个体对自身的期望系统。……社会行为的产生，一方面是因为每个人都处在一定的社会位置上，社会对他们产生角色期望，给他们以限制、规定和引导；另一方面，个体又是在与他人的互动中生存，通过互动认识自己、了解别人，学会各种角色规范从而形成一定行为模式”①。

角色概念在社会心理学发展中所作出的一个重要贡献就在于其对人格社会化的研究。其原因就在于角色是与人格密切相联的一个概念，古罗马杰出的政论家西塞罗就曾在其著作中把“人格”引申出“人的社会身份或角色”的含义。而人们依据角色规范的要求，遵循社会成员对处于一定社会地位的期望去进行角色扮演的过程，就是社会角色的形成与发展过程，在某种意义上也是人格社会化的过程。在这个过程中，人

① 周晓红：《现代西方社会心理学流派》，南京大学出版社 1990 年版，第 244 页。

格总是与角色联系在一起，人格是角色的内化，而角色是人格的外显。

在其他学科中，角色概念的使用则多体现为功能、职位的引申义，如教师的角色，政府的角色等，实属借用社会学或社会心理学中的角色理论来论述该学科中的某些问题。虽然没有对角色理论进行系统的或专门的研究，但仍在角色理论与本学科的研究方法、研究对象的结合工作中，使角色概念的内涵得以不断地丰富，使角色的理论得以不断地发展。如在管理学中，正是角色概念的运用产生了管理角色理论，该学派又称为经理角色学派。经理角色学派以经理所担任的角色为中心，对经理的工作进行系统的观察和记载，并认真加以总结与分类，从而能够深入地了解经理工作的实质，从经理角色的维度出发来寻求有规律的管理原则，并将其运用于具体实践中去指导管理工作的改进和管理效率的提高。

经理角色学派对角色概念的发展体现为：把角色界定为“属于一定职责或地位的一套有条理的行为，一个人的个性能够影响他如何扮演他的角色，但不会影响他所演的内容。所以，演员、经理和其他人担任的角色是事先规定好的，但各人可能以不同的方式来解释这些角色”①。而经理人员的角色就是组织中的主要负责人在其所占据的特定职位上所做出的一系列有条理的行为。由于经理人员在组织中承担着不同的角色，尤其是在不同的时间、不同的事件或不同的社会环境中承担着不同的角色，进行着不同的行为，而这些不同的行为或不同的角色又是不能相互混淆的，或者说，在具体的情景中必然要求经理人员作出特定的某类角色行为，而不能是其他类的角色行为。这就衍生出了经理角色学派应对角色冲突的支配性角色原则，即经理必须以适应于当时具体情况的角色为重点。

正如爱因斯坦曾经说过的：“理论决定着我们所能观察的问题”。而当代哲学科学中的概念或图谱就是这种理论，它从复杂的现实中选择特

① ［加］明茨伯格：《经理工作的性质》，孙耀君译，团结出版社 1999 年版，第 83—84 页。

殊的属性，并按照共同的成规把它们分类，以辨别其异同。[①] 角色概念就是这样一种理论，它从复杂的社会现象中依靠人们身份与地位等不同，仔细分辨权利、义务与行为模式等核心特征的不同，把形形色色的社会角色区分开来。依靠这种概念图式，必能对行政人员的主体性研究提供另外一种思路。

二、行政人员的角色：一个概念性图式[②]

在对行政人员的角色进行研究的过程中，既要充分认识角色的重要性，更要看到行政人员这个主体的重要性。也就是说，要防止把行政人员的角色看成是一个脱离"行政人员"主体的抽象存在，像结构功能主义者那样把人看作"是一种占据着地位和角色的描述物，正是这些地位和角色形成了制度和社会结构。按其极端的形式，结构功能主义把人绝对地看作是根据已经存在的社会规范和规则加以书写的脚本"。[③] 而是要突出强调行政人员的主体能动性，把行政人员的角色看成是一个能动的社会互动过程，对其作出动态的把握。但是，正如一列从远处呼啸而来的火车，我们必须完全停下来而不是跑得更快才能看清它的全貌。为了能够比较客观地把握一个动态的事物，我们也不得不尝试着用静态的方法来截取一个历史的横切面来认清它的瞬间面貌。

为了弄清楚行政人员的角色究竟是个什么的问题，我们不能只是一味地纠缠在行政人员与社会，行政人员与行政人员，行政人员与行政相对方等社会关系的互动中不能自拔，还必须要从行政人员与社会的互动过程中跳出来，尝试着对其进行描述，或称之为概念的界定。正是在这种认识的基础上，我们尝试着对行政人员的角色作出界定：行政人员

① ［美］丹尼尔·贝尔：《后工业社会的来临——对社会预测的一项探索》，高铦等译，新华出版社1997年版，第8页。

② 图式是瑞士心理学家皮亚杰首先提出的概念，认为人们为了应付周围的世界，逐渐地丰富和完善自己的认知结构，从而形成了一系列的图式，借此，我们可以把概念的范畴理解为基于这种认知而产生的概念性图式。

③ ［美］玛格丽特·波洛玛：《当代社会学理论》，孙立平译，华夏出版社1989年版，第34页。

的角色（1）生成和发展的过程是个历史的范畴；(2）是居于特定地位上行使公共权力的职业群体角色；(3）是由许多以追求“自我实现”为职业的行政人员个体角色所组成的角色集；(4）是行政人员与社会公众之间以公共利益为原点而形成的一个持续的社会互动过程。

要研究行政人员的角色首先需要弄清楚如下几个问题：其一，公共行政作为一个独立领域的出现，随着行政事务的日益繁多，使行政人员这个职业群体的独特性日益凸显，才具备了研究行政人员角色的必要性。其二，行政人员这个职业群体拥有着特定的社会地位，通常情况下，人们可以通过行政人员特殊的穿着打扮、配戴标识与相应的行为举止来综合判定其行政地位和公务身份。为了满足人们对具有这种社会地位的人的社会期望，行政人员必须被赋予相应的行政权力，确保其能够履行一定的行政职能，同时，为了防止行政权力的滥用，又要求行政人员承担相应的责任义务。其三，行政人员的角色是一种规定角色，其个体履行角色的行为受到严格的限定和明确的规范，即对行政人员的角色权利、角色义务、角色责任，以及角色行为如何作出都有着明确的规定。行政人员进行角色行为时的权利义务主要来源于以下三种规范：一是突出强调其职业领域化特征的科学规范；二是迎合高规定性或高限定性职业特点要求的法律规范；三是能够满足社会主体个性化发展和自主性要求的伦理规范。其四，行政人员角色行为扮演好坏的判定标准只能是满足社会公众不断变化的公共服务需求和不断改进的行政工作实效要求。因而，在政府管理中，必然是要以“公众”为本位的，而不是以“政府”为本位。另外，行政工作效率的不断提升也源自于行政人员与行政相对方的持续互动。行政人员唯有树立牢靠的“服务”理念，自觉地接受相关行为规范的引导，把来自行政相对方的社会期望作为改进角色实践的航向，才能使行政工作得以普遍地改善和持续地提高。

行政人员的角色作为一种职业角色，尤其是一种在公共领域行使公共权力的职业角色，它又往往会表现出不同于那些依习俗、遗传等先天的或生理的因素所取得的社会角色的特性：

首先是行政人员的角色具有更强的选择性和竞争性。行政人员的角色不同于那些建立在血缘、遗传等先天原因的或基于生理差异而产生的社会角色，而是一种通过自身的学习和努力才能获得的职业角色。这种职业角色的获得也是行政人员个体、社会或组织选择的结果，表现出高度的选择性。而选择性又决定了其高竞争性的特点，这是因为，既然是选择，就要求选择的过程具有平等性，平等性势必要求主体的选择权利、选择机会平等，从而在选择主体中间体现出道德品质、职业能力等方面的强竞争性。这就要求行政人员的招录工作表现出公开、公正的开放性特征，要想成为行政中的一员，首先是个体要具有强烈的从事行政工作的意愿，并为此付出了不懈的努力；其次是具有一定的职位空缺并且个体的知识与能力已经满足于这种特定职位的要求。或许，我们从现实中的公务员招录过程看到的是另一番景象，但那只是暂时的或个别的不正常现象，一种反常的现象。正是在这个层面上，我们尤其要强调行政人员角色的高选择性和高竞争性的常态，强调行政人员角色的获得应该主要取决于行政人员具有相应的职业专长和更强的竞争能力，主张行政人员角色的获得过程应该较少地受到血缘等亲属关系或人际关系等非公平竞争因素的影响。

其次是行政人员的角色具有更强的规定性或受限制性。社会个体都必须遵循一定的规范，没有绝对的自由或不受限制的行为，行政人员也不例外。而且由于行政人员行使着公共权力，肩负着重大的公共利益，因而较一般的社会角色具有更严格和更明确的规定性，即行政人员能做什么，不能做什么，具有什么职权，承担什么义务都必须有明确的规定。由于我国行政的实践中缺少依法行政的理念，反而对“行政命令”等权力手段极力推崇且偏爱有加，过度使用行政管制等手段，致使本应规范化的行政变成了行政人员某个人的随意性表现，为行政人员滥用职权，肆无忌惮地损害公共利益而谋取一已私利留下了极大的空间。再加上深受“官本位”、“权立本位”等“权力拜物教”的毒害，有时也会使得法律等规范性文件沦为纸上空谈，在社会中发挥不到其应有的规范性作用，滋生了种种“权大于法”等腐败现象。为了改变这种情况，就要求行政人员能够深刻地认识其职业角色所具有的严格规定性，并自觉地强化主体的规定性认识，最终做到让政府规范化使用“红头文件”，让行政人员主动抛弃“行为的任意性”，从而使行政人员自觉地依照规范性文件的要求，依照规定的行政程序作出行政行为。

再次是行政人员的角色具有更强的自觉性。所谓自觉性是指行政人员在承担这种角色时，明确地意识到自己正在担负着一定的职权和责任，意识到民众对其寄予了很深的社会期望，从而促使行政人员更加努力和勤政地履行公务职责，不负民众的厚望。角色的自觉性可以促使行政人员杜绝松散和散漫，更出色地履行职务，尤为重要的是，行政人员的自觉性还能够提高其职业认同感，通过对制度规范的内化，才有可能真正实现行政职业的高规范性或高限制性。同时，随着社会不确定性事件的增多，社会复杂程度不断的提高，消费者主导主义的出现，世界一体化进程的推进，时代的变迁也要求行政人员具有前瞻性、战略性的管理视界。而行政人员唯有通过角色意识的培养，不断地强化角色的自觉性，主动地约束自己的行为，学习先进的管理技能，提高自己的管理水平，才能够适者生存，不被淘汰，也才有可能跟上时代的步伐，因应形势变化的要求。一般认为在下列情形下，如其刚刚跨入行政人员队伍时，在其明确知悉社会公众的希望和要求时，在透明行政的环境中，在职业责任感比较强烈时，在面临特定的环境与工作任务时，行政人员的角色自觉性更容易表现出来，从而努力地克制自己的行为适应职位的要求，严格地控制自己的行为依法办事。

最后是行政人员的角色具有更强的表现性或非功利性。行政人员的表现性在这里可以理解为行政人员所具有的无私奉献的精神或大公无私的境界，是相对于“功利性”而言的。由于公共行政领域是公共利益的王国，而行政人员行使公共权力的行为极易自觉或不自觉地侵害他人的利益和扩展自己的利益，这就要求行政人员的职业角色表现出纯粹性、非功利性，拥有一种超越“个人利益”得失的关怀，不以追求经济上的效益或报酬为目的，而是“代表社会制度与秩序，表现社会行为规范、价值观念、思想道德等为目的的社会角色”。[①] 表现性的真实性就在于人并不必然是利益的追逐者，人之所以为人，就在于他能够超越动物的本能需求，而拥有着自我实现的追求，能够为了理想的事业而无限地发挥自己的创造力。

公共行政发展史中始终传承着的民主价值，就好比是这样的一种价值追求，能够吸引无数的行政人员自愿的加入这个队伍，共同地追寻其中的真谛。“以往关于权利问题的一切规定都不再适应，只有责任才是行政人员的全部行政行为的基本内容。……行政人员在其职业活动中，用责任意识取代权利意识，是他作为一个合格的行政人员的首要前提”。[②] 行政人员正是通过其表现性意识的强化，秉承服务行政的理念，坚持公共利益无小事的原则，一心一意为社会谋利益，才有可能追寻到职业价值的真谛，达到自我实现的最高境界。为了在具体的行政工作中实践其职业的表现性，就要求各级行政组织和行政人员始终铭记“为人民服务”的深刻含义，摆正自己与社会公众的关系；把行政和服务有机地融为一体，做到既“廉政”“勤政”，又不擅权。

三、群体层面的行政人员角色

“物以类聚，人以群分”，其中就道出了群体这个概念在人类生活中的重要性。有人类生活的地方就有社会群体现象，群体是人类社会活动的基本单位，也是个人与社会发生联系的纽带。人们因为诸如血缘、地缘、业缘、学缘、友缘等不同的缘由或缘分而分属于一个或几个不同的社会群体。缘由或缘分既是某个社会群体得以形成的支撑点，又是保持社会群体成员之间相互联系与共处的媒介点。社会群体成员之间的共处或相互联系体现了社会生活的实质，即群体成员之间通过相互之间持

① 郑杭生：《社会学概论新修》，中国人民大学出版社 2003 年版，第 112 页。

② 张康之：《寻找公共行政的伦理视角》，中国人民大学出版社 2002 年版，第 384—385 页。

续的交往形式，围绕着某种共同的目标而保持着一种不同于非群体之间的亲密和经常性联系。一般来说，社会分群的原因与数量会随着社会的发展而呈现出复杂化的趋势，但鉴于社会群体与社会生活的紧密联系，很难断定某个群体产生的精确时间。其原因就在于，“很难从发生学角度来精确地描述出某种社会群体形成的历史过程，因为它的形成不能被看成是人类‘有意为之’的结果，它带有自然的历史过程的特点，这就使我们难以把它和人类基本的社会生活过程区分开来。”①

社会群体不同于人群的概念，人群可以是临时集结的人群，如偶然集结在某个特定地点的人群，如电影院的观众，某个广场上的人来人往等，而社会群体的成员之间的交往具有持续性。社会群体也不同于那些只具有某种共同属性的人群，如男人、女人、教师、学生等概念，而是在群体间发生着真实的交往与联系。“群体是个人与个人之间的联合体，在群体层次上，由于有共同的目标、相互依赖和相互作用的特征，就使个人的行为出现了质的变化，即群体社会性行为的出现”②。社会群体中所存在的地位、角色、规范、责任等可以确保个人的行为转化为群体的行为，而角色在这诸多因素中处于显要地位，它是社会地位的动态表现，是社会规范和社会责任的结合体，正是在这种意义上，我们说角色是研究社会群体的一个核心概念，群体角色对社会结构与社会关系的研究具有重要价值。

在人类社会发展的早期，经济活动是主要的社会活动，而经济活动中的生产分工也成为理解社会现象的重要基础。“社会分工的最大作用，并不在于功能以这种分化方式提高了生产率，而在于这些功能彼此紧密的结合。……有了分工，人们才会摆脱孤立的状态，而形成相互间的联系；有了分工，人们才会同舟共济，而不一意孤行。总之，只有分工才能使人们牢固地结合起来形成一种联系，这种功能不止是在暂时的

---

① 陆学艺：《社会学》（第二版），知识出版社 1995 年版，第 80 页。

② 于显洋：《组织社会学》，中国人民大学出版社 2001 年版，第 162 页。

互让互助中发挥作用，它的影响范围是很广的”①。群体生活的紧密联系就在于拥有着属于这个群体的伦理生活，群体通过为其成员制定或实施规范等形式，践行着一定的群体价值观念。职业群体是在社会分工中由于业缘的关系而聚集起来的群体，职业群体的伦理生活主要来源于其职业的价值体系，以及受职业价值体系指导所产生的规则体系。选择某一职业，“也就意味着同时获得这一职业中的价值体系，特别是在现代职业岗位较为开放的条件下，拒绝接受某一职业价值体系的人是权利并有能力拒绝这一职业的。”② 行政人员从选择进入这个职业时起，就自愿地接受了公共行政的价值体系，而正是公共行政的价值体系，或者说公共行政的精神，把行政人员吸引在一起，团结在一起，使他们甘愿倾注全身的心血和毕生的才华，尽职尽责地投入公共事务的管理工作中。

公共行政中的“行政”暗示着其工作的内容，如最早正式使用公共行政一词的美国政治学家威尔逊，认为“行政管理的领域是一种事务性的领域”，而“行政管理则是技术性职员的事情”。这一认识为20世纪的公共行政发展历程定下了基调，科学管理运动的兴起与韦伯理性官僚制的提出又为技术理性的充分张扬提供了强大的武器，最终在公共行政领域中确立了效率的价值追求。公共行政中的“公共”一词则指出了行政工作的属性，所谓的行政是指公共领域的行政，是一种不同于私人领域的行政，这就要求公共行政不能自降为一般化行政，而应该有着更高的价值追求。为了应对日趋繁多的行政事务，行政效率的价值确实不容怀疑，但代价也是巨大的。

公共行政的公共属性在任何时候都应该受到重视，正如弗雷德里克森教授所说，“狭义的公共行政往往只注重效率和经济等管理层面的价值。广义的公共行政，除了重视管理的价值之外，还强调公民精神、公正、公平、正义、伦理、回应性和爱国主义等的价值。在公共行政领

① ［法］埃米尔·涂尔干：《社会分工论》，渠东译，生活·读书·新知三联书店2000年版，第24页。

② 张康之：《公共管理伦理学》，中国人民大学出版社2003年版，第129页。

域，尽管管理的价值是重要的，但那些与广义公共行政相联系的价值使得公共行政的日常工作显得无比崇高”。[①]公共性作为公共行政的本质属性，使公共行政区别于其他类型的行政，并决定着公共行政的社会重要性。公共性精神在公共行政中体现为公平、正义、平等职业价值，并通过职业理想的倡导，职业行为规范的学习和教化等形式直接作用于行政人员的公务行为，培养行政人员的职业责任感和社会使命感。

行政人员群体生活的意义，又不仅仅体现在价值理性的层面，而更主要的是行政人员在群体生活中的鲜活体验，即行政人员在职业群体生活中的真实感受和追求科学化知识体系的实践。“群体不只是规定其成员生活的一种道德权威，它更是生活本身的源泉。任何集体都散发着温暖，它催动着每一个人，为每一个人提供了生机勃勃的生活，它使每一个人充满同情，使每个人的私心杂念渐渐化解。”[②]虽然每个群体都为其成员作出了职业伦理方面的规定，都有着属于这个群体的共同的精神生活，但这绝不能取代人们在群体生活中的真实感受。这是一种源于群体生活体验的感情，如在群体生活中所产生的相互信赖感，对群体的归属感、认同感和服从感，在群体中所感受的自我成就感，以及群体对个人生活的态度与观念的深远影响等。当然，群体的凝聚力及感召力能够把个体紧密地团结起来，使他们自愿地服从群体规范的约束，可以合力完成单个人所不可能完成的任务或目标。但是，正如社会心理学家米尔格拉姆的服从实验所表明的那样：群体并不等于理性，却反而在更大程度上带来了群体非理性。诚然，群体并不能成为个体罪恶的避难所，执行群体的命令也不可能成为其减轻罪责的理由，但确实会有许多个体愿意作出无条件地服从群体的行为，这足以说明群体力量之大。总之，群体并不简单，绝不等同于个体生活的简单相加，而是能够通过职业价值

① ［美］乔治·弗雷德里克森：《公共行政的精神》，张成福等译，中国人民大学出版社2003年版，第4页。

② ［法］埃米尔·涂尔干：《社会分工论》，渠东译，生活·读书·新知三联书店2000年版，第38页。

的引导，职业伦理的生活，职业准则的规定，使行政人员这个群体在职业实践中保持高度的团结一致，表现出其“1+1>2”的整体效应。我们去了解行政人员群体层面上职业角色的真正目的，就是为了能够更清楚地认识和把握这个群体的内聚力所在，更真切地了解行政人员这个群体的聚能源。

四、个体层面的行政人员角色

行政人员的角色作为一种职业角色，是社会结构或社会群体的基础，拥有着相应的职业价值，接受着职业规范与行为准则的约束，行使着特定的职权，承担着相应的职责，从事着高度理性化的职业行为。对行政人员角色的研究绝不能仅停留在这种一般化的角色概念上，而应该深入了解行政人员个体在职业角色中的价值，把握行政人员角色在个体层面的意义。“人永远是世界的中心和决定性因素，其他的东西都不能离不开人，都要人赋予它们意义，提示它们的价值。”[①] 正如下面这个角色矩阵图所描述的那样，图中的行表示社会地位，分为 P_1、P_2、P_3、P_4……P_i……P_m 个不同的“位置”，列则表示 I_1、I_2、I_3、I_4……I_j……I_n 个不同的个体，不同的个体与不同的地位结合便产生了不同的社会角色。在这里，社会不再是一个抽象的概念，而是被赋予一定权利义务

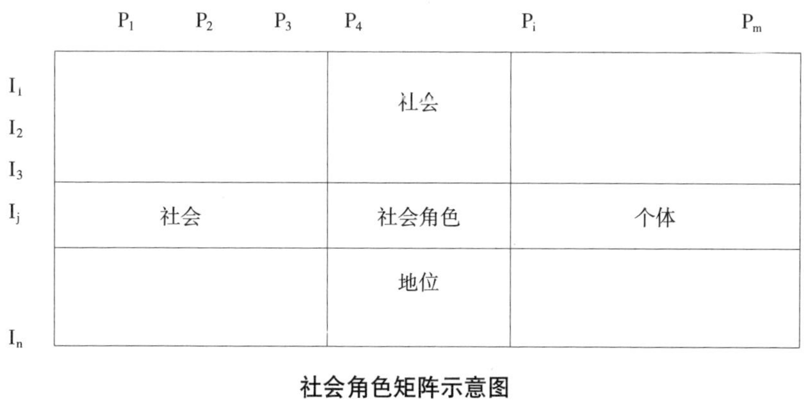

社会角色矩阵示意图

① 王守昌：《西方社会哲学》，东方出版社 1996 年版，第 15 页。

的“社会位置”（地位）的集合，而个体则是具有一定生理心理特征的各种角色扮演者，只有当社会地位与角色扮演者结合为一体，或者说，只有当把一定的个体安放到一定的社会位置上去之后，才产生了社会角色。① 因而，个体的人永远是社会关系的中心，也是社会群体和社会角色的中心，我们不能离开行政人员的个体去抽象地讨论行政人员的群体角色，行政人员的角色只有与行政人员个体相连时才具有了真实性。

行政人员选择进入职业的过程充分体现了其自由性和自主性。这是因为职业角色不同于一般自然生成的社会角色，如父母的角色、子女的角色等是一个人在社会生活中自然而然地就能够获得的角色，并能够凭着感情的本能就可以扮演好的角色。也就是说，“普通的社会角色是在人的成长过程中自然生成的，一个人在长期的社会生活中，自然而然地就能够获得自己所应有的角色意识，并能准确地扮演自己所承担的社会角色。职业角色则需要通过自由的选择和主动的学习才能获得准确的定位。”② 公共行政的职业角色对行政人员这个主体有着更高的要求，首先要求行政人员具备一定的从事职业、职务的必需技能和专长；其次要求行政人员在对其职业价值和职务职责有了初步了解的基础上，出于对其职业价值与职业理想的认同才去进行自主的选择；最后就是当一个人选择了这个职业之后，在具体的职业实践中，他还要进行再次的选择。这是因为，“当一个人选择成为行政人员之后，他就会在行政体系中获得某一岗位；但是，这个岗位在行政人员心中的位置和性质是怎样的，却是需要行政人员再次作出选择的。只有当行政人员作出了正确的二级选择，他才能进入自己所扮演的角色，成为公共行政的‘真正的人’。”③ 行政人员在这里所进行的二次选择，也是一个不断学习和提高角色扮演能力与技巧的过程，是行政人员对职业进行主观认同的过程，是一个在职业实践中领悟职业价值，提高相应的职业技能，在职务职责

① 周晓虹：《现代西方社会心理学流派》，南京大学出版社 1990 年版，第 224 页。

② 张康之：《公共管理伦理学》，中国人民大学出版社 2003 年版，第 124 页。

③ 张康之：《公共行政中的哲学与伦理》，中国人民大学出版社 2004 年版，第 294 页。

的履行中实现自我社会价值的过程。

行政人员在选择职业之后，拥有角色自觉而进入所扮演的角色，成为公共行政的“真正的人”的过程，是一个十分复杂的人性与制度进行博弈的过程。众所周知，公共行政是在工业社会的高度理性化发展中所产生的职业领域，体现着制度化建设的极高成就，职业的规范性程度极高。但冷冰冰的制度并不可能完全遮蔽人类的温情，而且在某种程度上，制度的设计也正是基于某种人性假设而展开，无论是否出于明确的意识，任何一种管理体制都是以某种人性假设作为形成和运作的基础。正如休谟所说，“在我们的哲学研究中，我们可以希望借以成功的唯一途径，即是抛开我们一向所采用的那种可厌的迂回曲折的老方法，不再在边界上一会儿攻取一个城堡，一会儿占领一个村落，而是直捣这些科学的首都或心脏，即人性本身；一旦被掌握了人性以后，我们在其他方面就有希望轻而易举地取得胜利了。”① 我们在这里提到人性，只是出于研究或控制的目的而作出的人性假设，而非抽象地讨论人性，或主张某种绝对的人性善恶观点。人性假设不同于人性本身，仅仅是出于理论探讨便利而作出的预设，而理性则无疑是人性假设研究中一个重要的研究框架。

早在行政学的初创时期，顺应职业化的发展趋势，为了能够拥有一支受过良好教育的专业化行政队伍，以应对“日益变得更加复杂和更加困难的”、“在数量上也大大增加的”政府职能，提出了“完全理性”人的假设。为此，行政学大师威尔逊提出要像建立自然科学那样建立一门具有普遍意义的“行政科学”，主张政治与行政二分，“行政管理的领域是一种事务性的领域，它与政治领域的那种混乱和冲突相距甚远。……行政管理作为政治生活的一个组成部分，仅在这一点上与企业办公室所采用的工作方法是社会生活的一部分以及机器是制造品的一部分是一样的。但是行政管理却同时又大大高出于纯粹技术细节的那种单

① ［英］休谟：《人性论》上册，关文运译，商务印书馆 1997 年版，第 7 页。

调内容之上”[①]，力求使政府能够不走或少走弯路，使政府能够专心处理公务。政治与行政二分的思想，在古德诺的《政治与行政》中得到了进一步的阐释，并在魏洛比、古利克、厄威克等人的努力下，形成了许多具有普适性的行政原则，行政学与科学之间的距离似乎越来越近了。

科学管理运动与韦伯的理性官僚制对“完全理性”作出了很好的注解，特别是韦伯的理性官僚制为行政人员的完全理性化提供了组织的实践基地。由于认识到人们的个人情感和好恶等非理性因素常常会干扰和妨碍组织管理工作的有效开展，韦伯提出了实行组织管理工作非人格化的官僚制组织，排除个人情感或偏好等非理性因素的影响。鉴于知识的不完备性与人类认识能力的有限性，后来由西蒙基于“有限理性”提出了“行政人”假设来修正“完全理性”，使得理性人的假设更为精致。西蒙认识到传统上“从决策与执行的观点来区分政治与行政并不妥当，因为行政也必须作决策”，“行政行为的研究以决策为主，而不重执行，是因为执行决定本身仍是决策活动，一个组织决定一项政策，执行这项政策的人员又要作许多决定，所以执行政策只是作更细密的政策决定而已”。从而把行政人员的角色定位为“决策者”。“决策者”在具体的决策中表现出有限理性，而不是完全理性，其人性假设体现为“心理人”与“经济人”相结合的“行政人”，即在决策中宁愿满意而不愿作最大限度的追求，只限于从眼前可供选择的办法中选择最佳的办法。

理性人假设最终在公共选择学派那里走到了尽头。鉴于政治市场与经济市场的相似性，公共选择学派认为，“政府的政策制定者都是理性的经济人，都在追求自己的最大化利益；公民作为选民也是理性的经济人，其选举行为是以个人的成本——收益计算为基础的”，“由个人组成的国家或政府不应被看成是以大众利益为目的的，政治在公共选择理论中被视为一个在解决利益冲突时进行交换达成协议的过程”。[②]公共

① 彭和平、竹立家：《国外公共行政理论精选》，中共中央党校出版社1997年版，第15页。
② 唐兴霖：《公共行政学：历史与思想》，中山大学出版社2000年版，第467页。

选择学派在这里无视政治领域与经济的区别，把“理性人”假设降同于“经济人”的概念，而且是自利的经济人，完全抹杀了利他的因素，相对于公共行政学发展中的“完全理性”与“相对理性”是一种历史的倒退。理性人假设是一个不同于自利经济人假设的概念，理性人追求的是效率最大化，而不是自身利益的最大化。基于这种自利经济人假设，已完全不顾公共部门与私人部门的区别，把行政人员视为私利的追逐者，从而断然否决了行政人员的公共性职业追求。相对于公共行政中主流的“理性人”假设，非主流的人性假设则偏重于非理性因素的考量，从而作出了“社会人”、“自我实现人”、“复杂人”等人性假设，并发展出相应的管理理论，指导着相应的制度化、规范性建设。

总之，人性假设中的“理性”与“非理性”虽然从属于认识论的视角，却构成了近代公共行政理论研究的基础。公共行政学理论发展的历程表明：无论是“完全理性人”、“有限理性人”，还是“复杂理性人”，都直接推动了行政的制度化发展，并直接决定了公共行政的效率化追求，影响着公共行政的科学化、理性化进程。同时，诸多的人性假设，以及基于人性假设所提出的管理理论都力争表明：人这个主体无论是在理论研究中还是在管理实践中永远都居于中心地位，管理理论的发展与管理实践的开展都依赖于人的主体性作用。“当人们定位职业角色时，会在职业导师的引领下进入职业角色，也可能会在职业活动的实践中逐渐找到职业感觉。但是，所有从事职业活动的人，都需要借助于自觉的职业选择和积极的职业学习，才能够使自己融合到职业中去，成为真正的职业活动者。”① 虽然行政人员的角色在群体层面上体现出较强的统一性和规范性，但在个体层面上，必将因文化、环境、习惯、动机、态度、感情、自觉性等不同而表现出浓重的个性化色彩。这一切都决定了行政人员的角色必然要深入行政人员的个体层面，在社会实践的交往互动过程中才能具体地把握。

---

① 张康之：《公共管理职业活动的伦理基础》，《中共中央党校学报》2005 年第 11 期。

第二节 公共行政的职业化

一、职业与职业化

职业化是一个与近代社会分工发展相伴随的概念，而职业是职业化所取得的结果。关于职业的概念，有许多学者作出了描述，但最终并未能在学界形成一个统一的权威解释，如学者米歇尔·贝利（Michael D. Bayles）所指出，几乎所有描述过职业特征的人，都认为职业至少具有如下三个特征：一是拥有从事职业活动所需要的广泛的职业培训或职业学习，这种职业学习完全不同于以往那种学徒拜师式的经验性学习；二是职业培训将涉及一些智力方面而非体能方面的重要的专业知识；三是经过培训后能够为社会提供某种重要的服务，尤其是能够为高度组织化的社会提供服务。[①] 学者鲁丝·查德威克（Ruth F. Chadwick）则认为，从社会学的观点看，职业的特征表现为作为成员个体所具有的专业能力与作为集体所拥有的服务理念，职业人员这个乐善好施的专家可以据此向社会权威当局证明他们所提出主张的合理性。[②]

对职业特征进行抽象思维的结果是产生了职业主义。根据张成福教授的观点，职业主义具有两个层面的意义："从工具理性的层面上而言，职业主义意味着以科学化的知识体系为基础，发展出一套理性的技术、方法，以解决问题，达成目标，从价值理性的层面上而言，职业主义是一种职业所具有的内在价值，这种内在价值是透过职业的教育和社会化的过程所形塑出来的，它所关注的不仅仅是专业的技术，更是职业的精神和责任。"[③] 这里的专业化能力或专业自主性能力是一种能够达至

---

① Michael D. Bayles，*Professional Ethics*，Belmont，Calif.：Wadsworth Pub. Co.，1981，p.7.

② Ruth F. Chadwick，*Ethics and the Professions*，Aldershot；Brookfield，USA：Avebury，1994，p.1.

③ 张成福：《公共管理的职业主义与职业伦理》，《新视野》2003 年第 3 期。

职业精神和职业责任的现实通道，但专业化能力或专业自主性能力本身亦是职业的一个重要基础和构成部分。由于专业化能力相较于职业精神所表现出的显性，在职业发展的较长时期内，人们往往更倾向于强调职业人员的专业化能力，反而常常容易忽视体现着职业内在规定性的职业精神和职业责任。

在人类社会早期，并没有所谓的典型形态的职业，只存在着与职业特征具有某种程度相似性的非典型形态的职务或工作。如“在古希腊，职业是指祭祀或官员这类职务，有时也指监工、奴仆、工匠、商人等任何种类的工作。在中国传统文化中，情况也大抵如此。汉语中职业的概念最初只有官职的含义，它表示做官的品位即‘官职’”①。人们主要凭借血缘或地缘等自然的社会关系加入某种职务或工作中，从事相关职务或工作的能力则主要通过经验性学习的途径而得到。通过这类职务或工作的承担，人们从家庭、氏族关系里走出来，开始接触到一个更大的行业群体，偶尔会过着一些专属于相关群体的生活。但这时候职务或工作的独立性特征还比较少，主要是一种家庭关系的延伸，从事职务或工作的唯一目的就是养家糊口，而所进行的具体职务或工作也无非是在一个不具有血亲关系的大家庭里服从“家长”的管教。而职业行为则与此有着明显的不同，如学者巴伯把职业者的行为特性概括为：“具有高度的系统化的知识，以社会的利益为取向而非以自我的利益为取向；由职业道德所产生的自我控制力；作为工作成绩象征的报酬制度。”② 正是看到了典型的职业行为与早期这种职务或工作行为的差别，许多西方学者主张职业与工作是两个不同的概念。工作只是职业未正式形成之前的一个阶段，随着社会分工的发展和专业领域化特征的强化与扩张，工作发展到一定阶段时，才变成了职业。

但职业从产生之日开始就与工作明显区分开来，职业必然要体现

① 王育民：《职业与职业道德》，《社会学研究》1994 年第 1 期。

② 转引自张成福：《公共管理的职业主义与职业伦理》，《新视野》2003 年第 3 期。

出职业精神。如日本学者片岡寛光看到了职业与工作在这方面的不同，指出工作在日语中相当于生计、谋生等词汇，意思是作为谋取生活资源的手段。而公务员等职业虽然也以谋取生活之资作为重要因素之一，但却以其中所意味着的奉献精神而与工作相区别开来。① 这种类似于奉献的职业精神最初来源于社会学家韦伯所引用的“天职”概念。新教路德教派奠基人马丁·路德进行宗教改革时提出了天职的概念，认为上帝的召唤不仅限于灵魂得救，还包括人们的职业和工作本身，从事职业或工作是应召的行为，从而给职业加上了神圣的光环。韦伯认为正是这种“天职”观所指导的清教革命产生了深远的文化影响，改变了人们的职业观，“把完成世俗事物的义务尊为一个人道德行为所能达到的最高形式，无疑是新颖的。正是这一点，不可避免地使日常的世俗行为具有了宗教意义，并且由此第一次创造出这种意义上的天职概念。”② 正是因为这场基督教改革所赋予职业的“天职”性，使职业获得了独特的道德神圣性，鼓励人们在职业活动中尽心尽力，而一切轻视职业生活的行为，将被看作是对上帝不忠的表现。这种职业活动中的道德取向，极大地影响了西方人的职业观念与职业态度，职业活动的神圣性与按照职业道德规范从事职业活动的观念从此深入人心，影响深远。

职业所具有的神圣性其实并不是“天职”所带来的，而是源于社会分工所促进的专业领域分化，以及由科学化、技术化追求所引致的专业自主性。“人的职业活动，以及在职业活动中所形成的特殊的社会关系，来自于社会生活和社会生产不同领域的分离。在人类社会早期，社会生产和生活不同领域的分离是以分工的形式出现的，主要是由于社会生产活动的分化造成了职业活动的专门化。到了晚近，职业活动已经不限于生产领域，而是扩大到了生产领域之外的许多领域，几乎遍及社

---

① ［日］片岡寛光：《论职业公务员》，熊达云、郑希宏译，上海科学普及出版社 2001 年版，第 52 页。

② ［德］马克斯·韦伯：《新教伦理与资本主义精神》，于晓、陈维纲等译，陕西师范大学出版社 2002 年版，第 56 页。

会生产和生活的绝大部分领域。”[①] 从职业活动的社会基础看，正是由于社会分工引起了社会生产和社会生活的领域化。随着领域化发展中专业能力的地位不断提升，又进一步强化了职业领域的分立与分离，使专业自主性得以更为强烈地膨胀。在这一历史进程中，分工现象与职业分化本身也发生了很大的变化，“在技术含量较低，人凭着自身的自然能力就可以进入职业角色的职业活动类型中，分工是人的社会群体生活的起点，分工导致了分群。然而，当职业的技术含量较高、专门化程度较高、人的自然能力在这种职业活动中发挥作用的比重降到很低的时候，分工与分群的关系就发生了颠倒。这时，分工不再是前提，反而是分群的结果。”[②] 因而，分工不再是职业产生的唯一前提，还将存在着因社会分群而引起的职业。

这种分工与分群关系的变化对职业与职业化的进程将具有重要的意义，它意味着职业不仅是职业化进程的被动承载者，在某种程度上，由职业发展而来的专业自主性发展反而会主导着职业化的进程。一方面，职业或职业主义所主张的工具理性与价值理性两个层面的重要性将发生变化。如果在主要是由分工引起的职业中，工具理性层面的专业化发展具有更重要的意义，而职业精神等价值理性还只是作为抽象的凝聚力而存在。则在出现了由分群所引起的职业发展中，价值理性的主导性作用将得以愈加凸出的显现，不仅能把该职业中的个体成员凝聚起来，致力于专业化的工作，更主要的作用还在于能够引起职业的发生和存续，成为一种超乎职业的存在，作为职业分群的标准而吸引着信奉同样职业理想的成员加入相应的职业队伍。另一方面，职业发展中分工与分群关系的变化，还将引起职业中价值追求关系的变化，即发生一个由强调专业化或科学化价值到强调伦理价值的变化。这是因为在主要由分工所引起的职业中，在最初的技术水平还比较低的阶段，由专业化所引发

① 张康之：《公共管理伦理学》，中国人民大学出版社 2003 年版，第 115 页。

② 张康之：《公共管理伦理学》，中国人民大学出版社 2003 年版，第 120 页。

的领域化分立对社会生产和生活的影响主要是积极的，专业化程度的提高进一步改善了社会发展的状态与程度。随着科学技术的发展，由专业自主性所带来的领域化隔离也越来越严重，如何把专业自主性的发挥限制在积极作用上的问题也更加严重，伦理价值的地位亦将逐渐突出，并且会日益显赫。

二、公共行政中治理价值的嬗变

公共行政作为一个职业领域的确立也必然地遵循着职业化发展的逻辑。行政事务早在人类社会早期就已经出现，只是没有出现专门的人去从事行政事务，随着社会分工的发展，行政事务的复杂程度也在不断增加，行政事务与其他事务的差别越来越明显，就出现了专门的行政工作。随着社会分工的进一步细化和技术的日臻严密，对从事行政工作者的专业化要求也在不断提高，当业余的行政工作者不能满足日趋专业化的行政工作要求时，就具备了行政职业发展的前提。故公共行政的职业化是在近代工业社会中才发展起来的，是在近代社会经济领域的大分工，迅速蔓延到政治、行政等领域后所引起的相关职能的专业化趋势。在近代社会早期，为了适应工业化大生产的发展，社会生活中的各个领域都迅速分化，分立后的相关领域都集中精力抒写着各自不同的专业化神话。但由于行动包含着动机与意义，体现着社会生活的本质，因而无论是个体的行动还是群体的行动都必然蕴含着价值。尤其在群体行动中的引导与协调问题上，价值的重要性势必更加突出。

公共行政的产生不是人为制造的，而是一定历史文化积淀的结果，产生于一定的社会客观需要。公共行政作为一个治理领域，反映其存在实质形态的治理价值也只能在回应行政客体的需要中生成。“在行政价值关系的历史嬗变中，行政客体的利益要求始终占主导地位。”① 如张康之教授经常所说的，“一切政府都是回应性的政府”，一切行政也都是回

① 张康之：《走向现代化的行政价值选择》，《国家行政学院学报》2000 年第 6 期。

应性的行政。行政管理成立的最初是为了建立一种合乎社会成员共同利益要求的秩序，并维持与保证这种秩序。在随后的公共行政发展中，每当出现了公共行政的能力与行政客体的要求不相适应的情况，就必然要引发公共行政的调整或改革①，而这种对公共行政的变革要求必然首先体现为治理价值的变化。

1. 传统公共行政的回应性与效率价值

传统的公共行政模式形成于19世纪末20世纪初，可以追溯到当时英国和美国所进行的行政改革。当时的情况是，社会事务的繁杂带来了政府职能和行政权力的膨胀，为了应对行政领域与行政工作数量的迅猛增长，行政费用日趋高涨，原有的行政管理方法与技术已经不能够适应社会的要求，如何高效地、更好地满足居民的社会生活要求摆上了行政改革的日程。为了回应经济与社会发展所带来的变化，在传统公共行政时期，效率成为其核心的价值追求，行政效率成为公共行政的出发点和落脚点，如何提高效率成为公共行政学术界与实践者关注的共同焦点。

早期行政学者如威尔逊、古德诺、怀特、古利克、西蒙等皆以效率为核心概念来界定或研究公共行政，努力将科学方法应用于行政问题的解决。学者威尔逊最大的贡献是提出了政治与行政二分的创想，主张行政不同于政治，并据此提出要把行政学从政治学中分离出来成为一门独立的学科，指出行政学研究的目标就在于弄清楚政府能够适当而且成功地承担的是什么任务，其次要弄清楚政府怎样才能以尽可能高的效率和尽可能少的金钱或人力上的消耗来完成这些专门的任务。古德诺进一步阐释了政治与行政二分法，但更着力于政治与行政的协调，主张通过行政集权的方式来取得效率。行政学者怀特将行政学的重点转向了行政管理内部，深入到行政管理内部的技术性细节上，真正满足了行政学作

① 下面行文中，将主要依据几次重要的行政改革的发生将20世纪的公共行政发展进程划分为几个阶段来展开具体的论述。

为一门独立性学科的丰富性要求。主张良好的行政组织是获得组织高效率的保证，具体可通过明确的职责划分，设置专门的行政协调机关，进行效率测量等方式来提高组织效率。古利克认为行政科学的目的在于最大限度地提高行政效率，并把效率价值的实现寄希望于通过科学研究所发现的"行政原则"之上。美国行为主义行政学家西蒙则对所谓的行政原则进行了猛烈的抨击并率先将行为主义的研究方法引入到行政学研究中，并基于其决策理论提出了旨在提高组织效率的组织设计的基本要求，即依据"组织的专业分工"与"控制注意力"原则在有限的组织资源内尽可能地提高组织的工作效率。

"传统的行政模式曾取得的成功并为世界上所有的国家所争相效仿。无论在理论上还是在实践上，该模式都有其自身的优越性。与早期贪污腐败现象盛行的管理形式相比，它更具有效率，而专业化服务观念的提出也大大改善了个人服务或业余服务。"① 早期公共行政学理论的发展，为开展广泛的职业化教育提供了前提②，为管理实践提供了充分的理论指导。高举着效率价值的大旗，管理理论的指导加上科学管理运动发展中所取得的管理技术与方法的广泛应用，最终在官僚制的理性组织模型中发挥了重要的作用。所有这些努力都无非是想通过公共行政效率的提高，及时地回应了行政客体日益增长的行政要求。即用科学化、技术化的效率价值去改善公共行政的状况，增强公共行政的社会回应力，从而为公共行政奠定了坚实的合法性基础。

2. 新公共行政的回应性与公平价值

20 世纪 60 年代末 70 年代初，英美等西方国家的经济陷入了"滞

---

① ［澳］欧文·E. 休斯：《公共管理导论》（第二版），彭和平等译，中国人民大学出版社 2001 年版，第 59 页。

② 有现代管理理论之父称谓的法约尔认为，当时的职业学校里缺少管理教育的真正原因是由于缺乏有关的管理教育，没有理论就意味着没有教育。因而要提高管理者的专业素养，须以加大管理理论研究的力度为前提。

胀”的困境中，由此引发了社会与政治等方面的连锁性危机，公众对政府的不满情绪日趋高涨，要求改革的呼声也越来越大。传统行政学由于其实证主义的研究倾向，逐渐丧失了对行政实践的指导性，而在行政科学化的道路上的迈进又反而偏离了入世的方向。为了回应社会发展的要求，改变传统公共行政理论解决现实状况的无力感，出现了“新公共行政学”。新公共行政学首先对现实的要求提出了公平的价值观，以替代传统公共行政中效率至上的价值观。

新公共行政学是相对于传统公共行政学而言的，主张用现象学方法、本土方法论、符号互动论、解释学和批判理论等新的研究方法，突出强调公共行政的“公共性”重心，认为在效率追求之处，应该加上“这种服务是否增进了社会公平”的追问。应该指出的是，公平原则与效率原则二者是统一的，而不是矛盾的，公平的实现可以促进效率的实现，作为其重要的代表人物之一的沃尔多就认为“效率观念只有置于其所维护的价值体系中才具有效用和意义，亦即真正的效率乃是建立在公平基础之上的效率——社会效率。真正有效率的政府必是民主的：它满足了人民的需要；真正民主的政府必是有效率的：它能敏感地察觉到人民的需要，并且以科学、公正、经济、快捷的方式实现人民的意志”①。在这种层面上，我们可以说，新公共行政学所提出的公平价值观其实是一种对传统机械效率观进行改造后所形成的社会效率观。即效率应该与公共利益、平等自由等价值目标相结合起来才有意义。从这种社会效率观出发，新公共行政学在对传统公共行政学批判的基础上发展起来。批判传统的机械效率观由于过分迷信效率，反而造成了长远性的效率缺乏并且已经引发了许多严重的社会问题。主张公共行政为了促进人类幸福，应该担负起广泛的社会责任，即以社会公平作为公共行政的核心价值，改变日益扩大的社会不公平现象，致力于以回应性、民主与公民参

① 丁煌：《寻求公平与效率的协调与统一——评现代西方新公共行政学的价值追求》，《中国行政管理》1998 年第 12 期。

与为改革理念的民主行政实践。

新公共行政学所提出的社会公平价值具有强烈的现实回应性，不仅回应了由于广泛的社会不公所引致的行政客体对政府不信任的问题，还回应了进行民主行政改革的时代要求，为新公共行政时期的到来定下了基调。“正是社会公平的价值准则赋予了新的公共行政以新的任务：它有责任变革那些在制度上、功能上、效果上妨碍社会公平的政策与影响实现公平目标的政府行政管理体制。因此，社会公平不仅是公共行政学研究的价值基础和准则，也是公共行政实践包括行政改革的价值取向和准则。”① 新公共行政学派没有停留在理论的假说中，而是以推动行政改革为己任，从而使新公共行政不仅作为一种思潮而存在，同时还在西方政府中引发了一场深刻的革命。

3. 新公共管理的回应性与“三 E”价值

20 世纪 70 年代末 80 年代初，为了迎接全球化、信息化时代来临所带来的挑战，摆脱政府所面临的财政困难、信任危机以及效率低下的状况，西方各国掀起了新一轮的政府改革或政府再造的浪潮，这就是新公共管理运动的兴起。新公共管理运动又被称为“管理主义”、“新泰罗主义”或“政府再造”等，“它以采用商业管理的理论、方法和技术，引入市场竞争机制，提高公共管理的水平及公共服务质量为特征，往往被人们描述为一场追求‘三 E’（即经济、效率和效益）目标的管理改革运动。”②

“三 E”作为新公共管理的核心价值，不是一种传统效率价值的简单回归，而是一个包容效率、效果与效能价值的全方位的绩效考核指标体系，大大扩展了传统效率价值的内涵。其中的经济是指在维持一定数量和质量的公共物品与服务供给中如何尽可能使用成本的问题；效率关

---

① 金太军：《西方公共行政价值取向的历史演变》，《江海学刊》2000 年第 6 期。

② 陈振明：《政府再造——西方“新公共管理运动”述评》，中国人民大学出版社 2003 年版，第 2 页。

注的是投入与产出比例的数量变化，效能关注的则是公共产品或服务的产出符合预期目标或计划的程度。总体上来看，新公共管理的“三E”价值体系更为看重公共部门活动的投入、产出或结果，关注公共服务质量和顾客满意度的提升，这是一种完全不同于传统行政的“结果”导向。而正是这种对结果实现的强调把“管理”与“行政”的内涵区别开来①，顺利地把一般管理的技术与方法运用到公共部门的管理中，成功地在公共部门中引入了市场竞争机制，市场方法的灵活性改变了传统行政因僵化的官僚体制所带来的回应不充分与回应不及时的问题。新公共管理的“三E”价值成功地引导了这场用“企业家精神”重塑政府的改革运动，通过使政府拥有灵活性的方法，随机地根据顾客的要求作出回应，进而选择行动的方向，其给公共行政所带来的震撼无疑是革命性的。

新公共管理运用“市场”的方法对如何改善政府回应性方面所做出的探索是积极的，在世界各国的政府改革实践中也发挥了十分重要的作用。但正如许多中肯的批评所指出的那样，由于政府工作的复杂性和性质的重大性，政府作为公共部门，它表现出与私人部门在“所有不重要的方面具有相似性，在重要的方面则表现出不同性”，对于政府来说，“公共行政的精神”远远比“企业家精神”更重要，过分强调“三E”价值和市场理性是不合时宜的，新公共管理运动中的“三E”价值及其回应性也因此面临着新的合法性危机。

4.“后新公共管理”时代②的回应性与服务价值的凸显

在新公共管理运动进行的同时，针对新公共管理的不足，以及社

① 参见［澳］欧文·E. 休斯：《公共管理导论》（第二版），彭和平等译，中国人民大学出版社2001年版，第63页。

② 西方学术界论述未来社会的许多见解，在丹尼尔·贝尔的影响下经常用“后……”的前缀，来表示一个旧时代的结束和一个新阶段、新类型的开始。这里的“后新公共管理”的用法就是借鉴于此，用来表示一个不同于新公共管理的新时代的开始。

会形势的巨大变化，需要另外一场更为深刻的行政革命来回应时代的变化。正如丹尼尔·贝尔所说，社会已经出现了后工业社会的种种迹象，信息和知识正在给社会带来越来越大的冲击，社会危机事件的不确定性和复杂性日益增强。“当我们渐近20世纪的尾声之时，世界上没有一个这样的地区：那里的国家对公共官僚和文官制度表示满意。”① 许多学者认识到这一变化，并据此提出了对行政改革的新看法。如乔治·弗雷德里克森教授注意到行政管理中正在发生的变化，并把它概括为：“治理，无所不在的治理。”挪威奥斯陆大学的克里斯滕森（Tom Christensen）教授也认为由于新公共管理运动的改革成果不显著，公共管理改革的国际最新趋势将是一场“后新公共管理”（Post-NPM）的改革，这将是一种更强调协调、价值取向的积极性公共管理。正如许多行政学者所体悟到的那样，我们正在步入一个新的时代，这种社会形势的变化要求进行一次治理价值的深刻变革。在这里，我们可以暂且把它称作为“后新公共管理”时代，当然它还可以被称作为别的什么，如公共管理时代的说法，或是治理时代的称谓，抑或是后现代公共行政时期的称呼。

在“后新公共管理”时代，伴随着消费主义的兴盛，这将大大不同于工业社会的供给主导或生产主义。如果说在生产主导的工业社会里，整个社会经济中突出的是一种稀缺价值，因而必然是效率导向的回应方式。那么到了以消费主义为中心的时代，信息爆炸和知识盛世将为服务需求的个性化、差异化与复杂化提供了广阔的生长空间。“政府面对的是一个复杂的社会，社会要求的多样性和复杂性总会把政府置于回应不足的局面，即使政府沿着科学化、技术化的路线不断地对自己加以改造和完善，也总会在回应社会要求方面难以达到让社会满意的程度。”② 政府着力于回应性的定位，必将把政府陷入广泛的回应性不足的

① 国家行政学院国际合作交流部：《西方国家行政改革述评》，国家行政学院出版社1998年版，第39页。

② 武玉英：《变革社会中的公共行政——前瞻性行政研究》，北京大学出版社2005年版，序言第3页。

境地，回应社会要求的效率化追求并不是一个理想的路径，不可能达到回应充分性与及时性的境界。因而，未来的时代必将是一种超越回应性而彰显战略性或前瞻性的时代，也必将是一个以服务价值取代效率价值的时代。

总之，政府的回应性就体现在其治理价值的变化中，而变化了的治理价值最终又只能通过行政人员的价值选择得到实现。如果说，价值总是一个具有主体相关性的概念，那么，在公共管理的服务价值追求中，治理者的主体地位与能动作用无疑将会更加突出。正如登哈特所说的，要让行政人员去善待公民，则行政人员首先要受到善待。为了能够更好地、更及时地回应社会客体的要求，我们首先要更准确地了解行政人员，了解行政人员的职业。“公共行政官员既不像传统公共行政理论所认为的那样只是需要保障和组织一种官僚职业的雇员，也不像新公共管理理论所主张的那样只是市场的参与者，他们的动机和报酬远不只是薪水或保障的问题，他们希望与别人的生活有所区别。”①公共管理者就将是这样一个希望与别人的生活有所区别的职业群体，他们对职业表现出极大的热忱，执着于职业价值的追求，以公共管理的职业活动作为其社会生命的重要实践途径。

三、行政人员成为一个独特的职业群体

行政人员这个职业群体的独特性，深深地蕴涵于公共行政的职业实践之中，而公共行政是遵循着一定治理价值指导的职业。行政人员这个职业群体的独特性就体现在他们希望过着一种不同于别人生活的职业价值追寻中，他们拥有着相同的公共利益信仰，执行着同样的公共事务，“遵循着同样天职的个体之所以能够确立相互之间的联系，是因为他们具有相近的职业。他们的竞争也可以使他们相互接触。”②强调行政

① ［美］珍妮特·V. 登哈特、罗伯特·B. 登哈特：《新公共服务：服务，而不是掌舵》，丁煌译，中国人民大学出版社 2004 年版，译者前言第 9 页。

② ［法］爱弥尔·涂尔干：《职业伦理与公民道德》，梁敬东、付德根译，上海人民出版社 2000 年版，第 11 页。

人员这个职业群体的独特性并不是为了强调行政人员具有更高的或优越的社会地位，或是恰恰相反，是把行政人员这个群体定位于“仆人”等次级的社会地位上。而只是为了突出行政人员这个群体具有不同于身份群体的职业属性，同时由于行政人员与公共权力的天然联系又赋予其与一般职业相区别的特殊性。故在这里使用“独特的职业群体”的概念只是为了突出行政人员群体的职业属性，主张是公共行政这个职业的公共性属性与公共性内容决定了行政人员成为一个独特的职业群体。

行政人员这个职业群体的出现是与公共行政的职业化演进相统一的历史过程，既是公共行政职业化的结果，又是公共行政职业得以存在的深刻基础。正是由于社会大分工的发展，为了适应公共行政的领域化与专业化要求，才产生了行政人员这个职业群体。而承认行政人员是一个独特的职业群体的历史并不长。如在日本，则直到第二次世界大战后，根据日本新宪法的规定，天皇的官吏被定位为“全体国民的勤务员”，替代了明治宪法中把官吏视为“天皇陛下及其政府的仆人”的规定，才出现了将公务员承认为一种职业群体的契机。而在我们国家，对公务员这个职业群体的承认，还要更晚一些，开始于《公务员法》的颁布实施之后。就是在西方国家，承认行政人员这个职业群体也是晚近才发生的事情，直到文官制度改革之后，在公务人员职业化的条件下，随着行政人员群体队伍的不断壮大，人们才不得不正视行政人员这个职业群体的客观存在。

在有关行政人员这个职业群体的角色定位中，长期存在着两种错误的倾向，或称为职业属性的两种异化形态。首先就是容易忽略其职业属性，而更容易把它当成一种身份群体。职业群体与身份群体之间具有很大的不同，一方面，身份群体多与人们之间的自然关系，如宗教、血亲、姻亲等相联系，而特定的身份也往往伴随着某种权力、感情、利益、依附等。另一方面，职业群体则多与人们的知识、能力、技术等相联系，是一种扩大了的社会关系，职业往往会伴随着独立的追求、人性的自由、自我成就感等。同时，在历史发展的逻辑中，身份与职业群体又不是完全分开的，通常职业群体是由身份群体发展而来的，并在社会的现代化进程中逐渐变得特征鲜明，并与之区分开来。比较各国的现代化过程，我们不难发现，现代公务员制度的建立都是在改良或改革传统行政官吏制度之上发展起来的，都是在历经了职业化发展之后，行政人员这个职业群体才逐渐形成，因而，行政人员的职业群体与既往的行政官吏身份都难免会有着千丝万缕的联系。应该注意的是，虽说在历史上，职业群体曾经与身份群体具有密切的联系，但自二者独立开来之时起，二者之间的关系就仅限于区别。相反地，由于行政人员在职业实践中没能与身份群体正确区分，往往导致了以权谋私、权大于法等行政腐败。因而，在行政人员的职业群体生活中，最重要的就是要不断地强化其职业意识，通过职业发展的正确规划，明确其职业追求，从而不断地强化其职业属性。

其次就是容易把由于社会分工所具有的公共性，神圣化为职业的优越性。由于行政人员这个职业群体与公共权力的特殊联系，行政人员往往会产生一种职业优越感，认为公共行政具有一种其他职业所不具备的神圣性和重要性，从而在无意识中强化其职业的特殊性，这也是各国行政发展中所存在的一个普遍问题。这往往导致一些十分严重的后果，如在行政人员的潜意识中，他们如果认为行政职业是一种特殊的职业，往往会对社会其他成员产生一种不平等感，甚至会对本应为其提供服务的行政相对方表现出“高高在上的官老爷”姿态，沉浸于权力与利益的追逐，荒废了其职业追求与职业发展。其实，职业无所谓贵贱优良，职业在每个职业群体中都具有相同的意义，“职业为每个人提供机会参与社会分工，使每个人与更为广泛的社会结合起来，以某种形式为实现公共福利做贡献。”① 我们在这里强调行政人员是一个独特的职业群体，是指该职业群体具备了其之所以为职业的独特性，满足了社会分工中其作为一项职业得以成立的条件，而不是主张其具有相较于其他职业的特殊

① ［日］片岡寛光：《论职业公务员》，熊达云、郑希宏译，上海科学普及出版社 2001 年版，第 54 页。

性。行政人员这个职业群体的独特性只是由于其在社会分工中的作用不同于其他职业，从而使其可以与公共权力联系在一起，能在更大的社会范围内运用其职业的技术与方法为更多的人提供服务。

职业群体的独特性就在于它承担着特定的社会功能，是社会结构的重要组成部分。关于行政人员这个职业群体的社会作用，曾有许多思想家提出过独到的见解。涂尔干在《职业伦理与公民道德》一书中认为民主是一种基于反思的制度，反思可以使公民更理智，而职业群体就是可以促成民主制度生成与反思的维系。《社会分工论》中提出，职业将逐渐取代地域归属而成为主要的社会团结方式，从而把由社会分工所产生的职业群体看成实现社会有机团结的重要整合机制。结构—功能主义者则把职业角色看成现代社会的正式结构，发挥着稳定的社会功能。麦金太尔在《追寻美德》中认为，一个人的自我是与他的历史角色密切联系在一起的，社会角色可以带给个人历史参与感与社会参与感。黑格尔根据其三段论逻辑把官僚看作是国家与市民社会之间“中介”，还有许多思想家把官僚比喻为“公仆”，这种“公仆论”在我国具有很大的影响。

在我国，受“人民公仆论”的长期影响，理论界一直拒绝承认或不愿突出行政人员这个群体的独特性，而是极力主张行政人员与人民群众的统一性，是人民群众的一部分，而这样做的初衷，正如张康之教授所说的，是出于一种善良的愿望，是为了让行政人员全心全意为人民服务，正与一切无视现实的理论虚构都要在现实面前碰壁一样，其结果也只能是事与愿违。这里我们要突出行政人员作为一个职业群体的独特性，就是为了使行政人员能够树立起相应的职业意识。而“是否把行政人员看作为一个特殊的群体，决定着是否对行政人员有着特殊的要求和规定；决定着行政人员是否会有着特定的群体自觉”①。这里对行政人员职业群体独特性的强调，是为了明晰职业的边界，明确责任的承担，从

① 张康之：《公共行政中的哲学与伦理》，中国人民大学出版社 2004 年版，第 278 页。

而唤醒行政人员内心深处的职业认同感，促成行政人员的角色自觉。

行政人员的角色自觉只能在与社会期望或要求的持续互动中生成。一方面，如果把行政人员定位为一个具有独特性的职业群体，它就必定能够承担特定、具有不可替代性的社会功能，以满足相对方特定的社会需求作为其职业的存在前提。正是在这个层面上，我们说行政相对方将构成行政人员的角色基础，决定着行政人员职业角色的状况。另一方面，由于职业必定会具有相应的职业规范，如果认识到行政人员这个职业群体的独特性，就必定会着力于构建具有其职业特色的职业规范。通过职业规范的制定与实施，不仅可以弘扬其职业价值与职业伦理，还可以明确职业责任的要求与承担，从而强化行政人员的角色自觉，规范行政人员的角色行为与责任承担。这种角色自觉一经产生就会发挥出重大的社会作用，不仅可以调动行政人员主体的能动性和积极性，还可以提升行政人员的职业责任感与职业成就感，进而在职业实践中使行政人员的主体性与社会责任之间形成良好的循环与互动。

第三节　行政人员角色的生成

行政人员角色的生成体现着历史演进的逻辑，它基于社会大分工的蔓延，公共行政职业化的确立，以及行政人员作为职业群体所具有的职业独特性而展开。行政人员角色生成的真实逻辑就在于：基于政治与行政二分的理论预设，公共行政成为一个独立的职业领域，才有了研究行政人员角色的意义。在政治与行政二分的体制下，行政人员被要求政治中立，致力于专业化、技术化的职业实践，但由于公共行政的完全理性模型并没有表现出其应有的完善，反而走向了理性化的反面——行政裁量的广泛性。如何保持理性的高度规范性与行政裁量的广泛性之间的一致性，引导行政人员专业自主性的积极性发展，再次将行政人员的主体性问题置于行政人员角色研究的重心。

一、理论预设：政治与行政二分

政治与行政二分理论不仅是行政学研究得以展开的前提，也是引导早期公共行政实践得以进行的理论基础。正是基于这种理论预设，公共行政在专业化追求的实践中，完成了理性官僚制的组织构建，设计了庞大而周密的法律规范体系，在世界范围内导致了行政国家的兴起，使政府在管理社会公共事务方面的不可替代性发挥到前所未有的境地。高兆明教授曾经这样评论政治与行政二分理论的意义，即“在现代性语境下审思政治与行政二分是人类政治生活的一大飞跃。它不仅意味着一种新的政治生活历史类型的出现，而且意味着久被遮蔽的公共权力及其公共性逐渐敞现，理性秩序在社会日常生活中逐渐取代个人任性”①。

早在威尔逊提出政治与行政二分法之前，已经有许多学者看到了政治与行政二者间的不同，从而表达了类似的看法，如德国学者斯坦因、布隆赤里、法国的狄克洛克等。斯坦因把国家比作一种有机体，正如有机体具有意志和活动的相分离性一样，国家也可以通过宪政来表达其有组织的意志，而通过行政来执行相应的意志。“国家的宪政不能包有行政。此恰如意志的本身，不能就是行为或劳动一样。此宪政的最大机能，是对行政予以限度与秩序。宪政不能据引行政，只是理解行政的任务并予以权利和设定。”② 从而在一定程度上把政治与行政区分开来。随后，德国政治学家布隆赤里也提出要把行政管理与政治和法律同样地区别开来，认为政治是“在重大而且普遍性的事项”方面的国家活动，而行政管理则是“国家在个别和细微事项方面的活动”。“因此，政治是政治家的特殊活动范围，而行政管理则是技术性职员的事情”。③

行政学者威尔逊的最大贡献就在于他明确提出了政治与行政二分法，并据此将行政学作为一门独立的学科从政治学中分离出来。威尔逊

---

① 高兆明：《政治视域中的行政》，《光明日报》2007 年 4 月 3 日。

② 转引自［日］蜡山政道：《行政学总论》，黄昌源译，中华书局 1934 年版，第 5 页。

③ 转引自彭和平、竹立家：《国外公共行政理论精选》，中共中央党校出版社 1997 年版，第 15 页。

认为“行政管理的领域是一种事务性的领域，它与政治领域的混乱和冲突相距甚远”。而把行政从政治中分离开来，是适应时代发展要求的结果，是因为随着国家经济和社会事务的发展以及政府职能的扩大，“执行一部宪法变得比制定一部宪法要困难得多”①，“政府的职能日益变得更加复杂和更加困难”，“这就是为什么应该有一门行政科学的原因，它将力求使政府不走弯路，使政府专心处理公务减少闲杂事务，加强和纯洁政府的组织机构，为政府的尽职尽责带来美誉”。②

但威尔逊只是提出了政治与行政的构想，有关政治与行政具体关系的系统阐述则是由学者古德诺所完成的，古德诺在《政治与行政》一书中指出，“在所有的政府体制中，都存在着政治与行政两种主要的或基本的政府功能”，即政治是“国家意志的表达功能”，而行政是“国家意志的执行功能”③。承认“存在着一种其行使可以完全不受政治影响的行政功能之后，才能获得行政效率”④，改变由政党体制所带来的行政效率和对民众意志责任的缺乏状况。“尽管人们能够区分开政府的两种主要功能，但却无法严格地规定这些功能委托给哪些政府机关去行使。”⑤鉴于把每一种政府功能分派给一个分立的机构行使的不可能性，就必须以某种方式取得政治与行政之间的协调，这也是古德诺阐述政治与行政关系的目的所在。即基于政治对行政的适度控制来实现行政的适度集权化，从而使政治与行政二者之间协调起来，实现真正的“民治政府和高

---

① 转引自彭和平、竹立家：《国外公共行政理论精选》，中共中央党校出版社 1997 年版，第 14 页。

② 转引自彭和平、竹立家：《国外公共行政理论精选》，中共中央党校出版社 1997 年版，第 4—5 页。

③ [美] 弗兰克·J. 古德诺：《政治与行政——对政府的研究》，王元、杨百朋译，华夏出版社 1987 年版，第 12 页。

④ [美] 弗兰克·J. 古德诺：《政治与行政——对政府的研究》，王元、杨百朋译，华夏出版社 1987 年版，第 78 页。

⑤ [美] 弗兰克·J. 古德诺：《政治与行政——对政府的研究》，王元、杨百朋译，华夏出版社 1987 年版，第 9 页。

效率的行政”[①]才成为可能。

政治与行政二分理论的提出，具有极为重要的历史意义，对公共行政的理论和实践产生了极大的影响。到了19世纪末期，随着自由竞争资本主义向垄断资本主义阶段的过渡，经济结构与社会关系也变得更加复杂，社会冲突不断加剧，这一切都使得政府的功能呈显著性发展，公务员的数量也迅速增加，行政的发展亟须理论的规范与引导。另外，文官改革运动也直接推动了政治与行政二分理论的提出。为了改变因多党轮流执政所导致的政府人事“大换血”，避免行政工作的动荡性与不连续性，美国国内发起了一场以废除政党分肥制影响、坚持政治中立原则的文官制度改革。正是基于对这场改革的关注，政治与行政二分理论在美国首先由威尔逊提出，成为其强大的理论支持，并直接催生了独立的行政科学研究。

基于政治中立性原则，“西方文职人员已变得越来越专门化，在很大程度上变得职业化，而且，毫无疑问地更有权力——一支操纵现代国家机器运转的专业骨干队伍”[②]。虽然也有许多学者对政治与行政二分理论表达了不赞同，甚至是反对意见，但这并不能成为否认其所具有的历史进步性的理由。毫无疑问，政治与行政二分理论为行政科学的建立与发展提供了独立的研究对象，虽然要做到政治与行政的结构性分离是不可能的，但提出政治与行政的职能分离确属历史的进步。“从理论上把行政从政治中分离出来，这是研究行政学的需要。没有这种理论上的分离，行政学就缺乏一个相对独立的研究对象，因而，也就没有理由成为一门相对独立的学科。……即使在当代的行政学研究中，也有必要强调行政与政治之间的区别，否则，行政学的研究就会变得毫无意义。”[③]而

① ［美］弗兰克·J. 古德诺：《政治与行政——对政府的研究》，王元、杨百朋译，华夏出版社1987年版，第135页。

② ［美］乔尔·阿伯巴奇等：《两种人：官僚与政客》，陶远华等译，求实出版社1990年版，第3页。

③ 胡象明：《政治与行政两分法：思想渊源及其评价》，《中国行政管理》1999年第11期。

许多针对政治与行政二分理论的批判，也因此促进了行政学理论的进一步发展与完善。

在理性官僚制组织的实践中，行政人员专注于法律、政策的执行，积极地追求行政效率的提高，致力于执行技艺与能力的提升，从而为实践中的公务员制度建设提供了很好的注解。社会学家韦伯所提出的理想的行政组织体系——官僚制，使人们将政府行政与严密的规则体系联系在一起，使公务员制度建设的程度不断趋于完善，形成了一个十分庞大而又严密的规则体系，从而为政治与行政二分理论提供了一个十分重要的实践基础。纵观各国 20 世纪的行政发展，我们不难发现行政领域逐渐成为一个规范化程度极高的领域，正如罗森布鲁姆教授所概括的那样，“从 20 世纪 70 年代，宪法法律已经在美国各级政府的公共人事管理中成为各项工作的中心。从考试、招录、遴选、培训、提升、毒品检测、规律化的程序等各个方面都在宪法的某项规定中有所体现。”① 与此相应的，所谓的行政执行正越来越多地成为规则的同义语，“传统的公务员系统主要与标准化与规制化相联系，此外，在对执行的早期探讨上也主要集中在效率的追求上，可与生产线技术对私人部门的重要性相媲美。因此，严密的标准化的职务描述或工作要求成为美国以及世界上其他国家的公务员系统的准则。”②

二、现实基础：行政裁量

任何语言都具有指引上的限度，与语言的“能指性”一样，语言

① David H. Rosenbloom，Margo Bailey，“What every public personnel manager should know about the constitution”, in *Public Personnel Administration：Problems and Prospects* [*Fourth Edition*]，Steven W. Hays，Richard C. Kearney，[美] 史蒂文 · 海斯等主编：《公共人事行政：问题与前景》，北京大学出版社 2006 年版，第 29 页。

② Patricia Wallace Ingrham，“The American Federal Bureaucracy”，in *Public Personnel Administration：Problems and Prospects* [*Fourth Edition*]，Steven W. Hays，Richard C. Kearney，[美] 史蒂文 · 海斯等主编：《公共人事行政：问题与前景》，北京大学出版社 2006 年版，第 64 页。

的“不能指”也是语言的本性。规则与规范作为一种语言所描述的体系，也必然具有这种局限性。如英国著名的法理学家哈特教授所说的，“规则本身是使用语言的一般规则，而一般词语的使用本身也需要解释,……它们不能自己解释自己”[①]。再加上立法能力的有限性，使其无法事先准确地预测多变的社会发展，更无法用僵化不变的法律条文来应对一日千里的情境变化。而随着20世纪政府职能发展中由消极行政到积极的变化，以至于行政国家的兴起，社会对行政职能的需求却越来越多。为了完成诸多的行政任务，在各项行政体制的设置中，行政人员被授予了更多的裁量权。总之，正是由于规则语言的不能指性局限、行政立法的不周延性、行政管理对象的多变性与复杂性等原因，共同决定了行政裁量存在的必要性与广泛性。需要用行政裁量来弥补行政规则的不足，应对多变、复杂的行政要求，“适应社会经济发展和行政规制的需要”,“实现个案的正义”,“所以，现代社会需要裁量，更需要在规则与裁量之间找到一个‘黄金分割点’”。[②]

伴随着行政权力的日益膨胀与行政规范化程度的不断提升，行政裁量的应用也更加普及。为了保证行政裁量权的公正行使而不至于被滥用，针对权力行使的合法性与合理性进行监督的司法审查制度取得了很大的发展。行政裁量与行政法治有着紧密的联系，即行政裁量随着行政法治程度的提高而膨胀，而法治程度的提升又总是致力于行政裁量范围的缩减，使行政裁量权的扩张伴随着行政裁量权的控制成为行政法治发展的一个重要脉络。但正如科奇（Koch）所说，“行政法被裁量的术语统治着”，正是行政裁量的日趋扩张与更多的裁量权控制共同促成了行政法治的进步。其发展逻辑就在于，人作为一种主体性存在，是社会关系的主体，而迅速蔓延开来的规则体系也无非只是人类主体性的一种体现而已。“法律和制度都是由人来制定的，一个好的法律制度，能否得

---

① 哈特:《法律的概念》，中国大百科全书出版社1996年版，第128页。

② 余凌云:《行政自由裁量论》，中国人民公安大学出版社2005年版，第1页。

到认真的贯彻，关键在于人，尤其在于那些最高的执法者和当权者。”① 因此，才会出现这种局面，即与行政发展中制度规范化程度的不断提升相比，行政裁量的普及与扩张程度也毫不逊色。

行政裁量是一个与行政发展相伴随的概念，也是一个与西方法治发展相伴随的概念。在早期的行政法治中，严格的三权分立体系使行政权处于立法权的有效控制之下，“无法律则无行政”，行政裁量被视为专断、粗暴的同义词而被断然禁止。如在英国法学家戴雪对法治所做的经典界定中指出，“英国人依法，而且只依法进行统治”。而任何实质性的行政裁量行为，都是与专制联系在一起的，因而是决不允许的。② 但随着社会的发展，行政管理事务的增多，专业的领域化发展，立法机关制定的法律已经不能有效地规范行政，在实践中开始大量地使用行政裁量。与此相应的，人们的法治观念也发生了很大的变化，行政裁量已不再是被完全否定的概念，反而被视为完成行政使命的一种重要手段，成为提高行政效率与政府回应能力的权变选择。如著名宪法学家詹宁斯认为，“事实上，公共机构的确拥有广泛的自由裁量权”，但“专断”并不等于“广泛的自由裁量权”。③ 行政学家威廉·韦德也持有同样的观点，“过去，人民通常认为，广泛的自由裁量权与法不相容，这是传统的宪法原则。但是这种武断的观点在今天是不能接受的，确实它也并不含有什么道理。法治所要求的并不是消除广泛的自由裁量权，而是法律应当能够控制它的行使。”④

鉴于立法机关无法对现实进行及时、全面地规范，行政裁量权得以不断地扩张，强调法治对行政裁量的控制而不是否定行政裁量。如今，无论在英美法系国家，还是大陆法系国家都已成为共识。如第二次

① 张康之：《以德治国与以德行政》，《新视野》2001 年第 3 期。

② A. V. Dicey，*Introduction to the Study of the Law of the Constitution*，London：Macmillan Education Ltd.，10th ed.，1959，pp.202-203.

③ ［英］詹宁斯：《法与宪法》，龚祥瑞等译，生活·读书·新知三联书店 1997 年版，第 38 页。

④ ［英］威廉·韦德：《行政法》，徐炳等译，中国大百科全书出版社 1997 年版，第 54 页。

世界大战后日本著名的行政法学者田中二郎曾经指出，“行政法的精髓在于裁量”。这意味着，裁量在行政法治中被赋予了重要的意义，“作为行政法上的最为基本的概念范畴，裁量本身是行政行为、行政指导、行政契约、行政计划乃至委任立法等各个过程中皆不可或缺的一种行为方式、方法或者形态”。[①] 但由于传统的公法制度无法将行政裁量的问题完全纳入法治化的轨道，使行政裁量对行政法治也构成了很大的威胁。“现代法治主义发展的历程表明，随着政府由消极行政向积极行政的转变，反馈到依法功能中，就要求其在约束行政权随意性和维护行政权机动性之间建立平衡。”[②] 基于对行政的不信任和对法治的渴望，如何合理控制行政裁量的问题逐渐成为行政法中的一个核心主题。[③] 从严格限制行政人员自主性的角度出发，行政裁量的概念得到了进一步的明确，行政裁量的范围也日渐缩小。

行政裁量的概念在各国行政法治化的进程中都表现出较强的不明确性。一般来说，相较于英美法系国家，大陆法系国家的行政裁量概念要更严格一些，是一个不同于行政自由裁量的概念。而在英美法系国家，如余凌云教授所说，行政裁量概念实际上包含了大陆法系国家的羁束裁量与自由裁量，无一例外都要受到司法审查，因而对羁束裁量与自由裁量进行区分没有多大意义。[④] 在中国，如杨建顺教授所说，由于学界过度地滥用“行政自由裁量权”，对学术研究与诉讼实践造成了恶劣的影响，给人们造成了一种错觉，“似乎与羁束行为直接对应的是‘自由裁量行为’，行政权的重要特征就在于‘自由裁量权’的存在”。因而，杨建顺教授主张用“行政裁量”的概念来取代“行政自由裁量”的概念，厘清“自由裁量”概念的内涵与外延，与羁束行为相对应的概念是“裁量行为”，而不是“自由裁量行为”。“将行政行为划分为羁束行

① 杨建顺：《行政裁量的运作及其监督》，《法学研究》2004 年第 1 期。

② 皮纯协、余凌云：《行政契约与依法行政》，《法制与经济》1996 年第 6 期。

③ 周佑勇、邓小兵：《行政裁量概念的比较观察》，《环球法律评论》2006 年第 4 期。

④ 余凌云：《行政自由裁量论》，中国人民公安大学出版社 2005 年版，第 1 页。

为、法规裁量行为和自由裁量行为的这种三分论，曾经是大陆法系国家行政法学上通说性的见解”。按照这种行政行为三分论的观点，羁束行为与法规裁量行为要服从司法审查，自由裁量行为则不接受法院的司法审查。[①] 总之，在这里提到这些争论的主要目的并不是评判其中的是非，只是为了弄清一个轮廓，大致了解行政裁量是一个与行政羁束相对应的概念，在这种行为中，行政人员将拥有更多的选择自由。

在行政裁量的含义界定上，英美法系国家虽然认为行政裁量对于公共利益的实现具有重要价值，但对于何为行政裁量则一直缺乏明确的界定，往往只作一种比较宽泛的事实性描述。比较通用的行政裁量概念，是戴维斯（K. C. Davis）所做的定义，即指在可作为，也可不作为之间作出选择的权力；或者像韦德和福赛所表述的，是作为还是不作为以及怎样作为的权力。[②] 这种观点大致相当于德国行政法中的效果裁量。德国的行政裁量包括要件裁量与效果裁量，而不确定法律概念又是一个与行政裁量相区分的范畴。在法国行政法上，行政裁量也是一个与行政拘束权相对应的概念。总之，行政裁量的范围有大有小，行政的概念界定也存在着很大的不同。依据裁量范围与程度的差别，可以作出许多不同的分类，如要件裁量与效果裁量、法规裁量与自由裁量等。但所谓行政裁量，其行为要件及行为内容相比较羁束行为而言，肯定具有更多的选择自由，行政人员的主体性表现得也更为充分。

出于对行政的不信任与抑制行政随意性的要求，行政裁量的自由度有了很大的变化，但一般主张行政裁量的自由是一种有限度的自由，所谓的自由是一种“戴着镣铐跳舞”的自由。如我国台湾学者翁岳生先生在《行政法》中就指出，“行政机关行使裁量权，并非不受任何拘束之自由裁量，其行政裁量除应遵守一般法律原则外，也应符合法令授权

① 杨建顺：《论行政裁量与司法审查——兼及行政自我拘束原则的理论根据》，《法商研究》2003 年第 1 期。

② 余凌云：《行政自由裁量论》，中国人民公安大学出版社 2005 年版，第 29 页。

之目的，并不得逾越法定之裁量范围。”[①] 鉴于行政裁量范围的巨大伸缩性，为了防止行政裁量权的滥用，无论是在大陆法系国家还是在英美法系国家，对行政裁量的限制与控制都呈现出加重的趋势。对行政裁量权行使的控制方法，主要倚重于立法技术的提高，以及严格的司法审查。但是，即使立法技术的水平再高，也不可能避免其抽象性与概括性的特点，必然得为行政裁量留下空间。而有关行政裁量的司法控制，也要以不至于触犯到行政裁量权的正当行使为目的。正如英国福赛教授所说，“行政法与政府机关之间没有必然的、内在的冲突。明智的管理者愿意看到其行政决定是合法、公正地作出的，也对有关这方面的控制机制持欢迎态度。另一方面，对于行政官员行使裁量权，堪称上乘的行政法绝不会课加过分的约束，不会把政策的形成权从有关的政府官员和部长那里转移到法院手上，必须允许政府去管理，但却应该是公正地去管，而不是滥用权力。”[②]

对行政裁量所进行的司法审查原则，除合法性原则之外，主要是合理性原则。合理性原则在实践中又具体发展出合目的性原则、比例原则、信赖保护原则、无差别待遇原则、行政自我拘束原则等，但司法审查始终都是为了严格控制行政裁量权于正当行使的范围之内。“法院必须时常进入到行政的自由裁量领域进行判断，又要为行政的自由判断留有足够的空间，这是现代国家合理配置行政权和司法权的基本要求。为了实现这种权力配置状态，就必须尽量为法院干预那些并未违法的行政行为提供理论依据。”[③] 但这诸多的审查原则并不能从根本上解决行政裁量的统制性问题，因为程式化与永固化的原则势必会损害行政的灵活性与回应性。所以，这些审查原则的使用本身也应该作出判断，其范围应限制在不能伤及行政因应社会形势的变化而作出改变与裁量，而这又正

① 翁岳生：《行政法》，中国法制出版社 2002 年版，第 237 页。

② 余凌云：《行政自由裁量论》，中国人民公安大学出版社 2005 年版，序言第 2 页。

③ 杨建顺：《论行政裁量与司法审查——兼及行政自我拘束原则的理论根据》，《法商研究》2003 年第 1 期。

是社会需要行政裁量的目的之所在，这就使裁量与羁束的问题陷入了新一轮的死乱循环。总之，随着法治的不断完善，行政规制呈现出无所不在的局面，行政裁量的使用范围也可能会在某些方面逐渐缩减。但鉴于行政的社会使命所在，行政裁量的问题也将长期存在，而针对行政裁量所采用的制度控制难以取得理想成效的局面，我们或许应该去更多地关注行政人员的主体性问题。

三、历史演进的逻辑

为了了解和把握行政人员的主体性，方法可以有很多，根据这些方法只是涉及个体或是触及社会的不同，可以将它们简要的归为两类。一类是针对个体行为的个体研究方法，如马斯洛在《动机与人格》中把人的需求分为五大类别，试图通过动机去把握人类的行为。这种个体心理研究的方法，虽然在某种程度上可以用来了解与预测个人行为，但却难免具有很大的变幻性与不确定性。另一类是对个体行为的社会研究方法。行政人员的角色就属于后者，即通过角色使个体与社会联结在一起，使角色成为理解社会与人们行为的重要参照物，把行政人员的行为放置在社会的大环境中去研究。相较于前者就个体研究个体的方法，后者就社会研究个体的方法，对行为的解释可以更深刻。其原因就在于人具有社会性的本质，“人的本质并不是单个人所固有的抽象物。在其现实性上，它是一切社会关系的总和。”① 人总是社会的人，任何抛开社会去抽象地讨论人会如何行为的观点都将是不可信的。因而，我们在这里选择行政人员角色的研究，目的就是希望通过对行政人员角色的社会性把握，使我们可以更好地理解行政人员的行为，更好地接近行政人员的主体性。

行政人员角色的生成是一个历史的范畴。尽管行政事务的出现，历史已经十分久远。但有关行政人员角色的生成，则伴随着近代工业革

① 《马克思恩格斯选集》第1卷，人民出版社1972年版，第18页。

命的发生，科学技术的发达与社会分工的发展，直到社会分工从经济领域蔓延到相关领域引起了专业化的大潮，公共行政作为一个职业领域的地位得以确立之时才成为可能。角色是历史地生成的，也是历史地变化的。而历史发展又总是由人的需求所推动的，正如马克思与恩格斯在谈到历史发展时所说，“整个历史也无非是人类本性的不断改变而已……他们的需要即他们的本性”。① 在这个层面上，我们可以说，角色是由人的需求与期望的历史性变化所催生的。在满足人的需求与期望之时，历史又沉淀为一定的社会文明，通过一代代人相传下去。

行政人员角色的生成也是一个社会的范畴。社会的内容是宽泛的、广博的，包括社会环境、社会文化、社会分工、社会劳动、社会发展、社会关系、社会互动等，在这里，我们着重强调的社会机制是社会分工。关于社会分工的作用，法国社会学家涂尔干在《社会分工论》中指出，是“为了与自然抗争，我们必须拥有更为扎实的才干，更为有效的力量。我们希望我们的力量能够聚集起来，而不像以前那样各自为战，我们的目的就是要把以往在广度上所失去的强度重新找回”。因而，做出断言，“劳动分工将会成为一种绝对的行为规范，同时还会被当作是一种责任。”② 马克思与恩格斯也曾经说过，社会分工“不仅使物质活动和精神活动、享受和劳动、生产和消费由各种不同的人来分担这种情况成为可能，而且成为现实”③。但是，社会分工最重要的功能不在于使个体之间分离开来，而在于使个体之间因为分工才能更紧密的相联。正是由于分工，“使人们具有彼此互为作用的职能，正是职能的这种相互关联而不是别的什么，才是我们所称的‘社会’”④。而这种紧密的联系就来源于社会责任的承担。正是由于社会分工，公共行政成为一个专门的领域，行政人员通过社会分工而承担的职业责任，使其与更大的社会发

① 《马克思恩格斯选集》第 3 卷，人民出版社 1972 年版，第 174 页。

② ［法］埃米尔·涂尔干：《社会分工论》，渠东译，生活·读书·新知三联书店 2000 年版，第 4—5 页。

③ 《马克思恩格斯选集》第 1 卷，人民出版社 1972 年版，第 36 页。

④ ［德］诺贝特·埃利亚斯：《个体的社会》，翟三江、陆兴华译，译林出版社 2003 年版，第 19 页。

生联系，行政人员的职业角色才得以产生。

行政人员的角色作为一种职业角色，是历史地、社会地生成的。而职业角色的实质就在于，通过在社会分工体系中承担特定社会责任的方式，融入社会关系之中，与更大的社会发生联系。这是因为，个体总是社会中的个体，社会性是人的本质属性，“单个的人，从他出生之日起就被置于某种完全特定结构的职能序列中；他必须使自己适应这个职能序列，根据它来塑造自己，并且以它为出发点适时地发展自己。”① 社会中的个体必然要承担着一定的社会责任，正是在这个层面上，责任成为角色的同义语。但这里的责任是广义的概念，它不仅指具体的社会权利义务承担，还包括抽象的责任；不仅指工具层面的责任承担，还涉及价值层面上的责任内涵；不仅指明确规定的法律责任与行政责任，还暗含着道德责任的内容。

如果我们借用舞台上的角色来比拟职业人生，则特定的职业者就成了社会权利义务的结合体，他们将承担着一定的社会责任，传载着特定的社会文明。正像舞台上的演员与台下的观众一样，表面上，演员表演的好坏只跟演员演技的高低以及演员之间的配合的默契与否有关，事实上，正是由于有了观众，有了观众的关注、评价，在演员与观众之间形成了一个良好的互动，才可能会有这出好戏。行政人员的职业角色扮演的好坏，也只能与历史的、社会的期望与需要联系起来，置于社会关系的永恒互动之中去进行评判。职业角色正在成为社会与个体联系起来的一个必不可少的媒介，如社会学家涂尔干所说，“我们之所以认为它是必不可少的，并不在于它促进了经济的发展，而在于它对道德所产生的切实影响。在职业群体里，我们尤其能够看到一种道德力量，它遏止了个人利己主义的膨胀，培植了劳动者对团结互助的极大热情，防止了工业和商业关系中强权法则的肆意横行。”②

---

① ［德］诺贝特·埃利亚斯：《个体的社会》，翟三江、陆兴华译，译林出版社2003年版，第16页。

② ［法］埃米尔·涂尔干：《社会分工论》，渠东译，生活·读书·新知三联书店2000年版，第22页。

行政人员与公共权力之间的特殊联系，使得公共行政成为一个规范性程度极高的职业领域。但由于“集体生活的整个领域绝大部分都超出了任何规范的调节作用之外”①。而职业规范作为特定人群归属的标志，一般具体表现为由“技术性规范、制度规范和以文化或职业习惯构成的文化规范”②等所组成的规范系统。但过分强调技术理性，偏爱制度理性的结果导致了职业规范体系的畸形发展，或者说代表技术与制度理性具体化的法律规范，其成长速度和发展规模远远超过了以文化或职业习惯构成的文化规范。由于法律等制度性规范在调整人类的复杂行为时欠缺周延性，而以文化或职业习惯等构成的文化规范又没有得到及时的发展，致使公共行政发展中“偏爱法治”的因，却结出了“偏离法治”的果。或者说，对法治的高度重视却仅仅带来了大量的违法行为，没有能够使社会出现良好的法治局面，法治表现出无力的效果。

总之，在集体生活中，道德正发挥着十分重要的作用。当职业成为人们分群的标志时，就意味着特定的团体享有共同的道德标准或伦理要求。根据涂尔干的描述，“如果人们没有这种通过密切联系创造出的整体感，就不可能生活在一起，也不可能同舟共济；他们情不自禁地依附于这个整体，与其休戚与共，用行动去报答它”。③我们研究行政人员的角色，目的就在于了解其职业道德生活的全貌，着重突出其职业生活中的伦理向度。具体研究的展开，将沿着历史发展的长河，分析各个时期由于社会发展阶段的不同，社会环境与社会文化的不同，行政人员的角色将会具体表现出哪些规律性的东西，诸如会产生什么样的矛盾，会发生什么样的变化，会取得什么样的进展，等等。

---

① [法] 埃米尔·涂尔干:《社会分工论》，渠东译，生活·读书·新知三联书店2000年版，第14页。

② 张康之:《论作为职业活动的公共管理——公共管理伦理学视角中的公共管理活动》，《北京行政学院学报》2003年第4期。

③ [法] 爱弥尔·涂尔干:《职业伦理与公民道德》，梁敬东、付德根译，上海人民出版社2000年版，第28页。

第三章　前公共行政时期行政官吏的身份

行政人员的角色作为一种职业角色，是在工业社会的职业分化中才生成的，因而在确立起公共行政的职业领域之前，还没有严格意义上作为职业的行政人员角色。但人类文明的发展是渐近的而不是偶发的过程，通过历时态的考察，我们发现，早在前公共行政时期①，有关的行政事务已经出现，相应的社会治理活动也已经展开，为公共行政时期治理活动的职业化积累了宝贵的经验。前公共行政时期的领域混沌或未分化状态，以及建立在家族关系基础上的家国不分或公私不明的情况，共同决定了社会治理事务的非独立性或对统治秩序的依附性。在这样的社会场域中所产生的行政管理者，纠缠于权力与身份的欲望之中，醉心于权术与权谋的运用，很难有独立的职业意识与职业追求。

第一节　前公共行政的社会发生场域

一、社会领域的混沌状态

正如美国民族学家摩尔根所说，“政治的萌芽，必须从野蛮状态中的氏族组织内去探求；由此而下，经由这一制度的各种发展形态，直至

① 在这里，公共行政所指的是公共行政作为一个治理领域的出现，它具有专业化、领域化及独立的治理价值追求等特征。而前公共行政则是一个相比较于公共行政而言的概念，泛指还未确立起严格的公共行政的专业领域之前的历史时期。

政治社会的建立。”[①] 早在原始人开始群居的时代，原始人就依据自然法则聚集起来，过着群居的生活。其原因正如恩格斯所说，是“为了在发展过程中脱离动物状态，实现自然界中的最伟大的进步，还需要一种因素：以群的联合力量和集体行动来弥补个体自卫能力的不足”[②]。由于原始群后期，社会生产的发展已经有了要求发生联系的需要，要求群与群之间发生频繁的、稳定的联系，以便保持生产活动的持续进行，维持劳动经验的经常交流，开始了原始群向氏族生活的转变。而历史上以血缘关系为纽带的氏族组织，鉴于母亲与父亲在生活中显要作用的变化，又发生了由母系氏族向父系氏族的变化。氏族进一步结合成部落，部落则结合成更大的部落联盟。这种以氏族为社会生活基本单位的群体生活中，没有剥削与私有制，人们不分男女老幼，都共同参与到群体事务的管理之中，是国家产生以前的社会组织形式。

氏族成员共同推举德高望重的人成为氏族首领，并可以随时撤换，氏族首领同氏族成员一样共同参与生产、劳作、分配等，不享有特权，负责处理氏族内部的日常事务、生活纠纷等。在战时，有的氏族内还会有一个军事首领。“这是一种具有执行权力的官员的微弱萌芽。”[③] 为了调解纠纷、解除误会、商议共同事务，已经有了专门的议事机构——氏族会议与部落议事会。“氏族会议，从野蛮时代氏族制度形成之日起直至文明时代为止，是所有亚洲、欧洲及美洲的古代社会之一大特色。它是政治机关，而同时又是支配氏族、部落以及部落联盟的最高权力。”[④] 氏族会议是一种民主议事机构，是临时召集起来的非常设性机构。在会议上，成年男女都享有平等的发言权和选举权，一起解决有关共同利益的事务。有关氏族会议的社会作用，恩格斯曾经说过，“这种十分单纯质朴的氏族制度是一种多么美妙的制度呵！没有军队、宪兵和警察，没

① ［美］路易斯·亨利·摩尔根：《古代社会》，杨东莼等译，商务印书馆1971年版，第5页。
② 《马克思恩格斯选集》第4卷，人民出版社1972年版，第29页。
③ 《马克思恩格斯选集》第4卷，人民出版社1972年版，第95页。
④ ［美］路易斯·亨利·摩尔根：《古代社会》，杨东莼等译，商务印书馆1971年版，第136页。

有贵族、国王、总督、地方官和法官，没有监狱，没有诉讼，而一切都是有条有理的。……一切问题，都由当事人自己解决。在大多数情况下，历来的习俗就把一切调整好了。”[①] 美国民族学家摩尔根也曾经说过，氏族会议“是代表古代开发人类智慧而应用于人事上的方法。它的历史、氏族的、部落的及联盟的，都表现政府概念的整个发展，直等到政治社会的建立，将它改变为元老院而传于后世”[②]。

但无论是氏族首长还是氏族会议的形式，都不同于劳动分工后治理领域的表现。原因就在于，如果说氏族社会存在着分工的话，也只能称为自然分工，是一种人们之间因为性别、年龄或自然环境的不同而表现出的简单协作关系。如男女之间基于生理差别而进行的分工，以及人们因为地域环境差别而出现的“靠山者为猎人，近水者为渔夫，草原形成牧民，沃野生成农人”的现象等。这时的自然分工还不是真正的社会分工。“社会分工意味着劳动本身的划分以及人们的相应分配……而自然分工仅仅为不同性别、不同地区的人们划分出大致的劳动范围，它还没有达到劳动本身的分化和独立化，没有形成不同个体的固定职能”。社会分工中劳动本身的分化必然伴随着专业化或领域化的发展，即“发展某种手艺的特别能力，而不是专门从事这种手艺、排除其他手艺”[③]。但这种自然分工的形式毕竟为以后的社会分工，以及社会分工所引起的专业化与领域化提供了深刻的历史基础和必然的发展前提。

在氏族社会中晚期的生产发展中，开始出现了剩余生产，这就使得供养那些不直接生产的人有了可能。再加上，随着生产活动的复杂化，也要求有一些人专门从事有关的生产管理工作，历史发展第一次提出了管理领域产生的必要性。关于社会生产发展对于领域分化的作用，马克思与恩格斯曾经作过经典性描述，“当人的劳动的生产率还非常低，

---

① 《马克思恩格斯选集》第4卷，人民出版社1972年版，第92—93页。

② ［美］路易斯·亨利·摩尔根：《古代社会》，杨东莼等译，商务印书馆1971年版，第136—137页。

③ 刘佑成：《社会分工论》，浙江人民出版社1985年版，第43—45页。

除了必需的生活资料只能提供微少的剩余的时候，生产力的提高，交换的扩大、国家和法律的发展、艺术和科学的创立，都只有通过更大的分工才有可能，这种分工的基础是，从事单纯体力劳动的群众同管理劳动、经营商业和掌管国事以及后来从事艺术和科学的少数特权分子之间的大分工。”①

古希腊哲学家柏拉图在《理想国》中曾采用苏格拉底和他的学生对话的形式，论说了社会分工的重要性，指出“如果一个人根据自己的天生才能，在适当的时间内不做别的工作，而只做一件事，那么他就能够做得更多，更出色，更容易”②。正是由于历史进步与劳动分工的息息相关，为了顺应社会发展的需要，才注定分工将发生一次由自发到自觉的革命，将经历一场由自然分工到社会分工发展的变化。据此，氏族首领与部落领袖逐渐地脱离了直接的生产劳动，集中精力从事生产的管理工作，人类历史上第一次出现了生产者与管理者相分离的迹象，这种迹象在社会分工促进了私有制产生之后的国家里得到了进一步的发展，并呈现出一种难以遏制的势态。为了管理日益增多的公共事务，开始有更多的人加入到生产管理者当中，与直接的生产参加者分离开来。生产领域的这一现象伴随着三次社会大分工取得了扩大的社会效应。即农业（包括畜牧业和种植业）与原始的采猎劳动相分离，农业的出现使人类开始能动地改造自然界；农业与工业的分离，产生了专门的工匠阶层；农业与工业等产业与商业的分离，出现了专门以交换为目的的商业劳动等。人类社会早期的三次社会大分工极大地促进了生产的发展，使经济领域中生产者与管理者之间的劳动分工，可以进一步发展到经济领域与其他领域的分离，从而为公共职能的凸显与行政官吏的出现提供了历史契机。

关于公共职能的问题，恩格斯曾经说过：“社会产生着它所不能缺少的某些共同职能。被指定去执行这种职能的人，就形成社会内部分工

---

① 《马克思恩格斯选集》第 3 卷，人民出版社 1972 年版，第 221 页。

② ［古希腊］柏拉图：《理想国》，郭斌和、张竹明译，商务印书馆 1986 年版，第 60 页。

的一个新部门。这样，他们就获得了也和授权给他们的人相对立的特殊利益，他们在对这些人的关系上成为独立的人，于是就出现了国家。”①国家是“从社会中产生但又自居于社会之上并且日益同社会脱离的力量”②。国家“已经不知不觉地发展起来了。最初在城市和乡村间，然后在各种城市劳动部门间实行的分工所造成的新集团，创立了新的机关以保护自己的利益；各种官职都设置起来了”③。有关官职的分化，侯外庐先生根据我国殷墟中所发现的卜辞中的记载指出，“关于官职，卜辞有‘史’字，只是指的宗教职能，周代才分化出‘事’、‘吏’两个字。”④而且人们在最初承担起公职的很长时间内，一般都是身兼数职的，即“当第一批部落首领转变为国家的统治者后，在很长的时期中，他们往往只在此时此地担任国家公职，而在大多数场合下，则可能是一个熟谙制陶工艺的匠人，或锄耕农业中引水耕耘的一把好手，或者是一个骁勇的猎手和机智的渔人”⑤。总之，公共职能同生产领域的分离，经历了一个漫长的发展期。最初是由氏族社会中的民主机构转换成只能由少数人控制的贵族制度，继而是演变为阶级统治的国家机器，成为凌驾于整个社会之上的阶级矛盾不可调和的产物。

总之，随着社会生产与劳动分工的发展，社会公共事务的管理工作也逐渐专门化，使得公共职能与一般私人事务脱离开来，历史发展催生了建立专门管理公共事务机构的需求，并与特权阶级的利益相结合，最终促成了国家的产生。在早期的国家中，原来的部族结构虽然已被国家权力等暴力机器设置所替代。虽说公共职能与行政官职的出现在人类社会的早期就已经开始，但其分化与独立的进程却历经了漫长的发展期。在漫长的奴隶制与封建制阶段，公共职能与私人事务之间长期处于

① 《马克思恩格斯选集》第4卷，人民出版社1972年版，第482页。

② 《马克思恩格斯选集》第4卷，人民出版社1972年版，第166页。

③ 《马克思恩格斯选集》第4卷，人民出版社1972年版，第110页。

④ 侯外庐：《中国古代社会史论》，人民出版社1963年版，第3页。

⑤ 楼劲、刘光华：《中国古代文官制度》，甘肃人民出版社1992年版，第1页。

家国不分，公私不分的社会进程中。与此相应的，官吏则长期处于“非官非民”、“亦主亦奴”的地位。因此，在历史上，所谓行政官吏的发展，不仅是生产领域社会分工的体现，而且是生产领域的分工发展到其他领域，引发了政治领域分工发展的直接结果。但由于政治领域中管理职能相对于统治职能的不独立，行政管理缺乏独立发展的空间，并据此造就了行政官吏的依附性地位。

二、人际交往中的家族纽带

与社会领域中混沌未开的状态相适应的，人们的社会交往基于血缘等家族关系的纽带而展开。在早期的社会生活中，特别是在氏族组织的共同生活中，人们基于血缘关系而结合成一定的社会群体。随着劳动分工的发展，以及生产力的提高，人们的社会交往也呈现出扩大化的效果。人们在社会群体中受自然因素的影响度逐渐下滑，而群体生活中的自觉因素逐渐增强。正如尼科尔斯基教授所说的那样，“人类在同自然斗争中，人类自身的天性变化得越多，则本能的因素愈加让位于自觉意向的因素了。”① 虽然群体生活中，人们的自觉因素开始增强，而基于自然血缘关系而联结的氏族组织也走到了生命的尽头。但在人类从氏族生活走向国家生活的较长时期内，社会交往迟迟未能摆脱血缘关系的重要影响，反而在国家生活中进一步成长为以家庭为核心的家族形态，并在漫长的农业社会时期发展成为经典的、成熟的人际关系纽带。

这种以家庭为核心的家族关系一旦形成，便成为与国家具有同等重要地位的社会基础，甚至于国家的建立与发展在很大程度上也表现出对家族的借鉴性。关于家族的历史重要性，著名哲学家、历史学家侯外庐先生曾指出，“如果我们用‘家族、私有、国家’三项来做文明路径的指标，那么，‘古典的古代’是从家族到私产再到国家，国家替代了家族；‘亚细亚的古代’是由家族到国家，国家混合在家族里面，叫做

① ［苏］尼科尔斯基：《原始社会史》，庞龙译，作家书屋 1952 年版，第 50 页。

‘社稷’”①。其实，在从氏族生活过渡到国家生活的过程中，无论是东方国家“亚细亚的古代”的方式，或是西方“古典的古代”的方式，家族都持续地发挥着重要的影响。而家族关系作为人际关系的纽带，主要依靠的还是血缘关系，以及较少部分的姻亲关系。

在由氏族社会走向国家阶段的较长时期内，家族关系之所以能够成为国家生活中重要的人际关系纽带，是众多社会因素交互影响的结果。一方面，历史是具有发展连贯性与延续性的，在人们从氏族社会走进国家社会的长时期内，虽然采取了国家的形式，但在心理上与情感上，人们仍不可能摆脱血缘亲情所带来的安慰与关怀。在氏族制度瓦解之前，血缘制度经历了几百万年之久的时间，并且，它也将依靠其自身的这种强力惯性，能够显示出与奴隶制，以及与封建制的相适应性。“自然，古代血缘的纽带在心理上没有完全消灭，亲属关系在情感生活上及间接上一定还很重要。但是氏族之经济的（生产的）或政治的作用已经消灭了。它的继承者在政治范围者为国家，在经济上者为家庭。家庭是在氏族衰落之后兴起而展开的。”②在氏族社会的衰落进程中，由于贫富分化的加剧，私有与不平等关系的发展，由于战争与贫困等，逐渐有许多人失去了土地这种基本的生产资料而产生了社会地位的不平等分化。这些失去土地或自由的人，被迫成为大量土地占有者的奴仆，或匠人或商人等，为其进行生产或工作，这就开始出现了以大量土地占有者为核心的庞大家族。

另一方面，为了维护特权阶层的既得利益与统治，就产生了阶级矛盾不可调和的产物——国家。正如列宁所说，“国家是阶级矛盾不可调和的产物和表现。在阶级矛盾客观上达到不能调和的地方、时候和程度，便产生国家。反过来说，国家的存在表明阶级矛盾的不可调和。”③国家生活中尖锐的社会矛盾与残酷的阶级压迫，使得人们在国家时代的

① 侯外庐：《中国思想通史》第1卷，人民出版社1957年版，第11页。

② ［德］F. 缪勒利尔：《家族论》，王礼锡等译，商务印书馆1935年版，第214—215页。

③ 《列宁全集》第31卷，人民出版社1985年版，第6页。

生活显得异乎寻常的艰难，于是，人们紧紧地抓住血缘的家庭纽带，希望能在家族关系中寻求到温馨的庇护与有力的帮助。这正如马克·布洛赫在《封建社会》中描述西欧封建社会时所指出的那样，“在我们称之为封建主义的这个时期，社会环境所独有的人身保护和依从关系开始膨胀的同时，亲属纽带也真正地绷紧起来，因为这个时代多灾多难，公共机构软弱，个人更强烈地意识到自己与地方群体的联系。不管这是怎样的群体，他能够从这些群体中寻求帮助。”①正是在这个意义上，我们可以说，家族关系对氏族血缘关系的替代，以及其自身发展范围的变化与调整，即其所呈现的缩减趋势进一步证明了血缘关系影响的减弱。同时，家族关系也作为血缘关系的承继，继续对国家生活中的人际交往发挥着决定性的影响。

另外，家族关系适应了经济相对不发达时的生产力状况。正如恩格斯所说的，“劳动愈不发展，劳动产品的数量、从而社会的财富愈受限制，社会制度就愈在较大程度上受血族关系的支配。”②这句话不只是适应原始社会的状况，而且适应于一切自然经济占主导地位的社会。在人类社会刚进入有阶级的生活之后，现代化的大工业生产还没有开始之前的时期，家族关系作为人际交往的纽带一直是当时世界各国的共在性特点。在家族关系的维系中，家庭是最基本的组成单位，而家庭主要依靠的还是血缘因素，较少的是姻亲因素。这一现象并非偶然，而是由于家族关系适应了自然经济时期相对稳定、封闭的自给自足状态。自然经济所带来的男耕女织、自给自足状态使得人们可以把交往活动局限于狭隘的家族关系中，不与外界发生过多的联系，终其一生过着十分稳定的生活。因此，在生产力愈不发达的时候，人们之间的交往关系越在较大程度上依赖于家族关系，相反地，在生产力相对发展起来之后，随着自然经济主导地位的下降，商品经济相对发达的时候，家族关系则表现出

① ［法］马克·布洛赫：《封建社会》上卷，张绪山译，商务印书馆2004年版，第244页。
② 《马克思恩格斯全集》第21卷，人民出版社1965年版，第30页。

衰落的状况。

但由于各国社会发展程度及政治文化等因素的不同影响，家族关系的发展在具体的历史进程中又表现出很大的差别。关于西欧封建生活中的家族纽带，马克·布洛赫曾指出，“血缘关系制度却是每个血统各异的群体从独特的过去继承下来的遗产，一份特别顽固的遗产。这些不同血统的人由于命运中的机缘而毗邻生活”。并且断言，“在整个封建欧洲，当时存在着以血缘关系为基础的群体。”① 如同其他国家的家族制度演变那样，在西欧封建社会里，血缘家族也曾作为封建主义的纽带发挥了重要的社会作用，并随着社会生产力的发展，以及封建主义的衰败，而呈现出崩溃与瓦解的势态。但历史发展不能回避的是，血缘家族曾经作为人们的力量之源，使大家醉心于血缘亲属间自然的情感交流，并为此付出了很大的牺牲。其中，比较典型的就是族间复仇，甚至被公认为个人对家族所承担的无与伦比的美德。

在家族制度的历史演变中，由于中国的奴隶制时期与封建制时期，经历了超乎寻常的漫长岁月，其低下的生产力水平与相对封闭的社会状态，以及“重农抑商”的国家政策，使家族制度得以发展到十分典型化的程度。著名的社会学家费孝通先生把中国这种典型化的家族关系形象地描述为差序格局，指出中国社会的结构特点是“以‘己’为中心，像石子一般投入水中，和别人联系成的社会关系，不像团体中的分子一般大家立在一个平面上的，而是像水的波纹一般，一圈圈推出去，愈推愈远，也愈推愈薄”②。这里的中心就是指代“家族血缘”的中心，即人们之间依血缘关系远近所结成的社会关系，就好比那一圈圈荡漾开来的水纹，血缘关系越近的亲属，越靠近中心，也是交往与联系越多的对象。相应地，发展程度较高的社会，则不应是以家族血缘为中心的社会结构，而应是像“团体社会”那样的，是一种“大家立在一个平面上”式

---

① ［法］马克·布洛赫：《封建社会》上卷，张绪山译，商务印书馆 2004 年版，第 215—216 页。

② 费孝通：《乡土中国》，生活·读书·新知三联书店 1985 年版，第 25 页。

的交往。

从进入奴隶制阶段开始，历经漫长的封建社会，中国的家族制度得到了充分的发展。有学者指出，“中国进入阶级社会以后的家庭，实际上经历了宗—族—家三种形式的历史演变，而宗与家、族与家则是长期相伴存在的。”[①] 在奴隶制的家族关系中，体现出宗与法的高度结合性，即“政权与族权、君统和宗统结合在一起，按地域划分的国家各级行政组织和按血缘划分的大小家族基本上合而为一，……殷王、周王、诸侯、卿大夫和各级贵族，既是各级政权的首领，又是各个家族的族长。先后在中原地区建立王朝的夏、商、周，都是一些势力强大到能征服和统治其他家族的大家族”。[②] 这种体现宗、法高度结合的家族式组织使各级奴隶主结成了严密的统治体系，并历经西周、春秋时期而发展为典型的宗法式家族形态。在宗法式家族中，如《礼记·大传》中所述，“别子为祖，继别为宗，继祢者为小宗。”社会的最高统治者即君王，在宗法关系上是天下的大宗，君王之位依嫡长子继承制度而世代相保其大宗地位。其他王子封为诸侯，相对于君王称小宗，而在各自的领土内则相对成为大宗。以嫡长子继承制、分封制以及宗庙祭祀制为基础，大小宗关系一层层传开，构成了庞大而又严密的宗法体系。

正如许多学者所指出的那样，在封建时期，奴隶制的宗法式家族作为一种宗法精神保留下来，以宗族的形式继续发挥着历史影响。作为家族组织的发展延续，封建时期的家族发展则体现出与国家正式组织相分离的特征，即家族不再是国家的一级重要的、正式的统治组织，而只是作为家族的自治组织而存留下来。所谓的家族生活一般包括集体的崇祖敬祖活动，修纂家谱，维护宗族族规与家族生活秩序，以及大姓宗族所开设的私塾教育等，活动限于族人之间在生产或生活范围内的团结互助与亲属交往。这体现出随着社会生产力的提高，血缘组

① 史凤仪：《中国古代的家族与身份》，社会科学文献出版社 1999 年版，第 6 页。

② 徐扬杰：《中国家族制度史》，人民出版社 1992 年版，第 19 页。

织在社会发展中地位的再一次下落的趋势，但家族组织仍发挥着重要的控制与统治功能。如自汉代以来，中国封建社会发展出的族诛连坐制度，依罪犯之轻重，区分为三族之诛，五族之诛，七族之诛，以及九族之诛等不同的诛连范围。又比如依门第高低与血统贵贱为基础所产生的皇族与贵族以及名门望族，“朝中有人好做官”的官吏选拔机制等，都说明这种以家族为基础所设立的政治与法律连带关系，充分反映了封建社会的家族本位政治特点，即把家族看作是政治教育与封建统治的社会基础。

但是，家族生活所带给个人的不仅是感情的支持或经济的限制，以及个人对家族间复仇责任的承担。此外，就是在家族内部，个人也同样难逃不同阶级间因利益与权力所引起的盘削、压榨与倾轧的噩运。关于阶级社会家族生活的真相，正如有学者所指出的那样，“崇祖敬祖是麻醉下户族人思想，捆绑下户族人的精神绳索；制裁与调处是用来管束下户族人的鞭子；治安与自卫是保护地主阶级利益免遭侵害的手段；教育是为地主子弟铺设攀登龙榜的阶梯，同时是培养忠君孝亲驯服奴隶的手段；互助互济是麻痹下户族人的障眼罩；族中财产的经营则是将宗族内部剥削压迫关系扩延于外姓的经济基础。”① 因此，家族作为封建统治的稳固基础与坚实堡垒，即使在宗族内部，同族的地主阶级与农民阶级之间仍然是残酷无情的剥削关系，许多例行的宗族活动反而变成了地主剥削同族农民和异族农民的幌子与掩饰。

总之，在人类从原始社会迈入国家的阶级生活之后，以血缘为基础的家族纽带，适应了当时的社会发展需求，曾经给家族群体的所属成员提供了莫大的感情维系与心理慰藉，具有极其重要的历史意义。但另一方面，血缘家族作为奴隶主阶级的统治基础与封建主义时期重要的社会控制机制，其历史的消极影响也是非常明显的。即由人际交往中的家族纽带所决定的家国同构与家国同治的社会状态，被奴隶主、地主等统

① 史凤仪：《中国古代的家族与身份》，社会科学文献出版社 1999 年版，第 66 页。

治阶级所利用后，反成为强化其统治地位与专制权力的利器。正是在这个意义上，家族纽带维持着自然经济的主导地位，把生产力水平长期地控制在较低的水平之上，使得私有制的出现与国家的发展并没有必然的带来公私领域的急剧分化。甚至在某种程度上，人为阻断了政治文化中公私观念的演化，影响甚至阻隔着历史前进的步伐。

三、权力与传统社会的治理秩序

人们对权力的研究从很早的时候已经开始，但在专制社会里，由于权力的高垄断性与专制性，人们研究权力的目的主要是权术与权谋，即权力怎样运用，尤其是怎样为统治者出谋划策才能使个人得到更多的权力好处。而不关心权力的科学性，即权力在本质上是什么，权力为什么是这样，权力有可能会怎样等问题。关于权力科学的研究，则首推英国思想家伯特兰·罗素，他把权力定义为“有意努力的产物”①。认为权力具有多种形式，如经济的权力，军事的权力，政治的权力，舆论的权力，赤裸的权力，领袖的权力，僧侣的权力，国王的权力，等等，而某一种权力本身都是认识与理解社会现象的基本要素。从而，引导人们从实证的角度，以科学的态度来认识权力，视权力为社会科学的基本概念，就如同能量是物理学的基本概念那样。主张“权力和能量一样，必须视为是能够不断地从一种权力形式转化为另一种权力形式，因此探索这些变化的法则，应当成为社会科学的任务”②。

权力的形式很多，但依据其作用对象的不同，可以分为对人的权力与对物或事的权力，而对物或事的权力又是通过人来行使的，因而，对人的权力才是把握权力的关键。权力是发生在人与人之间的关系，必然是针对社会权力而不是自然权力的研究，才具有意义。法约尔指出，

---

① ［英］伯特兰·罗素：《权力论——一个新的社会分析》，靳建国译，东方出版社1988年版，第23页。

② ［英］伯特兰·罗素：《权力论——一个新的社会分析》，靳建国译，东方出版社1988年版，第4—5页。

“所谓权力，就是指挥和要求别人服从的能力。”[①] 达尔则把权力界定为影响力，认为政治是以权力为核心的活动领域，而政治关系就是涉及权力统治或权威的关系，并进一步把政治体系定义为，“任何在重大程度上涉及控制、影响力、权力或权威的人类关系的持续模式。”[②] 关于权力行使的基础，伯恩斯认为，“权力的两个必备条件就是动机和资源。二者是相互联系的。缺少动机，资源的力量就会减少；缺少资源，动机就会成为空谈。二者缺少任何一个，权力就会崩溃。因为资源和动机都是必需的，要是两者都缺少，权力就会变成虚无缥缈和受到限制的东西。”[③] 在社会生活中，人们出于对“声望的考虑、说服、操纵、责任感、习惯、性爱和个人魅力，以及对肉体上或经济上处罚的恐惧”[④] 等不同的动机而自愿接受权力或被迫服从权力，其重要的原因就在于权力的行使者掌握着资源，而这些资源的运用，可以对权力接受者行使保障功能，或提供功能，或剥夺功能等。

由于权力主要是人与人之间的相互作用，人又总是社会的人，因而，权力是通过社会化的重要媒介——组织[⑤] 而发挥着作用。正是看到了这点，韦伯指出，被统治者对统治者的服从与实施，也就是统治，是与权力密切联系在一起的，并成为组织的基础。“在很多情况下，是统治及其实施的方式，导致了一种理性的社会秩序的产生——这正是组织存在的基础。组织在一定意义上就是统治结构的外化。”而统治者之所以具有能让被统治者服从的能力，是因为统治者掌握着强制性的权力，“哪怕遇到反对也能贯彻自己的任何机会，不管这种机会是建立在什么

---

① 丁煌：《西方行政学说史》，武汉大学出版社 1999 年版，第 65 页。

② ［美］达尔：《现代政治分析》，王沪宁等译，上海译文出版社 1987 年版，第 17—18 页。

③ ［美］伯恩斯：《领袖论》，刘李胜等译，中国社会科学出版社 1996 年版，第 12—13 页。

④ ［英］伯特兰·罗素：《权力论——一个新的社会分析》，靳建国译，东方出版社 1988 年版，第 28 页。

⑤ 巴纳德曾给组织定义为两个以上的人有意识地协调和活动的合作系统，因而，组织可以是一个十分宽泛的概念，指人与人之间的一种并非独处的交往实体、生活状态。组织可以具有多种形式，如家庭，正式的组织，非正式的组织，甚至氏族社会的组织状态等都可以称为组织。

基础之上。”[①] 关于权力对组织的依赖，罗素曾经说过，“权力大体上要依赖组织，但不是完全依赖。纯粹心理上的权力，如柏拉图和伽利略的权力，没有相应的社会制度，也可以存在。但是一般说来，甚至这种权力如果没有教会、政党或某种类似的社会机构为它宣传，则是无关紧要的。”[②] 因此，我们可以说，权力与组织是两个密切相联的概念，“一切权力都是组织体系中的要素和组织起来的力量，是组织的外部功能和内部职能得以实现的支持力量。”[③] 组织的运转必须以一定的权力为基础，同时，权力的行使与强化又需要以组织为依托。

而正是组织中的权力，才使权力与秩序真正联系起来。组织化权力的行使首先获得的是组织秩序，同时，随着组织数量的增多与社会组织化程度的提高，组织秩序则进一步扩大为社会秩序。“社会秩序是人类社会的特有现象，它在人的社会行为关系中生成，并推动着社会关系的正常运行。可以说，每一种秩序的形成，都是作为人的行为规范、准则，作为社会关系调节机制而存在的。”[④] 社会秩序一旦形成就会对社会关系发挥着重要的协调与整合作用。布劳通过对权力向权威转化过程的描述，指出了权力作为组织的整合机制发挥作用的过程。认为“在社会交易中引起的义务不平衡产生权力上的差异。未经报答的、反复的利益迫使接受者服从提供者的要求，因而给后者以对付前者的权力”[⑤]。但组织中权力的行使所带来的不仅是服从，还会有反抗，而权威之不同于权力之处就在于，权威是合法的权力，是“被下级集体所承认和实行的社会规范强制它的个体成员服从一个上级的指示。服从对该集体说来是自愿的，但社会强制力使它对该个体变得带有强迫

---

① 唐兴霖：《公共行政学：历史与思想》，中山大学出版社 2000 年版，第 203 页。

② [英] 伯特兰·罗素：《权力论——一个新的社会分析》，靳建国译，东方出版社 1988 年版，第 127 页。

③ 张康之：《公共行政中的哲学与伦理》，中国人民大学出版社 2004 年版，第 80 页。

④ 邢建国、汪青松、吴鹏森：《秩序论》，人民出版社 1993 年版，第 3 页。

⑤ [美] 彼德·布劳：《社会生活中的交换与权力》，孙非、张黎勤译，华夏出版社 1988 年版，第 164 页。

性”①。在组织权威的作用过程中，组织群体成员之间形成了对权力结构的集体赞同，从而形成了权力的合法性。这种合法性权力一经产生，就改变了组织成员之间的社会交往与人际互动，从而减少了不必要的摩擦与成本，提高了效率与竞争力。通过类似的方式，社会权威得以产生，社会秩序得以建立与维护。

关于权力与社会秩序的关系，正如张康之教授所说的那样，“权力是在社会关系中生成的社会力量，权力生成的基础是社会物质生产和生活的秩序，而权力生成的目标又是为了维护社会物质生产和生活的这种秩序。这样一来，社会秩序与权力之间就有了互动共存的关系，没有一定强度的权力，就不可能拥有正常的社会秩序，而没有正常的社会秩序，不仅权力的功能无法实现，而且权力自身的平衡性也就会丧失。”② 传统社会的治理秩序也是由其相应的社会机制所决定的。自给自足的自然经济占统治地位的经济基础，以及社会领域的混沌状态，人际交往中的家族纽带等共同决定了家国同治的治理结构，从而造就了传统农业社会的权力统治秩序。权力在社会影响力或支配力的层面上，在国家产生以前，早已经开始发挥作用。但是，在从氏族社会迈向国家生活之后，为了实现统治者家国同治的理想，为了维护专制统治的治理秩序，权力的强制性与重要性被无限地扩大化，权力的集中化也发展到了让人难以想象的程度。

在专制社会掌握权力的意义，正如有学者所描述的那样，“如果一个人能掌握国家的最高权力，成了皇上君主，便可以把全国的行政、立法、司法、赏罚以至生杀各种大权集于一身，便可‘以天下恭养’，可以对天下一切人随意‘生之、任之、富之、贫之、贵之、贱之’。”③ 这是在分配关系占主导地位的等级社会中权力的真实写照，权力占有并分配着社会中所有的资源，分配的结果又反过来强化着权力的主宰性地

---

① ［美］彼德·布劳：《社会生活中的交换与权力》，孙非、张黎勤译，华夏出版社 1988 年版，第 231 页。

② 张康之：《探索权力理论的新概念》，《云南行政学院学报》2000 年第 5 期。

③ 刘泽华、汪茂和、王兰仲：《专制权力与中国社会》，天津古籍出版社 2005 年版，第 2 页。

位，从而使权力借助于分配关系成为理解一切社会现象的基础。张康之教授曾经指出，“理解农业社会，必然从分配关系与等级差别的辩证统一性入手。一方面，分配关系是建立在‘差异’普遍化和绝对化的前提下的，即建立在人的等级差别的前提之下的；另一方面，等级差别又是由分配关系造成的，只要有分配关系的存在，在分配的过程中就必然造就出主持分配的权威，这种权威的保障就是巩固和强化等级差别，通过等级差别来一级又一级地维护权威。”[①] 其实，分配关系自人类早期的氏族社会中已经开始，由于生活与生产资料的匮乏，人们为了维持生存，不得不实行一种基于“尊重自然差别”的平均分配。在从氏族社会过渡到国家之后，贫富不均以及私有制的出现，使得一部分人成为权力与资源的拥有者，这种经济上的不平等又通过不公平的分配关系强化着社会地位的不平等。

分配关系与等级差别的状况则进一步制约着政治、社会、文化、心理等不同的领域，使整个社会的治理体系表现出以权力为中心而追求统治秩序稳定的特征。张康之教授把这种依靠权力的直接作用力量进行统治的社会治理模式，界定为权制型的社会治理，与此相应的行政则属于统治行政的范畴。[②] 在权制型的社会治理模式中，专制权力成为理解等级社会中统治现象的一把钥匙。曾有学者指出，政治权力是理解中国文明社会起源的关键[③]（大体上相当于中国奴隶制与封建制时期的崛起时期）。政治权力成为获得财富的主要凭借，而财富又是霸占和维持权力的重要条件，二者的相互作用，始终确立了权力凌驾于一切的至高地位。使权力可以决定人们在社会等级关系中的位次，决定人们对于最基本的生产资料——土地的占有与转移，决定人们对社会财产的占有与分配，决定城市以及社会各行业的发展，决定社会文化的内容与传播等，

---

① 张康之：《公共行政中的哲学与伦理》，中国人民大学出版社 2004 年版，第 47 页。

② 张康之：《公共管理伦理学》，中国人民大学出版社 2003 年版，第 95 页。

③ 参见刘泽华、汪茂和、王兰仲：《专制权力与中国社会》，天津古籍出版社 2005 年版，第 25—95 页。

直至决定一切诸如此类社会现象的荣兴与衰败。

应该指出的是，权力在任何国家的任何时候都是获得社会治理秩序的强有力手段，只是在不同的发展阶段，其表现形式、作用手段以及影响力方面会表现出很大差别。如在最初的氏族社会中，权力的社会认同程度极高，“文明时代最有势力的王公和最伟大的国家要人或统帅，也可能要羡慕最平凡的氏族首长所享有的，不是用强迫手段获得的，无可争辩的尊敬。后者是站在社会之中，而前者却不得不企图成为一种处于社会之外和社会之上的东西。”① 但是，氏族社会的权力稳定状态毕竟是非常脆弱的，随着私有制的出现与国家的产生，这种具有极高认同度的权力很快就土崩瓦解了。“氏族内部的宗族也分化为很多等级，它们日益分散，相互间的地位差别日益缩小，变得相对而无明显的界限。换言之，氏族制本身已不能严格维持层序体系，不得不把其他因素引入这个平衡面中来。”② 这就要求有新的权力形态来适应变化了的社会状况。

为了适应国家生活中统治者与被统治者之间新的治理秩序的变化，为了使统治者的权力赢得被统治者的拥护与服从，就需要增加别的权威砝码来达至新的权力平衡状态。在这个过程中，正如张光直所指出的，无论是西方国家，还是东方国度，都普遍采用了“道德权威（胡萝卜），加强制力量（大棒），以及对神灵世界交往的垄断知识（宗教与仪式）”的方法。其原因就在于“一个命令之是否有权威决定于接受命令的人，而不决定于‘权威者’或发命令的人”③。因而，赤裸裸的权力不得不披上温情的面纱去维持权力的秩序。比如，在极具有典型化形态的中国封建时期，统治者为了维护其权力的统治秩序，就是通过“普天之下，莫非王土；率土之滨，莫非王臣”的政治文化观念，以及“君为臣纲，父为子纲，夫为妻纲”辅以“仁、义、礼、智、信”的三纲五常等伦理观

① 《马克思恩格斯选集》第4卷，人民出版社1972年版，第168页。

② ［美］张光直：《美术、神话与祭祀——通往古代中国政治权威的途径》，郭净译，辽宁教育出版社1988年版，第21页。

③ ［美］C. I. 巴纳德：《经理人员的职能》，孙耀君等译，中国社会科学出版社1997年版，第129页。

念的宣传与影响，从而最终确立了君权、父权与夫权的统治地位与社会的治理秩序。总之，无论是胡萝卜的方法，还是大棒等暴力机器的使用，抑或是皇权神化或是政教合一的统治，都说明统治者为了获得权力的权威，还必然得靠行动去增加权力统治的合法性，赢得被统治者的拥护与支持，才能真正维持权力统治的秩序。

第二节　专制统治与行政官吏

一、专制与专制统治

关于专制的含义，有许多不同的解释。正如王海明教授所指出的，在人们的日常生活和一些历史著述中，“专制”有时与“专制主义”、“专制制度”、“专制政体”是同一概念。在这个意义上，“专制”可以用来指政体、政治制度或政体理论等，不是一个严谨的科学用语。① 我们在这里使用“专制统治”的概念，则主要是指一种统治形式，是“一种统治者与被统治者的关系是主奴关系的统治形式。但不能由此认为这样一种统治形式不合法”②。专制统治是一种相对于现代民主而言的统治形式，但无论是专制或是民主的形式，又都可以是合法化的统治形式。在人类从氏族社会步入国家状态之后，专制曾经是传统农业社会的典型化特征，作为私有制强悍的保护神，成为一种合法化的统治形式，被东方国家或是西方国家普遍地、广泛地采用。③

而把专制与政权形式联系在一起的，则应归功于孟德斯鸠。在《论法的精神》中，孟德斯鸠把政体分为三种类型，即共和政体、君主政体与专制政体。而所谓专制政体是指，“非但毫无法律与规章，而且

① 王海明：《专制主义概念辨难》，《山东大学学报（哲学社会科学版）》2007 年第 2 期。
② 邓正来：《布莱克维尔政治学百科全书》，中国政法大学出版社 1992 年版，第 194 页。
③ 参见邓正来：《布莱克维尔政治学百科全书》，中国政法大学出版社 1992 年版，第 196 页。

由独自一个人按照自己的意志以及变化的情绪领导国家的一切。”① 专制政体的原则就是恐怖，用恐怖之上的恐怖来扼杀人们的反叛。其原因就在于，专制者必须要通过他的大臣或臣属们来实施统治，“一个温和的政府可以随意放松它的原动力，而不至于发生危难。它依据它的法律甚至它的力量维持自我。但是在专制政体下，当君主一瞬间不举起高悬的手的时候，当他不能立即消灭那些身居显要地位的人们的时候，就会一败涂地”。② 而专制社会对个人意志与个人权力的推崇与过分依赖，则意味着只能通过强力手段去始终地贯彻恐怖统治的原则。

专制虽然常常与政治联系在一起，但政治权力与专制权力却不是同一个概念。根据洛克的定义，政治权力“是每个人交给社会的他在自然状态中所有的权力，由社会交给它设置在自身上面的统治者，附以明确的或默许的委托，即规定这种权力应用来为他们所谋福利和保护他们的财产”，而专制权力则是“一个人对于另一人的一种对的专断的权力，可以随意夺取另一个人的生命。它只是侵犯者使自己与他人处于战争状态时放弃自己生命权的结果”③。固然，洛克在这里作出这样的区分是出于对政治权力的民主性作辩护的需要，但政治权力与专制权力虽然都涉及强硬的态度与手法，二者也确实表现出很大的不同。通常地，人们可以把专制权力理解为政治权力的一种特殊形态，即政治权力可以是专制的权力也可以是非专制的权力，同时，专制又绝不是一个必然与政治相联系的概念，既专制权力也可以不表现为政治权力，而是表现为其他方面的权力，如家长的专制权力等。

换句话说，专制绝不是国家统治中所独有的现象，更确切地说，国家统治中的专制制度反而是来源于家庭、家族中的家长专制制度。在家庭或家族里，专制统治曾经发展到非常成熟，也非常残暴的地步。正如张康之教授所指出的，“在统治行政赖以生成的社会中，我们看到暴

① ［法］孟德斯鸠：《论法的精神》，孙立坚等译，陕西人民出版社 2001 年版，第 13 页。

② ［法］孟德斯鸠：《论法的精神》，孙立坚等译，陕西人民出版社 2001 年版，第 34 页。

③ ［英］洛克：《政府论》下篇，叶启芳、瞿菊农译，商务印书馆 1964 年版，第 105—106 页。

政并不仅仅来自于国家和政府，在人们的血亲关系中，甚至存在着更普遍更经常的‘暴政’，家庭中，宗族中，都存在着普遍的‘暴政’，人们之间的血缘亲情可能会经常地在实现善的愿望中以‘暴政’的形式出现，并屡屡致人以死命。”① 在母系氏族过渡到父系氏族的生活之后，氏族以更加频繁的速度发生分裂，再加上当时生产力水平已经得到了很大的提高，以父亲为家长的个体家庭开始出现，这种以父权为基础的大家庭再继续分裂为更小的个体家庭，都由父亲或长辈担任家长。而由一个父系大家庭分裂成的大大小小的个体家庭结合而成的组织，就是所谓的父家长制家族。

父家长制家族则随着生产力的发展，随着私有财产与剥削现象发展为私有制度与剥削制度时，父家长变成了剥削阶级，氏族生活也随之过渡到了国家生活。② 由此我们可以判断出，不仅国家来源于父家长制氏族，而且国家中的专制统治也是父家长制中家长统治的一种延续与发展。“中国古代奴隶社会也好，封建社会也好，都是建立在自给自足的自然经济基础上的父权家长制家庭。”“家长独霸家庭财富，对家庭成员也有极大的支配权力，妻子儿女也是他们的统治对象。”③ 韦伯曾经更深刻地指出中国专制统治的实质是一种“家产制”政治形态，或者说是一种变了形的“父家长制”，家产制不同于父家长制之处就在于，整个王国都变成了统治者的家产，所有的行政官吏都成了统治者的个人工具，而所有的民众也都成了他的“子民”。

确实地，一旦专制与国家统治联系到一起，其残酷程度与专制影响就发展到了空前的地步。在氏族社会瓦解之后，父家长制中的专制统治变成了国家的专制统治，并与东西方不同的文明进程相结合之后，产生了普遍的皇权（或王权）专制或神权专制的统治形式。固然，关于古代东方专制主义的论述非常多，如马克思与恩格斯认为，东方专制政权

① 张康之：《公共管理伦理学》，中国人民大学出版社 2003 年版，第 38 页。

② 参见徐扬杰：《中国家族制度史》，人民出版社 1992 年版，第 33—41 页。

③ 史凤仪：《中国古代的家族与身份》，社会科学文献出版社 1999 年版，第 16 页。

的出现，是由于“在有的地方，如在亚洲雅利安民族和俄罗斯人那里，当国家政权出现的时候，公社还是共同耕种的，或者只是在一定时间内交给各个家庭使用，因而还没有产生土地私有制，在这样的地方，国家政权便以专制政体而出现”[①]。也有些学者甚至去歪曲或夸大这些历史性现象，如魏特夫关于“东方专制主义”与“亚细亚的古代”的生产方式之间关系的论述。应该指出的是，“专制主义作为一种国家政体和统治方式，是一定历史条件的产物，并不是东方社会所独有的。”[②] 西方“古典的古代”的文明虽然催生了雅典民主制，但其生命之短暂以及影响范围之小，完全被中世纪政教合一的神权专制的恐怖所笼罩。

专制统治绝非是东方国家所特有的，也绝非是传统农业社会所特有的。如“古典的古代”虽然产生了雅典民主制，但其作为个案所出现的命运，以及其短暂的存续都足以说明那只是历史发展中的一次偶然。而在“亚细亚的古代”虽然产生了专制统治，但却不因此就变成了历史的必然。又如，即使在西方的现代文明进程中，也曾出现了拿破仑的专制统治，以及希特勒与墨索里尼的法西斯极权专制。“亚细亚的古代”与“古典的古代”的不同之处，就在于从原始民主专制向奴隶专制的阶段中，在多种因素的影响下，私有制的发展程度与水平出现了不同。但这决不能成为断定东方有着专制的传统，而西方有着民主的传统的理由。换句话说，无论在东方还是西方，民主都是先于专制的传统。正如王海明教授所指出的，无论是“亚细亚的古代”的东方专制制度还是“古典的古代”所出现的雅典民主制都只能看作是历史必然性与偶然性的辩证统一。[③]

而雅典民主制中所赋予人民权力的无限性，以及直接民主的小范

---

① 《马克思恩格斯全集》第 19 卷，人民出版社 1963 年版，第 541 页。

② 李祖德、陈啟能：《评魏特夫的〈东方专制主义〉》，中国社会科学出版社 1997 年版，第 14 页。

③ 参见王海明：《论专制主义（中）——专制起源》，《吉首大学学报（社会科学版）》2007 年第 2 期。

围局限，必将导致“希腊社会中的‘人民权力’作为一种越来越不可抗拒的力量发挥着作用，因为只要民众认可的就能变成法律，而他们行使这种蛮横任性、没有限度的权力则不受任何限制”①。而正如托克维尔所指出的，“无限权威是一个坏而危险的东西”，“人世间没有一个权威因其本身值得尊重或因其拥有的权利不可侵犯，而使我愿意承认它可以任意行动而不受监督，和随便发号施令而无人抵制。当我看到任何一个权威被授以决定一切的权利和能力时，不管人们把这个权威称作人民还是国王，或者称作民主政府还是贵族政府，或者这个权威是在君主国行使还是在共和国行使，我都要说：这是给暴政播下种子。”② 因此，所谓的“人民”的无限权威也必将导向专制与暴政。正是在这个意义上，可以说，古代文明（包括亚细亚的古代与古典的古代）时期所出现的不同统治形式，是由于经济、政治、社会、文化、心理甚至环境、气候等诸多因素的交互作用，在从原始民主时期进入专制统治时期的具体历史进程中，东西方国家所走的道路表现出很大的不同而已。

在从古代文明步入封建文明的进程中，也就是在中世纪前期，最晚的则直到中世纪晚期时，世界各国相继进入到了封建时期③，确立起专制统治的制度。东方国家的专制统治体现为皇权专制的形态，而在西方国家的专制统治中则发展出神权专制的典型。“整个中世纪，似乎总存在着一个理想，想把文明世界统一于一个政府、一个基督教共和国。它是教会，同时又是国家。”④ 在历史的进程中之所以能够表现出如此相似的特征，其原因正如有学者所指出的那样，“专制制度是唯一有效维护小农经济的政治组织制度。中世纪需要强有力的政治权力，以维护稳

---

① ［美］乔·萨托利：《民主新论》，冯克利、阎克文译，东方出版社 1993 年版，第 296 页。

② ［法］托克维尔：《论美国的民主》（上），董果良译，商务印书馆 2003 年版，第 289 页。

③ 中世纪，大体是从公元 5 世纪到公元 15 世纪的时期，或指古典文化与文艺复兴两次文化高峰之间的一段历史时期，原特指西欧封建时期，现多用于泛指世界文明史上的这段时期。

④ 王亚南：《中国官僚政治研究》，中国社会科学出版社 1981 年版，第 4 页。

定的土地占有制度，这是农业社会的基本秩序。”① 在生产力不够发达的时期，人们对大自然的依赖性要更强些，土地对人们的重要性也总是更大些。而封建社会是普遍的农业社会，在以农产品的生产为经济支柱的社会里，无疑只有土地才是重要的经济基础，也是政治统治的唯一关键。为了维护稳定的领主或地主占有土地的制度，专制就成了封建统治的重要保证。

二、专制统治中的行政官吏

在从原始的民主生活迈入国家的专制统治之后，政治领域的分化也随之达到了一个新的阶段。“所谓官僚，不仅是社会分工发展，国家公务和其他事务的分工明确化的结果，同时也是在此基础上社会政治领域分工的发展，政治主权与具体管理权得到明确区分的产物。”② 为了维护自己的统治权，统治者不得不建立起相应的国家机器，于是，警察、军队、法庭、监狱等各种机关都陆续建立起来。这些机关的工作者虽然主要担负着维护专制统治的职能，但他们明显与掌握专制权力的君主或皇帝具有很大的不同，他们并不是统治权力的所有者。或者说，他们需要为统治阶级服务，保护统治阶级的利益，而君主或帝王等统治者却始终是权力拥有者与利益既得者。虽然这时的政治权力有了一定的分化，但这种分化却仍保持在很低的状态，“原始社会秩序中的那种混沌未凿的状态却未有根本的改变，各种经济的、政治的、军事的和宗教的、文化的支配和管理，通常都浑然一体。政治权力结构在宏观和微观上，都呈现出一幅幅大大小小的‘君主’松散地臣服于一个最高君主的画面。”③

行政官吏对于专制统治的意义，就在于他们能够使君主或帝王的统治与专制权力得以实现。在专制帝国内，为了把天下牢牢地控制在自

---

① 吕嘉：《世界中世纪政治史》，中国国际广播出版社 1996 年版，第 3 页。

② 楼劲、刘光华：《中国古代文官制度》，甘肃人民出版社 1992 年版，第 3 页。

③ 楼劲、刘光华：《中国古代文官制度》，甘肃人民出版社 1992 年版，第 2 页。

己手中，往往是君王一人独揽大权，“天下之事无大小皆决于上”，但一个人的精力是有限的，为了解决皇权的无限性与个人能力有限性之间的矛盾，防止大臣“蔽君之明，塞君之聪，夺之政而专其令，有其民而取其国”，只能是“君设其本，臣操其末；君治其要，臣行其详；君操其柄，臣事其常”①。为此，中国从秦汉以来的中央机构设置上，总是存在着一个直接协助皇帝的法定机构。如秦汉时的丞相一职，唐宋的政事堂，以及元代的中书省等都是执行类似事务的机构。但由于惧怕权力旁落，统治者又会经常性地调整从中央到地方的官制设置，经常性调整不同机构与官员之间的权力配置状态。在这里，行政官吏的重要性已经凸显出来，成为统治者所制造出来的权力工具与执行工具。他们唯权力是尊，在君主或帝王面前，卑躬屈膝，三跪九拜，奴性十足；而在一般的民众与下属面前，他们又位高权重，耀武扬威，不可一世。行政官吏在专制权力秩序中的双面性，决定了其必将扮演着复杂的身份，“亦君亦臣”、“非君非臣”，使其在专制统治的漫长时期内一直处于“亦主亦奴”的社会地位。

在专制统治中，有关“谁是谁的人”的说法非常准确地描述了行政官吏在传统社会中的社会地位，暗示着一种权力归属状态。可以说，“在关于封建主义的词汇中，任何词汇都不会比从属于他人之‘人’这个词的使用范围更广，意义更泛。在罗曼语系和日耳曼语系各种语言中，它都被用来表示人身依附关系，而且被应用于所有社会等级个人身上，而不管这种关系的准确的法律性质如何。”②不仅在罗曼语系和日耳曼语系中，而且在包括汉语在内的其他语言中，它也是一个运用非常广泛的词汇，意指在不平等的权力关系中的人与人之间的依附状态。在以君王为权力重心的统治秩序中，依据占有权力的大小，必将形成一个权力的等级秩序，造就出相应的权力的依附状态。行政官吏在权力等级中的位置

---

① 《申子·大体》。

② ［法］马克·布洛赫：《封建社会》上卷，张绪山等译，商务印书馆2004年版，第145页。

高低，决定了其相应的社会地位，也决定了“他是谁的人”（权力位阶比他高的上级），和“谁是他的人”（权力位阶比他低的下属或民众）。

君王的专制权力虽是自己的，但归根结底，却又是臣民的，即“民可载舟，亦可覆舟”。其原因正如马克思所说的，“这个人是国王，只是因为有别人当作他的臣属。”① 在这种层面上，正是大量愿意充当臣属者的谋划与执行活动，才最终促成了掌握专制权力的君王的诞生。“为了利用这些可能的盟友以动员必要资源和贯彻政策，统治者不得不造就政治活动和行政活动的可靠工具，以运用它们为可以争取为盟友或支持者的阶层提供服务。”② 通过行政官吏的大量活动，君王可以获得大量的资源，包括物质资源与人力资源，以及实物资源与无形资源等，而正是这些资源增强了专制权力的统治合法性。因而，在历史上，行政官吏总是与特定的某个王朝或统治阶级共进退，一荣俱荣，一损俱损，这即是“一朝天子一朝臣”的现象。新上台的统治者总是倾向于换掉前朝的或旧有的官吏，或作为利诱，或出于论功行赏的目的，而选用完全忠实于自己的官吏。

但是，行政官吏毕竟是一个不同于统治者的阶层，其政治立场也不如统治者来得鲜明。因此，在改朝换代的过程中，行政官吏群体又具有相对的稳定性。为了使政治权力变更所带来的社会振荡性减到最低，使被破坏的社会秩序能够尽快地重建，统治者总是力图把新建的政权建立在原有的基础之上，从而使行政官吏在改朝换代的过程中保持着一定范围的延续性。“统治者通常可以接受某些既存的行政机构、政治机构及其官吏。至少在初期，它（他们）可以担负必要的政治和行政活动的组织。但即使在这种情况之下，统治者也不得不调整行政官吏与行政机构，使之适合于他们的目的。”③ 因而，一旦确立了新的专制统治，为了

① ［德］卡尔·马克思：《资本论》第1卷，人民出版社1975年版，第31页。

② ［美］S. N. 艾森斯塔得：《帝国的政治体系》，阎步克译，贵州人民出版社1992年版，第17页。

③ ［美］S. N. 艾森斯塔得：《帝国的政治体系》，阎步克译，贵州人民出版社1992年版，第17页。

确保行政官吏对其统治的效忠与服从，君主或国王都会首先控制起官吏的选任大权，并以尽可能快的速度更换行政机构的设置与行政官吏的配置，培养起新的更忠实可靠的臣仆与属下。

然而，统治者虽然总是垄断着官位的选任大权，尽力强调行政官吏与其统治政权的一致性，借以让行政官吏感恩戴德，并树立起服从与效忠之意。"但是，甚至在征服帝国之中，如果统治者延续他的统治，他就不得不允许这些服务机构把某些社会群体的需要也考虑在内，即使为它们提供的仅仅是和平、秩序和某些基本的服务。"① 通过诸般社会职能的承担，行政机构逐渐变得与专制帝国本身不一样起来。发生这种变化的意义就在于，一方面增加了专制统治的合法性；另一方面，也促使了行政机构本身的发展，使其顺理成章地朝着一个专业化的方向发展，组织机构的设置略显规模且日臻完善，承担着政治、经济、服务、军事等不同的职能。在中国的隋唐时期，以三省辅佐皇帝决策的机制为核心，尤其是通过尚书省所统领的六部二十四司等机构设置，专制皇权已经能够掌控并驾驭住全国的政务。

此外，专制统治者还需要采取许多方法来强化其对行政官吏的控制。这是因为处在专制统治结构中的大臣或臣属们，必将会大权在握，而且会使用种种手段来增强其"专业性"，从而强化这种权力占有状态。正如王亚南先生所说的，由于当时的国王或君主在取得胜利的时候，也成了权力的唯一把持者，使以往分散的权力达到了前所未有的集中状态。可是，由于时间、精力与能力等各方面的限制，他又不得不把相关的政务以命令或委托的形式吩咐其他人来做，从而决定了"在专制政治出现的瞬间，就必然会使政治权力把握在官僚手中，也就必然会相伴而带来官僚政治。官僚政治是专制政治的副产物和补充物"的状态。② 正是在这个意义上，行政官吏队伍的壮大与发展成为历史发展的必然。为

① [美] S. N. 艾森斯塔得：《帝国的政治体系》，阎步克译，贵州人民出版社 1992 年版，第 18 页。

② 王亚南：《中国官僚政治研究》，中国社会科学出版社 1981 年版，第 4—5 页。

了保证行政官吏对统治者意志的绝对服从，防止行政官吏势力的过分强大对其专制统治造成威胁，甚至会发生改朝换代的悲剧，统治者不得不采取更多的控制方法。

单是在官吏的任免方面，就发展出了一整套的制衡机制，如中国古代的保举连坐制度。保举连坐制度是保举人应对其所荐举人的有罪行为负有连坐责任的规定，自秦朝开始，直至清朝时期的立法中都有类似的规定，但具体的连坐方法却有很大的不同。统治者还严格地控制着行政支出等相关费用，凭其好恶而随意对某些表现良好的官吏恩赐良田、豪宅、美女、锦衣等。在制度设置上，建立起庞大且严密的行政机构，通过机构之间异常复杂的协调与牵制来确保其专制统治。此外，无论是东方的“德主刑辅”、“礼法兼治天下”的传统，还是西方的自然法传统都表明，当时的各国都已采用规范性约束的治理手段。然而，“重刑重典”的治理原则及“王子犯法与庶民同罪”的思想又具有很大的虚伪性。即一旦是爱妃、爱子、爱臣、爱将触犯法律等规范时，君王往往会姑息迁就，或法外施恩。有时，出于笼络个别权臣或重臣的目的，甚至会纵容他们作奸犯科、危害百姓、涂炭生灵。

总之，在专制统治中，行政官吏虽有着不同于统治者的社会功能，有别于统治者的社会地位，但却始终没有独立的身份与地位，因而，也未能产生出独立的、个性化的社会理想或人生追求。正如俄国文学家列夫·托尔斯泰的一句名言所说的那样，“理想是指路明灯。没有理想，就没有坚定的方向，而没有方向就没有生活”。有理想方能催动信念的产生，而没有理想就没有信念，没有信念则不可能有立场。在专制秩序中，行政官吏的思想受到严重的禁锢，完全谈不上什么独立的社会理想与人生追求，或者更准确地说，“明君、贤臣、顺民”中的“贤臣”即是其理想的人生与社会定位，甚至有许多忠心的官吏成了弃国家、民族大义于不顾的愚忠之臣。当然，即使在这种专制情形中，也会产生极少数的有理想有抱负的清官，如曾感叹并立誓“当官不为民做主，不如回家卖红薯”的七品芝麻官，以及其他一些愿意为民请命的官吏等。应该说，正是由于专制统治的禁锢，才导致了行政官吏的无理想状态，从而断送了行政官吏的职业追求，阻隔着政治领域分化的历史进程。

三、行政官吏与统治秩序的维护

虽然，人对人的统治早在原始人的群居时代已经出现，但统治的重要性只有在国家的发展中才达到了顶峰。正如列宁同志所说，国家是维护一个阶级对另一阶级统治的机器，因而，没有统治的国家是不可想象的。为了维护专制统治的秩序，国家不得不设置一系列的机构与职务，以处理或协助国王处理十分复杂且异常繁忙的事务。然而，“挂着这些头衔的官员们，大概没有亲自去完成与之相关的宫廷职务，而是深居简出，安然享受着它们给自己带来的体面。”① 这其中描述的就是古代王国或专制帝国时期的情况，行政官吏们在国家统治中都乐意享用着专制权力所带来的体面与实惠，但却很少有人愿意去做些什么，具体的事务总是尽可能地交给自己的下属去处理。因而，机构一层层设置下去，权力的等级秩序也依次排定。在这种统治秩序中，行政官吏总是极力地维护与捍卫着统治者的利益与既有的权力秩序，借以确保与巩固自己在专制统治中的体面与地位，除此之外，行政官吏再谈不上什么别的独立的社会追求与职业理想。

韦伯曾经说过，所谓统治，“应该称之为在可以标明的一些人当中，命令得到服从”。② 为了达到这种命令得以服从的心理状态，方法总是有许多。如出于习俗的、习惯的遵从，或是迫于制度性的强力，或是由于统治者的个人魅力等原因，据此形成了不同的统治形式。由此看来，统治虽然大都要建立在一定的经济基础之上，并以一定的经济手段为必要，但经济手段并不是任何统治都必需的，而统治却都要依靠自己的“行政管理团队”。即“任何对于很多人的统治，一般（不总是绝对必

① ［德］罗曼·赫尔佐克：《古代的国家：起源和统治形式》，赵蓉恒译，北京大学出版社1998年版，第326页。

② ［德］马克斯·韦伯：《经济与社会》上卷，林荣远译，商务印书馆1997年版，第81页。

要）都需要有一班人（行政管理班子）"，"也就是，需要有（一般来说）可靠的机会，让一些可以标明的、可靠地服从的人，采取旨在特意为执行统治的一般法令和具体命令的行动。"① 无论是在以专制统治者为中心的国家权力系统的控制中，或是在依据统治者意志所形成的统治规则的实施中，抑或是在等级秩序所允许的范围内行政官吏自主性的行使中，行政官吏对于维护专制统治的秩序都是必需和必要的，而统治秩序也必然地要依赖于行政官吏这个团体。

首先是在专制权力的系统中，在以统治者为核心的权力秩序的形成与维护中，必须依赖于行政官吏的作用。从系统整合的观点来看，在传统农业社会里，国家的整合机制是以专制权力为核心的，而所谓的整合其实就是君主的独裁或统治。在这种君主专制的国家里，所谓的政治理想只能是"明君政治"。即把一个国家的治理状况系于一人——君王之身，民众所能做的就是希望能拥有一个体谅民情的明君。"君贤者其国治，君不能者其国乱；隆礼贵义者其国治，简礼贱义者其国乱；治者强，乱者弱，是强弱之本也。"② 儒家则把这种思想称为"为政在人"之要义，即"文武之政，布在方略，其人存，则其政举；其人亡，则其政息"③。因而，君主的德性好坏成为决定统治状况好坏的关键，"为政以德，譬若北辰，居其所而众星拱之。"④ 一般来说，倘若只有明君，而没有贤臣，朝廷内外尽是奸佞小人当道，自然还是会让明君闭目塞听。因而，明君还必然要贤臣辅佐才能出现"贤明政治"的局面。如在中国历史上，西汉时的"文景之治"，唐初的"贞观之治"等说法，就是对"明君"与"贤臣"的统治所给予的美誉。

其次是统治也总要讲求一定的规则，而依据规则的统治又总是要依靠行政官吏的执行。规则对于人类社会的意义是十分重大的，无论是

① ［德］马克斯·韦伯：《经济与社会》上卷，林荣远译，商务印书馆 1997 年版，第 238 页。

② 《荀子·议兵》。

③ 《礼记·中庸》。

④ 《论语·为政》。

俗语中“没有规矩不成方圆”的说法，还是我们通常所强调的制度重要性的提法，揭示的都是“规则”对于约束人类社会行为的意义。在早期人类生活中，此类的规则已经以“习惯”或“习俗”的形式出现。正如梅因所说，“可以断言，在人类初生时代，不可能想象会有任何种类的立法机关，甚至一个明确的立法者，法律还没有达到习惯的程度，它只是一种惯行。”① 在人类文明的进程中，这种遵守一定习惯约束的氛围保留下来，并随着文字的出现和技术的发达，由惯例的不成文形式发展成法典的形式，再由自然法典的形式发展到创制法典的形式。而“到处都把法律铭刻在石碑上，向人民公布，以代替一个单凭有特权的寡头统治阶级的记忆的惯例”，这里发展出的规则公开性标示着人类文明史中所揭开的历史新页。即使在专制统治时期，习惯法或法典法也是统治所赖以展开的重要依据。

应该指出的是，统治规则绝不限于上述法律规则的范畴。而是有着更宽泛的含义。根据制度经济学的观点，规则就是制度，“当人们的行为受规则（我们称其为制度）约束时，个人的行动就较可预见”，规则可以禁止或限制不可预见性行为或机会主义行为，故而，可以确保社会秩序，使人类的相互交往建立在信任基础之上。② 统治的规则或者说统治的制度，通过增加统治行为可预见性的方法，能够减轻民众对统治行为的抵触情绪，从而增强统治的合法性。于是统治阶级掌握权力之后，总是极力地发展出日臻完善的各种制度，于是，设置了各种各样的行政官吏去负责有关制度的执行。其实，更确切地说，在专制统治中，法律规则甚至是诸多规则中发展得很不成熟的规则，也是最不常用的一种规则。即使在有法律规则的地方，统治者也倾向于以个人命令的规则取代可能的惯例规定或成文规则。因此，如果说专制统治中有规则的话，其所指的就是各种披着规则外衣的命令，或称为统治者所发出的各

① ［英］梅因：《古代法》，沈景一译，商务印书馆1959年版，第5页。

② ［德］柯武刚、史漫飞：《制度经济学：社会秩序与公共政策》，韩朝华译，商务印书馆2000年版，第1—3页。

种命令性规则，而日渐繁杂且庞杂的制度设置，则是为了确保君王的命令能够在一个足够长的权力链条中比较畅通地传递。

再次是任何制度控制或规则控制都会为行为主体留下自主性的空间，只是自主性的程度与范围在不同的控制形式中会表现出较大的差别。专制统治的规则也是这样，无论君王的权力专制程度有多高，总会为行政官吏保留一定的自主性范围，而且往往是在专制程度越高的时候，行政官吏的自主性也越大。这是因为，专制统治本身就是体现个人随意性与自由意志的产物，其专制程度越高，也就意味着整个权力系统中的自由意志性越强，随意性也越大。由此所决定的结果是：一方面，行政官吏在面对专制统治者时，其所享有的自主性必然也越低，社会地位也越低贱；另一方面，行政官吏在面对下级的臣属或其他民众时，其权力欲也越膨胀，其自主性也更强，其地位也越高不可攀。在这种极度专制与极度自主的相结合的体制中，行政官吏只能处于“非君似君”、“似臣非臣”或者“亦主亦奴”的社会地位，而所谓的统治也必然只能是一种非理性的统治模式。

专制统治的非理性特征，或人为痕迹十分明显。首先是在制度设置上，无论是在君权专制的体制，还是在神权专制的体制中，制度之上总会有一个“人”或“神”，而这个“人的命令”或“神的召唤”是至高无上的，是不受制度约束的，从而使得制度丧失了其之所以存在的根本。如明朝的朱元璋，完全没有法律的概念，所谓的法律就是皇帝的命令，然即使依其意旨所制定的《大明律》，也难有发挥效力的机会。“无几时无变之法，无一日无过之人”，“或朝赏而暮戮，或忽罪而忽赦”①，在具体处理案件时，弃律法于不顾，而当时所留下的四篇《明大诰》即是明证。其次是在官职的职位与职权设置上，因人设职，体现出很大的随意性。“官不必备，惟其人。”② 如选官制度中的察举征辟制，所选出的

① 《抱朴子·审举》。

② 《尚书·周官》。

"举秀才不知书，察孝廉父别居，寒素清白浊如泥，高第良将怯如鸡"，就很深刻地揭露出官职选任制度中个人意志的随意性。因此，官职随人而变的必然逻辑就是凸显个人意志的重要性：首先要看有权设职的人高不高兴，其次才是去看任职的人有没有能力。

与这种非理性化统治相适应的社会文化就是权力拜物教的文化，而信奉这种文化的统治者与行政官吏，也必然十分地重视权术与权谋的运用。韩非子曾论说"术"的重要性，"任人以事，存亡治乱之机也，无术以任人，无所任而不败。""无术以用人，任智则君欺，任修则事乱，此无术之患也。"[①] 因而，一般来说，统治者都很重视权术的运用，并发展出一整套的得人术与驭人术。无论是"世禄世卿"、"举荐贤能"，还是"科举取士"都是为了尽可能地挑选出忠心侍君的臣属。而为了使这些被选出的官吏更好地维护其统治，则又尽可能地广开言路，积极纳谏；注重赏罚机制的运用，为笼络重臣不惜用重金、要职；为了防止大权旁落，又十分重视大臣之间权势的平衡与牵制。由于权力能够带来地位的尊贵与身份的荣华，行政官吏无不对其表现出极大的热衷。然而，伴君如伴虎，为了明哲保权，没有行政官吏会愿意触动君权的权威，故而，在官场中，善于察言观色，极尽谄媚阿谀之能，处世则圆滑世故，为人则八面玲珑，做事则求平求稳。总之，无论是为君的驭人之术，还是作臣的欺君瞒主之术，权术作为一把利器，都无非是为了应付君臣较量之中的权力争斗。

第三节 传统社会中行政官吏的身份

一、行政官吏的身份获得

马克思曾经说过，"人起初是以别人来反映自己的，名叫彼得的人

① 《韩非子·八说》。

把自己当作人，只是由于他把叫保罗的看作是和自己相同的。”① 正是在这种表示自我与他人之间“差异性”的意义上，身份常常与出身、地位、资格、权力、责任等相联系，成为把握社会关系中的某一类个体的重要概念，也是认识社会现象的一个重要视角。而身份的意义在于，“身份就是一个个体所有的关于他这种人是其所是的意识”②，这种意识首先揭示了个体的一种社会归属：出身于什么样的家庭；是哪种类型的人；是处于什么社会等级或社会地位的人；等等。通过这种区分与归属，就可以明辨个体与什么样的人是相似的，而与什么样的人具有很大的不同。但身份并不是都是先赋的，即虽然身份大都是建立在血缘等先天的或生理的基础之上，但也有许多身份是经过后天努力或主观争取才得到的。如同为一个家庭里长大的孩子，由于各自努力的方向不同而成为不同身份的人，做哥哥的退学在家做了农民，做弟弟的成为城里人，做妹妹的读书成了知识分子等。但身份一旦形成之后，其所蕴涵的人与人之间的“差异性”往往就变成了认识的重点，并倾向于不断地强化与扩大这种“差异性”。

身份所揭示的人们之间的这种“差异性”，在与责任、道德或价值等相结合之后，暗含着一种潜在的评价机制，或称为社会认同，具体可以区分为自我的身份认同与他人对个体的身份认同。认同常常与一定的道德观念与价值判断相联，一方面，个体通过自己的理解而按照身份的要求去做出相当的社会行为，与此相应的，表现出对其身份地位的满意或不满意的心理。另一方面，他人则根据有关的道德要求、生活习俗及交往法则去对个体的身份行为进行价值判断，从而表现出赞同、不赞同甚至是反对的态度。而基于这种评价机制的制度设计，或称为身份制，就是把社会成员固定于一定的社会结构当中，设定其一定的权力或义务，并通过特殊化或符号化的方式来标识其属于一定的群体，借以表

---

① 《马克思恩格斯全集》第 23 卷，人民出版社 1972 年版，第 67 页。

② 转引自王力平：《身份——社会视野中的社会资本》，《黑龙江教育学院学报》2006 年第 9 期。

征或强化其社会地位的做法。在以家族作为人际交往纽带的传统社会，"社会生产往往是由一些特定的社会集团来完成的，特定的职业是由特定的宗族或家族共同承担并世袭继承的。处在一定的身份等级上的社会集团，往往是以宗族或家族的形式集体介入社会生产过程和产品的分配过程。"① 因而，身份制都得到了空前的发展。

大概在原始社会末期，人们已经开始通过身份所具有的认同与评价机制去管理社会。人们身份的差异往往通过文身、发型、服饰、配饰或社交禁忌等而标示出来，比如同一个氏族或部落的成员往往拥有着相似的文身而区别于其他氏族或部落的成员。到了传统社会时期，人们则更普遍地使用身份制去管理社会，私有制与社会地位的不平等巩固并加大了人们之间的差别，统治者也出于维护其权威的目的，积极地拓展人们身份与地位之间的不平等秩序。从而，使得身份制往往与等级制相联，身份制进一步发展成了身份等级制，或等级身份制。即由于天生的、血统的或极其偶然的原因，人们被认定为具有某种身份，而居于一定的社会等级。同样身份的人拥有较多的财产与权力，位居较高贵的社会等级；而另样身份的人则掌握着少得可怜的财产，承担着重得难以负担的义务，处于较低贱的社会等级。在森严的身份等级制中，身份不仅决定了人们的权力、地位、财产，而且决定着他们的职业与出路、甚至决定着他们子孙的职业与出路，从而使人们的身份代代相传下去，皇族贵戚之子永为贵，而贫民百姓之孙继为贫。

根据伯克的身份理论，"如果角色身份在某一情境中不断得到他人的确认，不仅个体对他人的信任、情感依赖和对情境结构的依赖得到加强，角色身份的重要性也得到加强。某一身份越是重要——对个体更重要、更能引导行为输出——那么个体试图保证环境的投入与身份相符合的动机就越强。"② 人们越是认识到身份的重要性，越倾向于通过严格控

① 徐建新：《古代日本身份等级的产生》，《日本学刊》2001 年第 4 期。

② [美] 乔纳森 · H. 特纳：《社会学理论的结构》（第七版），邱泽奇等译，华夏出版社 2006 年版，第 358 页。

制，甚至采取隔绝的方法来保护与垄断其身份，而身份的等级制特征也越明显。因而，在生产力水平不高的传统农业社会，把持专制权力与占有有限土地的成就感欲强烈，身份等级也总是显得特别的重要。鉴于行政官吏在专制权力及统治秩序的维护中的重要性，统治者一直比较注重行政官吏的选拔，并发展出一整套针对官吏身份进行管理的制度。而严格的身份获得与身份管理制度，即身份等级制的发展又使得行政官吏的身份重要性更加突出，身份获得的限制与隔离也越严重，而身份制度的实施又进一步加剧了身份的“差异性”，甚至于“身份”只有依靠“身份”这种唯一的途径才能获得。

在我国历史上，从传说中的尧舜禹时期的禅让制开始，已经发展出一套依靠“身份”去获得治理者“身份”的制度。根据古书的记载，尧在年老时召集由部落首领所组成的议事会，向他们询问有关继承人的人选，首领们一致推举有才德的舜，后经尧对舜进行了诸多的考验，并甚为满意之后，最后确定舜作为部落联盟的首领。到了舜年老时，又采取了类似的方法把首领的位置传给了禹，这就是所谓的禅让制。从禅让制的做法，我们不难看出，推举部落联盟的人与对其进行考察的人必须是具有相当身份的人——部落或部落联盟的首领，而不是普通人皆可。到了夏商周时期，与君主世袭制相适应的，官吏的职位主要由贵族把持，并采用世卿世禄的办法。即“今大道既隐，天下为家。各亲其亲，各子其子，货礼为己。大人世及以为礼，城郭沟池以为固”①。在世袭制替代了禅让制之后，私有制已经普遍地确立起来，为了垄断权力与财富，官吏的职位主要在贵族家族内部继承，并世代相传，也可称为“贵族化的官僚”。然而，在“贵族化的官僚”的身份获得过程中，也会讲求一些技巧，即通常会规定一些官吏选拔的标准，规定只有接受了一定教育水平的人才具备了竞争的资格。但由于当时的教育还是贵族教育，这就给出了一个类似“霍布森选择”的陷阱，选择最终只能是那些受过

① 《礼记·礼运》。

贵族教育的具有贵族身份的人。

到了春秋战国时期，政治、社会、文化等各方面都表现出明显的承上启下性，在官吏的选拔与任用方面也表现出过渡性。为适应政治上的需要，许多思想家主张要“有能则举，无能则下”，而一些中下层的思想家如墨子更是提倡“以德就列，以官服事，以劳殿赏，量功而分禄。官无常贵而民无终贱”①。为了图谋大业，各国国君也大都表现出礼贤下士的态度，其中秦国在这方面做得尤为出色，重用商鞅实行变法，奖励军功，按功授爵，废除世袭特权。而在秦王统一六国，建立了第一个中央集权的国家之后，除了皇帝之位采用世袭的方法之外，所有的官职都不再采用贵族世袭的做法，而是发展出一套新的官吏选拔与任用制度，从而揭开了中国官僚制发展的第一页。正如古籍中所记载的那样，“秦兼天下，建皇帝之号，立百官之职。不师古，始罢侯置守，太尉主五兵，丞相总百揆，又置御史大夫，以贰于相。”② 秦朝以皇帝的权力为中心，依靠以丞相为百官之首的庞大的官僚制度对国家进行自上而下的集权统治。

自秦朝建立起统一的中央集权制国家以来，国家成了皇帝一人一姓一家之国，皇帝最关心的莫过于王朝的延续，而健全的官职制度则是巩固集权统治的基础，因而，历朝各代的统治者都非常重视官吏的选任与任用。两汉时期，选拔与任用官吏的途径主要是察举征辟制。虽然这种人才选拔制度曾经发挥过积极的作用，但由于世家望族、达官权贵们把握了过多的推荐特权，垄断了仕途之路，在膨胀世族豪门势力的同时，也堵死了选贤荐能之路。魏晋南北朝时期，九品中正制在实行过程中，所经历的从“盖以论人才优劣，非谓世族高卑”到“上品无寒门，下品无势族”的变化，则更是定下了一切以门第高低作为选拔、任用人才标准的主旋律，在才德标准显得不重要的同时，门第身份标准则越来越重要。科举考试从隋朝开始取代荐举制度成为主要的官吏选拔制度，

① 《墨子·尚贤上》。

② 《文献通考》卷 47《职官考一》。

在唐朝时取得了极大的发展，在宋朝时达到了极为完备的程度，并最终在明清的“八股取士”程式中走向了衰落。在科举取士制度推行之后，依靠身份所进行的荐举制度却仍然发挥着十分重要的作用，只是“由于隋唐科举制度确立以后，朝廷采用科举设科考试、择优录用的方法选拔官员，遂使选官与任官有了比较明显的区分。因此，荐举的职能也从以前的以选官、举士为主，变成以任官、举官为主了”①。

在欧洲等其他国家的传统社会阶段，身份等级制也都得到了普遍的发展，如国王是最高的统治者，然后是僧侣，再往下是贵族，最后才是一般民众，不同的社会等级之间界限分明，权力、地位及社会生活的各个方面都表现出很大的不同。总之，身份的高低一般都会体现为社会等级的高低，统治权力及财富占有的多少。权力与财富又刺激人们不满足于自然的身份，而且趋向于通过手中既有的权力与财富，发展出作为统治形式的身份等级制。在这种身份等级制中，无论是中国的封建官吏还是西欧的封臣都在权力金字塔的等级中占据着特定的身份。正如魏特夫所指出的那样，他虽然不赞同韦伯与瞿同祖认为中国古代官吏作为一个“阶级”存在的观点，但他也认为“社会权力结构的核心是一个处于统治地位的官僚集团。这个阶层与我们最初称之为‘豪族’的那种势力相辅相成，并且从中获得后备力量”②。然而，处在身份等级制中的官吏毕竟只不过是君主行使专制统治的工具而已，“他们的命运自然操纵在君主之手。君主如果感觉这件‘工具’顺手好使，就会提拔、重用他，让他担任更高的官职，负责更重要的工作；反之，如果认为不合手，不能完整地按自己的意志行事，可以随时抛弃这件‘工具’，另换一个新官吏代替他。”③ 总之，历史事实表明，无论是庞大的官僚体制的迅猛发

① 曾小华：《中国古代任官资格制度与官僚政治》，杭州大学出版社 1997 年版，第 208 页。

② 转引自王子今：《探索中国古史中官僚阶级与社会结构的典范》，http：//guancha.gmw.cn/show.aspx？id=5651，2007 年 11 月 13 日。

③ 刘泽华、汪茂和、王兰仲：《专制权力与中国社会》，天津古籍出版社 2005 年版，第 92—93 页。

展，还是贤明君主所进行的选贤任能制度，都要服务于统治者特权身份与地位维护的需要，都无非是以“功”的形式增加专制统治合法性的砝码。

二、行政官吏的身份困境

在以身份等级制作为基本秩序的社会里，都存在着普遍的人身依附。这是因为，身份等级制使身份与权力、支配相联系，这就意味着谁拥有了身份，谁就掌控着权力，谁就把持着资源，谁就能支配他人。那么，人们就会把身份地位视作社会中最重要的资源加以追逐，而一旦获得了身份地位，人们又总是竭力地借助权力去排斥与剥夺他人获取相应的身份，垄断与巩固自己已有的身份，并热望与觊觎着更高的身份。其结果是，身份等级制社会的发展总会表现为等级身份的发展，也就是身份的等级会越来越多，身份的等级差别会越来越明显，以至于到了最后，人们为了获得身份，必须依赖身份。因而，在传统社会中，身份等级制必然带来的是普遍的人身依附关系。谁拥有了统治者的身份，谁就成了被依附者，谁就有了权力，谁也就有了支配权：就能支配土地这种基本的生产资料，就能支配他人的人身与财产，就能支配社会的经济、政治与文化。

一般来说，身份等级制曾经作为传统社会的统治秩序得以确立，并随着王权的扩张与国家权力的强大而得到了普遍地发展。如中国先秦时期的宗法制度，古印度的种姓制，古巴比伦时期的穆什根等级，赫梯王国的社会等级，古代日本律令制国家的社会等级制，古罗马贵族等级中的显贵，以及中国封建社会中的等级制度与中世纪西欧国家的封建等级制度等。其中，由于中国曾经历了非常漫长的封建时期，身份等级制度作为一种统治形式也发展到了特别完善的地步，据此，曾有学者非常形象地提出了“中国古代等级社会”的说法，把身份等级制视作为中国传统社会的标识。身份等级成为基本的秩序，人们的等级差别可以通过社会生活的各个方面反映出来，可以体现在政治权力与社会责任的不同，社交礼仪与法律规定的不同。也可以体现为所住房屋的装饰、台阶、方位的不同，或是所穿着服饰的颜色、图案、布料的不同，甚至是名字、称呼的避讳与独用权等。

关于等级划分的依据，瞿同祖老先生曾经指出，“身份、财富和权力的分配，是社会层级划分的三个维度。每个维度都以一种特殊的价值理念，在社会成员之中形成一个独立的层级秩序。但它们之间又彼此关联，共同表征着社会价值的分配和人们在层级之中的确定地位。”① 这十分形象地刻画了身份与政治、经济之间的关系，也非常深刻地揭示出传统社会的统治秩序。一方面，无论是身份地位的高低、政治权力的大小或是经济财富的多少，每个方面都能够分别对社会个体作出一种标识，表示一种存在状态。另一方面，三者结合起来，又能够十分有力地揭示出一种身份等级制的社会秩序，可以非常准确地描绘出普遍的人身依附关系的状况。身份确定了人们的高贵与低贱，形成了自上而下的社会等级，并依此形成了自下而上的人身依附。正是在这个层面上，可以说身份就是解释专制社会统治秩序的关键，它不仅规定了政治权力的占有与经济财富的拥有状况，还决定着人们对统治者的依附状态，因而，依附关系总是具有政治与经济的双重意义。

依附关系之所以能够在传统社会中普遍存在，其原因就在于它总是建立在特定的经济基础之上，并进一步促进着这种经济基础的壮大。比如，中世纪的西欧形成了以封建庄园经济为基础的人身依附。“封建主还在查理大帝时即已开始了一种‘分封制’，即大地主按照采邑的方法将自己的土地分封给那些拥护他的小贵族，自此逐渐形成了后来的封建等级制。”② 即通过采邑制度，大封建主之下分封出小封建主，小封建主之下则分封出更小的封建主，使各级封建主之间因为分封地的原因建立起附庸关系，这就是西欧身份等级制的形成。而利用采邑作为支付薪

---

① 瞿同祖：《汉代社会结构》，上海人民出版社 2007 年版，第 74 页。

② 刘启戈：《西欧封建庄园》，商务印书馆 1965 年版，第 6 页。

饷的方式的原因，有学者曾作过如下的解释，“那时社会向国王所提供的货币税收还没有达到这样的地步：维持一支有薪饷的军队，向被派往边远地区的官员发薪，以使后者依附前者。当时官员所得待遇的形式只能是奖赏或分封土地。国王不得不将大量的土地作为采邑分封出去。”[①]应该指出的是，采用分封地的方式建立起人身依附关系的做法在中国封建社会时期也曾存在，如汉朝时期刘邦“分而治之”的分封地，或者唐朝政府官员按官阶高低所授的永业田和职分田等。这种分封地的做法，很显然都是发生在以土地作为基本生产资料，而土地显得十分珍贵的农业社会中，应该不仅仅是没有足够的薪银所能解释的。

依附关系又总与专制统治的政治联系在一起，依附关系总是作为专制统治的重要特征而出现，对维护专制统治具有重要的政治意义。正如贾谊所描述的那样，“高者难攀，卑者易陵，理势然也。故古者圣王制为列等，内有公卿大夫士，外有公侯伯子男，然后有官师小吏，施及庶人，等级分明。而天子如焉，故其尊不可及也。”因此，专制统治者总是倾向于制造更多的、更复杂的依附关系来维护其统治，使专制统治总是以等级秩序的形式出现，形成自下而上的层层依附关系。统治者既会通过强化经济依附的手段来强化政治上的人身依附，又总会利用政治上的人身依附去获得足够的经济支持，进而扩大现有的经济依附关系，这就使得依附关系总是具有政治与经济的双重功效，体现为政治依附与经济依附的相互纠缠与相互交结。没有封建主与农奴或农民之间财产的多寡不均，没有了经济上的依附，就失去了封建主政治地位确立的基础。而没有政治上的强权者与弱权者之间的权力差别，无法用强制方法来保持依附者与被依附者之间的不同地位，也无法维持封建的经济基础。

因此，在传统社会普遍的人身依附关系中，封建经济与专制政治

① ［德］诺贝特·埃利亚斯：《文明的进程——文明的社会起源与心理起源研究》第2卷，王佩莉译，生活·读书·新知三联书店1999年版，第20页。

总是能够把行政官吏固定在一定的身份等级制度之中，从而把他们牢牢地控制起来，让他们自愿地依附于统治者。“等级制度的价值，就在于以法律形式肯定特权。没有特权，等级制度便毫无意义。”[①] 在政治权力的等级中，行政官吏被依据一定的次序——或者依据血缘姻亲关系的远近，或者依据他们对统治秩序的贡献大小，或者依照所居官职的大小，控制在君王的周围。行政官吏总是能够掌握一定的权力，享有一些支配权，属于既得利益者。一方面，“官员可以利用他们手中的政治权力来扩充家产”[②]。在传统社会中，权力总是与利益相联系在一起，行政官吏手中的权力就相当于一棵摇钱树，而权力行使的界限也往往会超出政治事务的范畴之外，涉及经济，而换得财富。另一方面，他们又总可以通过政治权力去垄断一定的身份与政治地位，或谓之为“一人得道，鸡犬升天”。在传统社会，不仅是皇亲国戚会拥有很大的势力与重大的影响，凡是能与官府沾亲带故者都有极大的荣耀，也更容易进入仕途或更快地升迁。因此，等级制中的行政官吏总是或者依靠家族的势力，或者依赖复杂的裙带关系，至于极个别的官场偶遇者，也总是会设法把自己融入到师生、同门、同乡或是同僚的情谊与身份关照之中。

为了维护既有的身份等级与依附关系，统治者总是倾向于把行政官吏控制起来，来限制其可能的自主性。处在身份等级中的行政官吏，总是尽量地依附于统治者，充当其维护统治秩序的工具，也从来没有真正地发展成为一个拥有统一的政治目标与政治立场的独立的、同质的群体。即使在官僚体系内部也存在着严密的权力等级，上级与下级的官吏之间总是具有严格的门第之别，即使同级官吏之间也是赤裸裸的权力与利益之争，而官与吏之间的界限则更为分明，吏处于权力金字塔的最底层，“法律要求吏对官完全是服从的、被动的关系”。[③] 但是，行政官

① 刘泽华、汪茂和、王兰仲：《专制权力与中国社会》，天津古籍出版社 2005 年版，第 59 页。

② 瞿同祖：《汉代社会结构》，上海人民出版社 2007 年版，第 178 页。

③ 赵世瑜：《吏与中国传统社会》，浙江人民出版社 1994 年版，第 217 页。

吏这种身份总是会表现出一些相对于统治者的独立性，正如君王从来也不是行政官吏一样，行政官吏也永远不会是君王。而他们的工作本身也总会允许一定的自主性成长。行政官吏的相对自主性体现为：在政治上永远不同于作为君王的统治者；在财政上总会与统治者出现经费缩减与支出扩张的矛盾；在职能上总会执行一些统治功能之外的必要的社会功能；在身份追求中总是倾向于把行政权力演化为谋取私利的特权。因而，“官僚的自主性经常遭到统治者的猜忌。他们总是企图对之加以限制，对之维持某种程度的政治控制，并尽量减小他们发展出相对独立的政治目标和政治活动的可能性。”①

三、行政官吏身份发展的路径：从身份到契约的变化

历史事实表明，传统社会中普遍的人身依附关系虽然能够把行政官吏固定在一定的身份等级中，使行政官吏在统治秩序的维护中扮演着重要的角色，但行政官吏作为一个群体所拥有的自主性总会获得某种程度的独立发展。虽然统治阶级总是惧怕这种自主性的发展，并采取了经济的、政治的、文化的等各种手段去进行限制，甚至取得了制度性的进展。如中国“礼法兼治天下”的礼法制度，源于自然法传统与衡平技术发展所出现的罗马法典化文明，都表明统治阶级的控制手段、技术已经取得了制度性的完善。然而，任何人用任何方法都不可能真正地、完全地阻止历史前进的步伐，统治者也不可能完全杜绝行政官吏的自主性发展。只是在某种程度上，这种普遍的人身依附关系与严密的等级制度可能延缓了这一进程，随着统治者控制政策时紧时松的变化，行政官吏的自主性成长过程有时会慢些，有时会快些，甚至会表现出时断时续的状态，但道路的曲折绝不意味着没有发展，反而总能体现出历史必然性的强大生命力。

在统治工具的意义上，行政官吏总是与统治者表现出高度的一致

---

① ［美］S. N. 艾森斯塔得：《帝国的政治体系》，阎步克译，贵州人民出版社 1992 年版，第 279 页。

性。最初，君王的事，无论是国事，还是家事，都是官吏的分内事，因而，国事与家事经常地混淆在一起。只是到了后来，伴随着各种事务的复杂化发展以及行政官吏队伍的不断扩充，其分化才逐渐明显，才出现了专门的内务官及后来的宗人府去料埋皇帝的家事。在单纯的国事处理中，行政官吏的政治立场与政治态度也总是来源于统治者并与其保持着极大的相似性。一方面，统治者通过专制统治的方式把各种事务的决定权集中于一人之身，形成了权力等级的金字塔，凡事应层层上报，经由君王批阅之后再层层传达下去。在权力等级中，行政官吏只是执行具体事务的工具，不能够擅权擅断，很少拥有自主处理事务的空间。并且，统治者总是尽可能地控制行政官吏的经济命脉，屡屡以行政官吏的“衣食父母”形象出现，而经济上的依赖与不独立也确实强化着行政官吏的依附状态。在行政官吏与统治者之间的依附与被依附关系中，统治者总是拥有着绝对的权力与全面的支配，而行政官吏却总是处于完全的受控状态，其自主性也总被挤压到空前狭小的境地。

在把行政官吏视作统治者工具的定位下，必然要为其留下自主性的生长空间。固然，工具本身不可能有自主性，但工具却会有功能，功能就意味着它是重要的，正是在这个意义上，我们说，工具是有价值的存在，是独特性的存在。正是这种“价值”或“独特性”，使行政官吏不同于统治者，也与一般的民众相区别，从而为行政官吏留下了自主性的空间。“官僚行政机构为了完成其对统治者的功能，不得不考虑主导的和最为积极的社会阶层的某些要求。官僚要为他们不断提供各种服务，调节它们与统治者的关系。由于这些不同要求和压力，官僚行政机构（特别是上层），形成了许多特有的组织特征，特别是组织上和专业上的自主性。”① 或者，我们也可以理解为，行政官吏为了充当工具，为了维护专制统治的秩序，不得不去考虑除统治职能以外的其他社会职能，从而去了解民众的愿望，帮助民众解决一些重大的困难，如行政官

① ［美］S. N. 艾森斯塔得：《帝国的政治体系》，阎步克译，贵州人民出版社1992年版，第279页。

吏不得不去维护社会治安，不得不去赈灾抗旱等。虽然做这些事的根本目的在于确保专制统治的顺利进行，但也确实在客观上履行着一定的社会职能。而且在具体的工作中，由于行政官吏通过目睹耳听的方式接触了事实，难免会产生一些不同于统治者的感情，有时甚至会觉得自己不只是皇帝的臣子，还是百姓的“父母官”，于是，偶尔萌生“要为黎民百姓做些什么”的豪情。

此外，行政官吏也会有一些自利的考虑，希望垄断这种为官的身份，或是谋取更高的权力等级，或是获得更多的私人利益。并为此而卷入争权夺势的争斗之中，不仅败坏了官风，也破坏了正常的统治秩序，损害了统治者的利益。因而，统治者总是不遗余力地制定出更为完善的控制体系，极力地铲除行政官吏的自主性所可能带来的各种威胁。鉴于传统社会中身份等级制的普遍性影响，控制体系的构建都以身份作为控制的基础。孔子曾经说过，“殷因于夏礼，所损益，可知也；周因于殷礼，所损益，可知也；其或继周者，虽百世可知也。”① 这至少表明在刚迈入国家生活不久，已经有了礼的约束。“礼”在经历了先秦诸子的“礼法之争”以后，再加上汉朝统治者对秦朝因为“重法”而灭亡的恐惧，而董仲舒又不失时机地对“礼”进行了发展，提出了“君君、臣臣、子子”的等级名分说，倡导“《春秋》决狱”与“独尊儒术”，最终为封建王朝定下了“礼法兼治天下”的统治基调，使“礼”与“法”一起成为维护统治所不可或缺的两把利器。

传统社会是以身份作为基本秩序的社会，身份决定了政治、经济等各个方面的秩序。而礼通过对尊卑、长幼，以及亲疏远近关系的区分，为统治者确立了身份等级的秩序，也因此确立了社会的基本秩序。因此，在礼法合治中，又总是以礼治法的，或称为“德主刑辅”。即使是在法的体系中，也总是以身份为核心，普遍地依据身份等级而建立起来，围绕身份等级的不同而进行定罪、量刑以及诉讼等各个方面的工

① 《论语·为政》。

作。首先是在刑法的定罪与量刑中，都以维护身份等级秩序为根本，规定长者与尊者对幼者或卑者有绝对的支配权，可以任意行使惩戒而不认为是罪，但是若是幼者或卑者侵犯或触动了长者的利益与尊严，都将被认定为是十分严重的重行，被认定为是触动了封建统治秩序的重罪，因而要严惩不贷。其实在封建社会属于“十恶不赦”范畴的十大重罪中，除了“不道”之罪是杀人恶行之处，其他九项罪名则概为触犯封建身份等级秩序的犯罪。而“不孝”或“大不敬”之类在今天的法治社会中只能受到道德谴责的行为，在封建社会却都曾经是不许赦免的重罪。在具体的量刑中，身份秩序中的长者与幼者也会使用不同的标准，越亲近的尊长伤害幼者时所负的刑事责任越轻，而与此相对的，越亲近的幼者伤害尊长时所承担的罪责则越重。

统治者之所以极力地维护身份秩序，其目的正如孔子所说的那样，“其为人也孝弟，而好犯上者，鲜矣；不好犯上，而好作乱者，未之有也”①，由此看来，统治者只是借助“父为子纲”与“夫为妻纲”作为“君为臣纲”的屏障，而“治国平天下”才是其“修身”、“齐家”的真正目的所在。总之，无论是礼所倡导的身份秩序，还是法所强制实行的长幼之序，都是通过使身份与责任相联系的办法，去构建人们之间的等级秩序，从而去推行其专制统治。为了叙述的方便，我们暂且把这种维护专制统治的办法称为“以身份来维护身份的办法”。正如卢梭所说，“即使是最强者也决不会强得足以永远做主人，除非他把自己的强力转化为权利，把服从转化为义务。由此就得出了最强者的权利。”② 因而，为了维护专制统治的秩序，统治者也会把其所享有的“身份”特权转化为“权利”与“义务”的形式，这就是契约。

一般意义上的契约，就是人们之间有关权利与义务的约定。而契约的历史是十分悠久的，正如梅因所说的那样，“无论是‘古代法’或

① 《论语·学而》。

② ［法］卢梭：《社会契约论》，何兆武译，商务印书馆 2003 年版，第 9 页。

任何其他证据，都没有告诉我们有一种毫无‘契约’概念的社会。”[①] 因而，哪怕是专制统治也必然要借助于契约的形式，“以各个权力持有者相互间的协定为基础”。韦伯曾对专制统治中的权力持有者之间协定的达成情况作过如下的描述：西方的身份等级制国家是这种协定的典型，在这种国家中，“个别的采邑与俸禄持有者以及其他的占有权力的持有者，在君主保障的‘特权’下、行使其权力，同样地，君主的权力亦被视为一种必然由采邑持有者与其他权力持有者所承认与保证的、个人的‘特权’——亦即君主之‘大权’。”[②] 其实，不仅在西方国家，而且在所有的身份等级制国家中，权力持有者之间都会暗含着这样一个权力持有的协定，通过这种合作方式来展开专制权力的统治，也可以称为“以契约来维护身份的办法”。而这种协定，更确切地说，是“以契约来维护身份的办法”中的“契约”代表了社会文明的一种发展方向，也为专制统治中的行政官吏摆脱身份困境提供了一条出路。

---

① ［英］梅因：《古代法》，沈景一译，商务印书馆 1959 年版，第 176 页。

② ［德］马克斯·韦伯：《支配社会学》，康乐、简惠美译，广西师范大学出版社 2004 年版，第 228 页。

第四章　公共行政中的行政人员角色

如果说，任何社会都有着“契约”的概念，即使专制统治中也普遍存在着权力持有者之间的协定。那么，在从传统社会走向近代社会的过程中，则经历了一场比较彻底的契约精神的洗礼。契约作为近代社会的轴心，成为理解社会现象的一个基本框架。不仅体现为启蒙思想家所倡导的自由、平等、天赋权利等观念，而且体现为现实化的社会结构；不仅体现为经济领域里的自由交易与平等竞争，而且体现为市民社会与公民国家的确立；不仅体现为政治领域里的“三权分立”与“权力制衡”，还体现为统治型社会治理模式向管理型社会治理模式的转型。与此相应的，行政也发生了从统治行政向管理行政的转型。在管理行政阶段，对社会公共事务的管理成为政府的主要职能，而公共性也成为管理行政的根本属性，正是在这个意义上，人们习惯于把近代发展起来的管理行政称作公共行政，把公共行政领域中的从业人员称作行政人员，而行政人员履行公务的行为，也是一种严格意义上的职业角色行为。

第一节　契约精神的泛化与管理行政的出现

一、契约精神的泛化

我们不仅难以证明在哪个社会中没有契约观念，而且常常发现每个社会都有着自己独特的契约形式。即使在专制统治中，君王一人独揽天下大权，也有赖于权力持有者之间的协定来进行专制统治，而专制统治虽然普遍地采用了恐怖原则，但仍倾向于给专制权力罩上“最强者的权利”的合法化外衣。然而，准确地说，倘若在契约的达成中，缺乏主体平等与自由意志的前提，则契约已不具有实质性的意义。这正如洛克所说的，“因为权力之所以授与某些人是为了管理人民和保护他们的财产，一旦被应用于其他目的，以及被利用来使人民贫穷、骚扰他们或使他们屈服于握有权力的人的专横的和不正当的命令之时，不论运用权力的人是一个人还是许多人，就立即成为暴政。”① 因而，由专制权力转化而来的“最强者的权利”，绝不等同于权利，也不能与被统治者的服从构成一个真正的契约。其原因就在于，一方面，强力并不能构成权利，而所谓的“最强者的权利”，又总是使用强力迫使别人服从，总是被强力所替代，从来不具有实质性的意义。另一方面，强力只能产生由于惧怕的服从或出于策略的服从，但绝不会产生依据义务的服从。故而，实现“最强者的权利”的最终逻辑是：既没有权利，也没有义务，也没有真正的契约。

其原因就在于，权力与权利总是相矛盾的范畴，权力总是尽力地排斥与缩小权利的作用范围，因而，强力并不能产生任何权利，专制权力也不可能导向真正的契约。契约总会体现为一种合意，而“专制政治的建立出于人民自愿之说，既无可靠的根据，也缺乏真实性。如果说一种契约只拘束当事人的一方，一切义务都由一方来负担，他方毫无负担，而受损害的恰恰是负担义务的人，那么，要证明这种契约的效力是非常困难的”②。所以，专制统治中的权力持有者之间的协定，以及“最强者的权利”的拥有者与被迫服从者之间的约定，从来都不可能建立在平等的合意基础之上，也未能形成实质上的权利与义务内容，更不可能形成任何的双方限制，根本不同于近代意义上的一般契约的概念，更不

① ［英］洛克：《政府论》下篇，瞿菊农、叶启芳译，商务印书馆 1964 年版，第 123 页。

② ［法］卢梭：《论人类不平等的起源和基础》，李常山译，商务印书馆 1997 年版，第 135 页。

同于近代启蒙思想家所倡导的社会契约理论。

契约作为理解近代社会的一个基本框架，是相对于传统社会的“身份”而言的。正如传统社会是普遍的身份制社会，身份是理解传统社会的钥匙一样，近代社会则是契约泛化的社会，契约成为近代社会的轴心。英国法律史学家曾说过，“迄今为止，一切进步性社会的运动，都是一场‘从身份到契约’的运动。”① 确切地说，在近代以前的社会中，只有家族才具有社会主体的资格，个人从未真正成为权利的主体，也不是义务独立承担的主体。在从传统社会向近代社会过渡的时期，人际交往中的家族纽带开始变松，普遍的人身依附逐渐减弱，个人才逐渐地代替家族成为社会的中心，通过为自己设定权利与义务的形式开始成为社会的主体。而“用以逐步代替源自‘家族’各种权利义务上那种相互关系形式的，就是契约。在以前，‘人’的一切关系都是被概括在‘家族’关系中的，把这种社会状态作为历史上的一个起点，从这一起点开始，我们似乎是在不断地向着一种新的社会秩序状态移动，在这种新的社会秩序中，所有这些关系都是因‘个人’的自由合意而产生的。”②

通过契约为个体设定权利与义务的形式，是人类文明进步所取得的重大社会成果，具有十分重要的社会意义。根据英国法律史学家梅因的考证，在拉丁语中，最早表示契约的名词是“耐克逊”，契约的双方称为“耐克先”，“耐克逊”作为一种财产让与，开始经常地用以表示契约的行为。“耐克逊”意为“用铜片和衡具的交易”，而铜片和衡具在这里象征着罗马转移财产所有权的古代仪式，暗含着“让与”之意，在这里用来表示特定的契约缔结仪式。正是这种具有特定仪式的契约缔结，使契约的达成行为与具体的“财产让与”行为可能具有一定的时间与空间的分离性，但又具有密切的联系性。这两种行为的相对分离，使得契

① [英] 梅因：《古代法》，沈景一译，商务印书馆 1959 年版，第 96 页。

② [英] 梅因：《古代法》，沈景一译，商务印书馆 1959 年版，第 97 页。

约缔结中双方的允诺行为或"合意行为"逐渐地具有比"具体的让与行为"还要重要的地位。而双方这种有关"让与"的合意，以及由此所形成的人们之间的强有力约束，开始影响着双方之间的关系，继而通过契约法影响着整个国家的人们之间的关系。而随着历史的不断发展，其影响范围也更加扩大，不仅影响着人们的民事行为、私法行为，也开始影响着人们的政治行为、国家行为等其他行为。

契约产生的必要性总是蕴涵在一定的经济发展前提之下，而契约这种结果又总能进一步地促进经济更大发展。无论是最简单的物物交易，或是在以物作为一般等价物的交易，又或者是后来的以货币作为一般等价物的交易中，契约总必然地包含着双方主体，主体的合意，以及一定的权利与义务内容。双方通过契约的履行，不仅极大地促进了个体的发展，而且促进了社会经济活动的良性发展，因而，单个契约的履行将具有重大的社会意义。契约履行，不仅意味着完成了单项的交易行为，实现了特定主体之间所约定的权利与义务处分状态，体现了"个人"的社会主体性意义；更重要的还在于，能够在更普遍的意义上，为整个社会提供一种行为预期，以及保证这种预期行为据以实现的社会机制。而这种行为预期的社会保证机制，则进一步为扩大的商品交易，繁荣的市场以及专业化的劳动提供了发展空间。

契约不仅为社会提供了一种预期机制，而且为社会提供了一种扩大化的、普遍化的联系机制。使得单个契约主体之间的联系总是扩大为较多的契约主体之间的联系，而较多的契约联系则进一步扩大为更多的抽象的契约联系。其原因就在于契约为人们之间提供了一种联系机制，一种基于利益而产生的行为预期，使人们之间的交往范围不断扩大，在人们之间建立起普遍的社会联系。而这种行为预期，或称之为信任，"由于一个对另外一个人的话加以信赖而产生积极义务，是进步文明最迟缓的胜利品之一。"① 在早期的人类社会中，人们为了抵抗大自然

---

① ［英］梅因：《古代法》，沈景一译，商务印书馆 1959 年版，第 176 页。

而采取了群居的生活，在共同生活中已经存在着本能的信任，但却从来没有发展到自觉的信任状态，因而，也从未真正地形成对“失信”之人的谴责与惩罚机制。在随后漫长的传统社会中，自然经济所造就的“自给自足”状态，没有出现过扩大的商品生产；而家族作为人际交往的纽带，也从来没有赋予个人以主体性的地位，使整个社会的信任发展长期处于低迷状态。直到近代社会，契约制度成为人们之间交往的普遍联系机制时，才使信任的重要性凸显出来，与此同时，契约制度中有关信任的自觉建构，如对不信任行为的惩罚的规定，又使偶然的不信任行为变成了制度性的不信任，正是在这个意义上，契约又是不信任的产物。

近代启蒙思想家们看到并揭示了契约发展所提供的历史契机，并据此提出了社会契约论的思想。契约发展中总是会突出个人的主体性，主体则基于平等的地位而作出自由的合意。这是因为，如果主体的地位不平等，则意味着缔约者之间会存在着强迫与剥夺，也就不可能存在真正的自由合意，从而在根本上破坏掉契约的存在意义。“契约范畴就是对任何否定权利、义务平等的强权和特权的再否定，显然，这种否定之否定也就是对权利、义务平等的肯定，是对契约关系中当事人之间权利、义务平等要求的忠实体现。”① 所以，专制统治中的权力持有者之间的协定，或是为了确保专制权力所转换而成“最强者权利”，从来不可能建立在平等的合意基础之上，根本不同于真正的契约。

而正如卢梭所说的，“既然强力并不能产生权利，于是便只剩下约定才可以成为人间一切合法权威的基础。”② 因而，“总需追溯到一个最初的约定”，去寻求一种人们相结合的新形式，一种不同于专制统治的新形式。通过社会契约的订立，使“它能以全部共同的力量来卫护和保障每个结合者的人身和财富，并且由于这一结合而使得每一个与全体相联合的个人又只不过是在服从其本人，并且仍然像以往一样地自由”③。

---

① 蒋先福：《契约文明：法治文明的源与流》，上海人民出版社 1999 年版，第 10 页。

② ［法］卢梭：《社会契约论》，何兆武译，商务印书馆 2003 年版，第 10 页。

③ ［法］卢梭：《社会契约论》，何兆武译，商务印书馆 2003 年版，第 19 页。

正是在这个意义上，契约所蕴含的平等、自由的原则，成了启蒙思想家声讨专制统治的重要口号。而近代社会的“从身份到契约”运动，从经济发展的变革基础蔓延开来，以契约自由、契约平等、契约神圣作为内涵，以契约法律制度的产生与实施建立起普遍性的社会联系，昭示着近代社会的来临。契约精神泛化开来，成为理解近代社会的一个基本框架，不仅体现为思想层面的自由、平等、民主等革命性的口号，而且体现为具体的社会实践，极大地促进了市民社会的繁荣，有力地促进了公民国家的发展。

二、市民社会与公民国家的发展

契约的泛化不仅为近代社会提供了自由、平等的思想，而且促进了市场经济的极大发展。如同自然经济与传统社会的关系一样，市场经济则构成了近代社会的深刻基础。“近代以来，对一切社会现象的理解都需要从市场经济出发，市场经济是近代社会全部社会发展的动力源，社会结构、生产方式、生活方式、科学技术、文化构成等方面的演进和发展，都应当归结为市场经济的驱动。”① 然而，市场经济取代自然经济而占据社会主导地位的过程，虽然呈现出逐步扩大且逐渐加强的趋势，但其具体的变化过程却是十分漫长的，也是非常缓慢的。正如有学者所描述的那样，“从土地里直接取之、从自然界直接得之至直接消费的过程，亦即没有或者很少有中间环节的过渡，物品的加工在自己的家中进行。这种途径渐渐地发生了变化：在这条路上越来越多的人参加了进来，在产品从最初的生产者向最后的消费者的过渡中发挥加工者和支配者的作用。”② 在这种过渡中，契约成为一个十分重要的中介，并为其提供了可靠的保障，而契约所建立起的普遍性社会联系则起到了加速器的作用。

---

① 张康之：《公共管理伦理学》，中国人民大学出版社 2003 年版，第 30 页。

② ［德］诺贝特·埃利亚斯：《文明的进程——文明的社会起源和心理起源研究》第 2 卷，王佩莉译，生活·读书·新知三联书店 1999 年版，第 32 页。

市场经济带来了近代工业化与城市化的发展。伴随着工业化的发展，出现了城市化的现象，越来越多的人们开始离开土地，脱离开具体的生产活动，而聚集到城镇里从事工业活动或商业活动，使得城镇的规模与数量急剧上升。“一种新的生产财富的方式开始流行，一种商业和工业使欧洲所能产生的财富是注定要远超过于农民组织和农业所曾能生产的财富。”① 城镇在国家的重要性超过了乡村，而工业生产的规模与意义也远远超过了传统的农业活动而成为社会发展的主导。其原因就在于，“那种一开始就和机器，即使是最原始的机器联系在一起的劳动，很快就显示出它是最有发展能力的。”② 机器大工业带来了社会生产力的快速发展，也使得城市在社会经济发展中的作用不断增大，城市与工业化的程度逐渐成为社会经济发展水平高低的明证，也成为检验一国竞争实力的重要指标。“贸易是我们这一世纪的嗜好，……从某个时期开始，人们就只谈论经商、航海和船队了。”③ 因而，在工业化、城市化的发展过程中，各国都尽力地采用种种措施来保护与促进贸易和工业的发展，在这一过程中，大工业取代了工场手工业，而现代化的大工业城市也取代了自然成长起来的小城镇。

正如马克思和恩格斯在《费尔巴哈》中所说的，“城乡之间的对立是随着野蛮向文明的过渡，部落制度向国家的过渡、地方局限性向民族的过渡而开始的，它贯穿着全部文明的历史并一直延续到现在。”④ 城市生活与乡村生活既是对立的，又是相互影响的。开始时乡村影响城市的多些，但随着城市化的发展，城市的主导地位得以确立，城市生活表现出更多的特色，这时，乡村生活反而越来越多地受到城市生活的影响与决定。工业化、城市化培养了市民阶层，造就了市民社会，开启了近代文明，具有重要的历史意义。关于市民社会出现的历史必然性，有学者

---

① ［美］汤普逊：《中世纪经济社会史》下册，耿淡如译，商务印书馆 1997 年版，第 407 页。

② 《马克思恩格斯选集》第 1 卷，人民出版社 1972 年版，第 61 页。

③ 《马克思恩格斯选集》第 1 卷，人民出版社 1972 年版，第 66 页。

④ 《马克思恩格斯选集》第 1 卷，人民出版社 1972 年版，第 56 页。

指出，“市场经济领域不仅是市民社会主体活动的场所，而且也是市民社会赖以生存和发展的基础。没有市场经济就没有市民社会”。[①] 马克思和恩格斯也断定，市民社会这个历史范畴产生在18世纪，是既受生产力的制约，同时也制约着生产力的交往形式。

工业化、城市化造就了市民社会，开启了近代文明。许多学者都看到了近代以来市民社会与公民国家相分立的事实，并把它作为区分与认知公共领域与私人领域的重要范畴。然而，把市民社会与公民国家作为一个相对应的概念，则是很晚才发展起来的。正如学者梅休（Leon H. Mayhew）所指出的，“在西方世界，作为一种与国家相区分的实体概念，很晚才出现。理性时代，亦即哲学家们开始寻求对现行政治制度作批判性分析的世俗依据的时代，乃是最早的时期之一；当时西方思想家渐渐将社会视为明显先于国家和外于国家的状况，而确立这一分野的手段之一便是社会契约论。”[②] 或者我们说，市民社会的概念是历史地生成的。在亚里士多德那里所指的是“城邦”，到了西塞罗那里才开始与城市生活相联，意指业已发达的城市生活中的政治共同体的生活状况。而在近代，在早期的自由主义者那里，还指的是一种不同于野蛮时代的文明状态，是一个与“自然状态”相对应的政治社会或国家。再往后，才产生了与“公民国家”相对应的“市民社会”的认知范畴。

黑格尔是第一个将市民社会与国家作出学理区分的人，他把市民社会定义为“各个社会成员作为独立的单个人的联合，因而是在抽象普遍性中的联合，这种联合是基于成员的需要，通过保障人身和财产的权利的法律制度，和维护他们特殊和公共利益的外部秩序而建立起来的”[③]，是一个“处在家庭和国家之间的差别的阶段”。它是现代世界才发展起来的一个与自然社会（家庭）和政治社会（国家）相对应的概

---

① 邓正来：《国家与社会——中国市民社会研究》，四川人民出版社1997年版，第8—9页。

② 转引自邓正来：《国家与社会——中国市民社会研究》，四川人民出版社1997年版，第25页。

③ ［德］黑格尔：《法哲学原理》，范扬、张企泰译，商务印书馆1961年版，第174页。

念。在市民社会中，总是惯行着两个原则：一是“每个人都以自身为目的，其他一切在他看来都是虚无”①；二是人们为了满足自身的需要，不得不同别人发生联系，在满足他人的同时，来达到自己的满足，从而使市民社会发展成为自然社会（家庭）与政治社会（国家）之间发生联系的“中介基地”。

由于市民社会中独立的个人之间缺乏实质的联系，仅靠外在的契约与利益的联系是不稳定的，因而，市民社会总是必然地产生着共同管理的需求。黑格尔指出，市民社会不可避免地具有一种自我削弱的趋势，因而在市民社会之上必须有一个国家，而这个国家是“伦理理念的现实——是作为显示出来的、自知的实体性意志的伦理精神”，是“绝对自在自为的理性东西”，② 它为市民社会提供道德依据，而市民社会则是国家借以实现其伦理精神的工具。这显然不同于洛克等人所提出的“社会先于或外在于国家”的观点。然而，无论是洛克式的“社会先于国家”或“社会外于国家”传统，还是黑格尔的“国家高于社会”的观点都具有显而易见的缺陷与不足，“从前者处大致可以推演出‘市民社会对抗国家’的诊断，它强调国家对于社会而言只是一种‘必要之恶’”，“也可以从后者处推导出‘国家宰制市民社会’的观点，因为它强调国家塑造社会的功能，社会处于被支配的关系之中。”③ 马克思与恩格斯也看到了市民社会与公民国家相分离及相联系的事实，并断定，“随着城市的出现也就需要有行政机关、警察、赋税等等，一句话，就是需要有公共的政治机构，也就是说需要政治。”④

在这里，我们可以理解为，市民社会总是与公民国家相对应或相联系的认知范畴，二者是相统一的且又是持续互动的关系，而无所谓

① ［德］黑格尔：《法哲学原理》，范扬、张企泰译，商务印书馆 1961 年版，第 197 页。

② ［德］黑格尔：《法哲学原理》，范扬、张企泰译，商务印书馆 1961 年版，第 253 页。

③ 邓正来：《关于“国家与市民社会”框架的反思与批判》，《吉林大学社会科学学报》2006 年第 3 期。

④ 《马克思恩格斯选集》第 1 卷，人民出版社 1972 年版，第 56 页。

谁先于谁，也无所谓谁高于谁的问题。“市民社会并不是一个独立的概念，它实际上更是在与国家的相对关系中获得其自身的规定性。”① 而国家也总是相对应于市民社会的需求而存在。或者说，市民社会总是在论说着国家合理存在的理由，也总是在监督与限定着国家的作用范围。着力于市民社会与公民国家之关系范围的不同认识，曾发展出不同的经济学理论，也发展出不同的国家形态说。如古典经济学理论主张经济的自由观，认为应该让市民社会的发展呈“自由放任”状态，遵循市场这只“看不见的手”的规律，而国家只需扮演“守夜人”的角色。与此不同的是，凯恩斯的“国家干预理论”则主张市场是无力的，不能解决资本主义的危机与失业问题，因而必须要依靠国家“这只看得见的手”的全面干预，以摆脱经济萧条和普遍失业的状态。总之，国家或市民社会的发展范围界定绝不是抽象的，而只能是二者相互动的结果，成熟的市民社会必然需要较小的国家干预，而纤弱的市民社会则必须要有强大的国家干预。

这正如福山所说的那样，“一个自由的国家最终必是一个有限责任的国家，政府的活动受到个人自由的严格限制，如果这个社会不想变成无政府状态或无法治理，那么在政府之下的各级社会组织就必须能够自我管理。……如果社会上的个人无法容忍彼此、尊重彼此，或是不遵守自己所制订的法律，那么他们就需要一个强政府来督导每个人的行为；如果社会成员不能为共同的目标而团结合作，就只好仰赖管家婆式的国家来为他们建立组织。”② 而近代国家之所以要因应市民社会的需求而承担起社会管理的职能，则是顺应历史发展的必然选择。在中世纪晚期，欧洲的教会在对人民进行精神麻痹的同时，也为人们提供了诸多的救助与帮助，实施着一定的社会管理职能，如承办结婚登记以及参与解决财产纠纷等。在跨过中世纪进入近代社会以后，新成立的公民国家为了取

① 邓正来：《国家与社会——中国市民社会研究》，四川人民出版社 1997 年版，第 125 页。

② [美] 弗兰西斯·福山：《信任：社会道德与繁荣的创造》，李宛蓉译，远方出版社 1998 年版，第 370—371 页。

代社会认同，不得不在传统的统治职能之外，主动承担起有关的社会管理职能。

此外，在契约所提供的这块“土壤”上成长起来的公民国家，也必然要贯彻着“三权分立”与“权力制衡”的思想。“三权分立”意味着立法、行政与司法权的三分，这就使行政权成为国家权力的一个重要组成部分；而“权力制衡”又意味着权力之间的多维度制约，行政权既要受到其他权力的制约，也制约着其他权力，这根本不同于专制统治下的单一的、自上而下的权力制衡方式。故而，在三权分立的近代国家中，行政权作为独立的权力，不能是服务于某个阶级的，而必须是独立的，是公共的，是以管理市民社会事务为主要职能的。同时，以契约为基础而成长起来的市民社会是市场经济的产物，为了满足市民的要求，近代国家也必须能够发挥如下的功能：保障交易双方社会地位的平等，具体交易时遵循等价交换原则，以及确保市场规则的被执行，等等。

三、统治行政向管理行政的转型

“近代以来，随着服务于统治目的的行政管理日益式微，出于管理社会公共事务要求的行政管理开始迅速成长。我们把这种历史趋势导向的行政管理成熟形态称做管理行政。”① 管理行政顺应了近代市民社会与公民国家分野的历史需要，不同于作为统治工具而存在的行政管理，或称为统治行政。在统治行政中，行政官吏总是要服务于专制统治的目的具有必然性，“由各等级产生的环节所具有的规定，必然和行政权从国王方面获得的规定相对立，因为君主要素和等级要素是两个对立的极端。正如国王通过行政权而民主化一样，‘等级’要素也必须通过自己的全权代表而成为君主的要素。”② 等级在这里所指代的是处在等级中的行政官吏，他们必然地要服务于君主的意志。然而，从前面的分析中，

① 张康之：《公共管理伦理学》，中国人民大学出版社 2003 年版，第 42 页。

② 《马克思恩格斯全集》第 1 卷，人民出版社 1956 年版，第 360 页。

我们已经知道，普遍的等级制与人身依附关系总是尽力地阻隔着行政官吏的自主性成长，把行政官吏陷于十分矛盾与尴尬的境地。而近代契约精神的泛化，为改变这种身份困境提供了历史契机。

契约中的自由合意与平等交易总是体现着人的独立意志与主体性地位。正如黑格尔所说的，“就人的意志说，导致人去缔结契约的是一般需要、表示好感、有利可图等等，但是导致人去缔结契约的毕竟是自在的理性，即自由人格的实在（即仅仅在意志中现存的）定在的理念。契约以当事人互认为人和所有人为前提。”① 这就要求人们必然是自由的。而就我们所了解的历史都表明，在近代社会以前的奴隶制与封建制国家中，人恰恰不是自由的，反而是普遍依附的。人们摆脱依附身份而取得自由身份的改变，是在城市化与工业化发展的过程中才得以实现的。“就城市的发展来说，基本的共同原则是：这些城市中心起源于同一个有原动力的和积极的因素，就是贸易。……城市自治社会的建立、资产阶级权力的扩大、城市法律的制定，这一切都是跟着城市社会的财富增长而来的。”② 而贸易经济发展所带来的这一切又都是要以“契约”为基础的结果，正是在这个意义上，我们说契约是近代社会的轴心，更是近代社会发展的动力源。

城市化、工业化的过程是经济与社会取得极大发展的过程，市民社会与公民国家都迅速地发展起来。汤普逊在《中世纪经济社会史》中曾经揭示出：中世纪晚期的城市生活中，贸易、市民与市政府成为城市生活的三种基本要素，而把这三种要素连接的形式也发展起来，“市民社会、专门性和暂时性行政委员会和一个常设的机关，这最后一项一向是政治性的，也是代表性的行政性的机关：执政官或参议会。”③ 这种城市生活与传统的农业生活具有很大的不同，人们不再是自给自足的，人们相互之间有着更多的、更经常的经济联系与社会交往。有时，甚至是

① ［德］黑格尔：《法哲学原理》，范扬、张企泰译，商务印书馆 1961 年版，第 80 页。

② ［美］汤普逊：《中世纪经济社会史》下册，耿淡如译，商务印书馆 1997 年版，第 421 页。

③ ［美］汤普逊：《中世纪经济社会史》下册，耿淡如译，商务印书馆 1997 年版，第 420 页。

完全陌生的人们之间也开始发生经济联系，社会的不确定性增多了，市民生活中总是会发生各种各样的纠纷，社会发展提出了管理的需求。正如马克思指出的，“一切规模较大的直接社会劳动或共同劳动，都或多或少地需要指挥，以协调个人的活动，并执行生产总体的运动——不同于这一总体的独立器官的运动——所产生的各种一般职能。一个单独的提琴手是自己指挥自己，一个乐队就需要一个乐队指挥。”① 如同大规模的劳动活动需要有自己的指挥一样，大规模的经济活动或社会活动，也必然需要自己专门的管理者。

然而，城市生活虽然提出了社会管理发展的必要性，却并不意味着统治者会自觉地交出统治权而退居幕后，所以，社会管理的职能取代统治的职能而占据主导地位是历史长期发展的结果，更是民众进行斗争的结果。在这一过程中，城市生活曾经产生了极大的推动力，由于城市的发展需要很多的劳动力，这为许多失去土地的农民提供了基本的生活来源，因此，城市总是采取各种措施促进农民地位的改善，如在欧洲中世纪晚期的城市中，就曾出现过提倡农奴解放，甚至会以出钱赎买的方式而让他们获得自由。同时，城市的自由生活也对受残酷统治的农奴或农民具有极大的吸引力，于是开始有许多农奴或农民开始逃往城市，做起了手工业或小商贩。封建主在开始时总是竭力地抵制城市化运动，鉴于巨大的社会压力与利益考虑，也为了防止更多的农奴逃往别处去，他们转而开始容忍，甚至促进城市化的发展。但是，必须指出的是，封建主从来都只是为了自己利益的目的而作出了改变。

这样，封建主摇身一变，就成了城市发展的推动者，以新的身份出现在市民社会之中，为了适应新的社会形势，他们也不得不采取新的统治面目与统治方式。另外，通过自由贸易而在城市化过程中富裕起来的人，也亟须保护自己的利益，并通过改善自己政治地位的途径，进一步获得更大的经济利益，于是，这些有产的新兴阶级到处都控制着地方

① 《马克思恩格斯全集》第26卷，人民出版社1974年版，第431页。

政府和地方贸易，并总是竭力地支持这种所谓的自由运动，借以通过充当大局主持者的方式来进一步提高自己的社会地位。因而，鉴于城市发展中的不可阻挡之势，各个阶层都表现出了迎合与顺应的态度。“城市的兴起，论过程，是演进的；但论结果，是革命的。长期的聚居、共同的利益和共同的经验终于在居民中间养成了一种强烈的共同意识；那反映在以和平方式要求领主，不论是男爵、主教或住持，承认城市为一个自治社会；如果这项要求被拒绝，就以暴力方式来反抗封建权力并要求宪章的自由。”①

顺应城市化发展的需求，行政管理迅速地发展起来。城市的发展与繁荣，往往通过城市人口的不断增长，以及不断增多的公共建设而表现出来，同时，城市的行政机构也日臻完善，它们总会拥有自己的行政官，市政厅，处理行政事务的公章，以及主要依靠法律来管理市民社会的国家等，而这些又标志着城市的独立性存在。在这个意义上，城市化为行政管理的发展提供了重大的契机，而城市化的进程又总是以“市”的发展为基础的。“明确地说，只要是自然经济关系在社会中占有统治地位，那就几乎没有可能形成强有力的、中央集权的官僚体制，形成稳定的、主要以和平手段进行工作的、并一直受到中央监控的统治机器。”② 只有在近代市场经济发展的条件下，依靠契约这个社会纽带，才形成了主要依靠法律的方式，而并非统治者命令的方式，来管理社会的行政体制。通过法律的中介，人们具有了双重的身份：在市民社会中以市民的身份出现，而在国家中则以公民的身份出现。

在城市化、工业化所引起的社会急剧分化过程中，国家自身的职能也发生了分化，不仅统治职能与管理职能之间有着显著的分别，而且政治与行政之间的混沌状态也被打破。国家除统治的主要职能之外，开始承担着越来越多的管理职能，而管理职能的承担又促进了政治统治与

---

① ［美］汤普逊：《中世纪经济社会史》下册，耿淡如译，商务印书馆 1997 年版，第 424—425 页。

② ［德］诺贝特·埃利亚斯：《文明的进程——文明的社会起源和心理起源的研究》第 2 卷，王佩莉译，生活·读书·新知三联书店 1999 年版，第 31 页。

行政管理之间的迅速分化。近代国家三权分立的体制设置中，政府专门承担着行政事务的执行这一点即是政治与行政相分化的制度体现。虽然，在这种分化的历史过程中，国家的统治职能与管理职能总是处在此消彼长的变化之中，即使在晚近时代，国家的统治职能还一直处于绝对的主导地位。然而，国家的管理职能才是顺应历史发展趋势的，且在总量上也是逐渐增多的，直到 20 世纪时这种量的积累终于导致了质变的发生，国家的管理职能开始上升到主导地位。与此相适应的，管理行政也突破性地替代了统治行政的主导地位，在社会治理领域发生了由统治行政到管理行政的转型。

第二节　公共行政领域的发展

一、管理与管理行政

丹尼尔·雷恩指出，“给管理下一个广义而又切实可行的定义，可把它看成是这样的一种活动，即它发挥某些职能，以便有效地获取、分配和利用人的努力和物质资源，来实现某个目标。”[①] 管理是社会生活中的普遍存在现象，对社会发展具有十分重要的作用。虽然在古代社会已经有了管理的实践，但却长期处于不自觉的发展状态。应该说，直到近代，管理才发展成为“我们这个时代和经济中的中心活动——一种强有力的和创新性的力量。我们社会的物质支持和国家福利依靠的就是这种力量，管理既是我们的经济进步的决定者，又是我们受过教育的人的雇主，又是我们各种资源的积聚者，又是我们有效政府的向导，又是我们的国防力量，又是我们的社会塑造者，管理是我们国家活动和个人活动的核心”[②]。管理作为社会分化的产物，必然朝着知识性与专门化的方

---

① ［美］丹尼尔·雷恩：《管理思想的演变》，孙耀君等译，中国社会科学出版社 1997 年版，第 2 页。

② ［美］克劳德·小乔治：《管理思想史》，孙耀君译，商务印书馆 1985 年版，第 3 页。

向而发展。

管理在历史上的发生十分久远，甚至可以说，在有人类群体活动的地方就会有管理的出现。但早期管理活动曾经长期地处于自发进行的过程中，管理完全在盲目地摸索中前进，很少发展出什么理论，更谈不上有什么管理理论的传播与交流。直到近代，伴随着城市化、工业化的发展，才为管理实践与理论提供了一次重大的发展机遇。以至于伴随着科学管理运动的发生，使管理对人类的经济生活与社会生活发生了从未有过的深刻影响。随着工业规模的不断扩大，人们不断地聚集在更大的工厂中，使得组织和效率的问题日益突出。在较大规模的工厂组织中，相比较于大量技术性工人的需要而言，更亟须大量有能力的管理者，需要他们的管理知识，需要他们去对工人进行管理培训，需要他们制定出严密的管理纪律，需要他们发挥出大规模生产的效率优势等。社会实践催生出自发管理到自觉管理的变化，人们开始更加关心管理，"人们还关心管理思想的交换和传播，管理人员已被认为是应受到某种程度尊重的人，而管理原则这一题材则从工业扩展到了课堂。管理终于成为一个专门的领域。"①

到了 19 世纪末 20 世纪初，资本主义各国的工业化进程大都得以实现。然而，"经营规模的扩大，信用制度、股份公司的建立和发展导致了所有权和经营权分离，现实中越来越需要管理职能的专门化。为了适应这种变化就需要建立有效的管理体制。"② 由于人们缺乏管理现代化大型企业的经验，劳动生产率增长缓慢，劳资关系愈益紧张，落后的经验管理方法在应对日益庞大与复杂的组织管理工作时显得捉襟见肘。于是，人们开始寻求制造技术和管理方法上的突破，这就是科学管理运动的到来。素有"科学管理之父"美称的泰罗在长期调查研究的基础上主张实施科学化的管理制度，指出科学管理的主要目的就是提高劳动生产

① ［美］克劳德·小乔治：《管理思想史》，孙耀君译，商务印书馆 1985 年版，第 103—104 页。

② ［美］克劳德·小乔治：《管理思想史》，孙耀君译，商务印书馆 1985 年版，第 77 页。

率，“使雇主实现最大限度的富裕，也联系着使每个雇员实现最大限度的富裕。”① 因而，雇主和雇员双方都需要进行一次精神上的革命，以建立起双方协调与合作的基础，从而在所有的共同工作中应用科学方法，达到“最大限度富裕”的管理目的。为此，他主张必须把科学方法应用于包括工人选择、工作决定，工作环境，工作激励与惩罚等一系列的管理环节之中，以便为每一类型的工人都挑选到能够使其成为“第一流工人”的工作。

泰罗的科学管理思想虽然具有较强的实践意义，却缺乏一般科学性。于是，在近代管理领域的独立化发展中，人们开始认识到管理的重要性，并自觉地开展管理活动，积极地探求一般管理的理论与知识。其中，法约尔就为一般管理理论体系的建立作出了重要的贡献。他认为，“在一切企、事业组织中，无论这些组织的规模是大是小，也无论它们是工业的、商业的、政治的、宗教的，还是其他方面的，管理都起着非常重要的作用。”② 他通过将管理与经营活动相结合的方式，分析了管理活动的要素，总结了一般管理所要遵循的原则。他指出，全部的经营活动可以分为：技术活动、商业活动、财务活动、安全活动、会计活动与管理活动，而管理活动，“就是实行计划、组织、指挥、协调和控制”③，并进一步提出了管理活动的一般性原则，如劳动分工，权力与责任，纪律，人员的报酬，统一指挥，统一领导，个人利益服从整体利益，等级系列，秩序，公平，人员的稳定，首创精神，人员的团结。这些原则成为其一般管理理论的“灯塔”，并据此发展出了直线式组织和参谋机构等组织理论，进一步拓宽了科学管理原理的领域，开创了组织研究的领域。同时，他还指出，由于大型组织的日益增加，越来越多的人需要接受管理能力的训练，“管理能力也可以像技术能力一样，首先在学校，

---

① ［美］F. W. 泰罗：《科学管理原理》，胡隆昶译，中国社会科学出版社1984年版，第157页。

② 转引自丁煌：《西方行政学说史》，武汉大学出版社 1999 年版，第 60 页。

③ ［法］法约尔：《工业管理与一般管理》，周安华等译，中国社会科学出版社 1998 年版，第 5 页。

然后在车间里得到”。[①] 因此，他强调要重视管理理论与管理教育的必要性，通过教育来培养人的管理能力。

尽管科学管理理论最初是针对企业管理所提出的，但是，它也同时促进了管理专业化的思想发展，并为管理行政的发展提供了理论指导。在科学管理运动兴起之后，一些行政学家也开始注重通过科学管理的方法来提高行政效率的问题。如果说，威尔逊所提出的“政治与行政”二分法为公共行政的领域化发展厘定了边界，奠定了行政效率追求的基调，那么，科学管理思想的引入，则使行政的效率化追求变为可能。尤其是泰罗的职位分类原则的引入与确立，代替了传统的品位分级制度，对文官制度的机构建设起到了非常重要的作用，也为文官的身份独立与政治中立奠定了可靠的基础。科学管理的思想也影响着公共行政学者的研究，当时的行政学者一般都信奉“经济和效率”是行政管理的基本准则，“他们将官僚制度及其组织和管理问题作为研究重点，力图通过研究发现行政管理的原则与规律。”[②]

正如张康之教授所说的，德国社会学家韦伯通过对正式组织的研究，在解决权威与合法性的问题中，提出了所谓的经典“官僚制”（或称之为“理想的行政组织体系”）理论，从而完成了有关行政效率化追求的宏观的组织体系建构。丹尼尔·雷恩也曾指出，“韦伯同泰罗十分相似。他们两人都认为，管理或行政管理意味着在知识的基础上行使控制。”[③] 在科学管理思想传播到德国的时候，韦伯正着力于探究如何使大型组织更系统化地发挥作用的思考，这就是理想的官僚制组织。根据韦伯的看法，他所谓的官僚制是效率最高的组织形式，在其内部存在着合理的分工，层级节制的权力体系，严格依照规程办事的运行机制等，其组织制度的设置表明，“官僚体制的行政管理意味着根据知识进行统治：

① [法] 法约尔：《工业管理与一般管理》，周安华等译，中国社会科学出版社 1998 年版，第 17—18 页。

② 丁煌：《西方行政学说史》，武汉大学出版社 1999 年版，第 75 页。

③ [美] 丹尼尔·雷恩：《管理思想的演变》，孙耀君等译，中国社会科学出版社 1997 年版，第 256 页。

这是它所固有的特别合理的基本性质。除了受专业知识制约的巨大的实力地位外，官僚体制（或者利用它的统治者）还倾向于通过公务知识，进一步提高其权力：在公务交往中获得的或者'熟谙档案的'实践知识。"①官僚制组织中的人员选用与管理都以专业知识为基础而展开，是具有合理性的组织，也必然是近代社会普遍存在的组织。"在所有的领域里（国家、教会、军队、政党、经济企业、利益集团、协会、基金会等等），'现代的'团体形式的发展一般是与官僚体制的行政管理的发展和不断增强相一致的。"②

官僚制组织理论的发展，浓缩了近代管理理论与实践的经验，把自觉的管理理论用于指导具体组织内部的管理实践，并在解决管理实践新问题的持续努力中，在促进管理理论不断发展的同时，获得更大的组织效率与效益。总之，透过近代管理思想与实践的变化，我们发现，管理是适应经济与社会发展的产物，管理的目的就是促成经济与社会的更快发展，而近代高度组织化的社会，则把进行组织管理的重要性发挥到了极致。在管理行政的领域化发展中，直到 20 世纪 60 年代，效率一直是其主要的价值追求，也是行政人员的主要价值取向。然而，管理作为领域分化的产物，其自身也在发生着不断的分化，这就是行政管理与一般私人管理的分化。因而，近代的管理行政总是遵循着一般管理的基本理论，致力于组织的效率化追求；而管理理论的发展也总能推动着管理行政的不断发展。同时，由于公共事务与私人事务之间的不同，"公共事业和私营企业的管理，在所有不重要的方面都是相同的。"③管理行政也总是会表现出不同于私人管理的特点，总是会拥有着效率以外的公共性追求，在这个意义上，管理行政也就是公共行政。

---

① ［德］马克斯·韦伯：《经济与社会》上卷，林荣远译，商务印书馆 1997 年版，第 250 页。

② ［德］马克斯·韦伯：《经济与社会》上卷，林荣远译，商务印书馆 1997 年版，第 248 页。

③ 彭和平、竹立家：《国外公共行政理论精选》，中共中央党校出版社 1997 年版，第 336 页。

二、公共性与管理行政

在行政管理的实践中，总会遵循着一般管理的要求，这说明管理具有普遍性的特点。其实，早在古希腊时期，苏格拉底就已经认识到管理普遍性的问题，主张“管理私人事务与管理公共事务仅仅是在量上的不同”，而管理的技艺总是相通的，如果一个人不能很好地管理他的私人事务，则他肯定也不能很好地管理公共事务。[①] 在中国的传统社会里，也流传着类似的管理普遍性思想，如“一屋不扫，何以扫天下”，“修身齐家治国平天下”等说法。而发生在20世纪末的新公共管理运动，则更是突出地强调了管理的这种普遍性特点，试图抹杀公、私领域管理之间的不同，并据此提出了以“企业家精神再造政府”的口号。然而，管理私人事务与管理公共事务的区别绝不“仅仅是在量上的不同”，管理不仅具有普遍性，而且具有特殊性。管理是随着社会分工、领域分化所发展起来的一项具有极强专业性的工作。在公私领域分化的前提下，管理行政不仅是管理的，更是公共的，因而，公共事务的管理与私人事务的管理之间的不同会远远大于二者的相似之处。

其实，正如张康之教授所说，哪怕是在社会的混沌状态中，作为政府基本职能的行政管理，已经具有某些不同于一般管理或私人管理的特征：“(1) 有着相对固定的行政等级序列；(2) 有着相对固定的行政管理人员；(3) 有着相对稳定的自上而下的行政授权；(4) 最为根本的还是出于社会的长远利益或根本利益。”[②] 应该说，行政管理与一般私人管理之间的不同根源于公共领域与私人领域的根本性差别。因此，管理行政作为公私领域分化的产物，公私领域分化的历史前提注定了其与私人管理之间存在着根本的不同，管理行政的实践也就体现在其公共性不断增强的发展之中，也体现在其与私人管理之间的区别不断扩大的变化之中，在管理领域的独立化发展中，随着公共领域与私人领域的分化，

---

① 参见郭咸纲：《西方管理思想史》，经济管理出版社1999年版，第14页。

② 张康之：《公共管理伦理学》，中国人民大学出版社2003年版，第42页。

公、私事务管理之间的不同也会越来越明显。故而，在农业社会的诸领域混沌状态中，国家的管理职能长期地依附于统治职能而存在，在有限的公共事务的管理实践中，也更多地强调着管理的共性。直到近代，管理行政取代统治行政而发展起来，并在公共性的不断增强的追求中，沿着公共行政的道路迈进。

公私领域的分化是近代社会的成就，伴随着市民社会的发展而得以发生。“市民社会是私人生活的承载体和空间，但是，当私人生活出现的时候，公共生活也就开始了。私人生活和公共生活是近代以来的社会生活的两个‘共在’的方面。”① 可以说，市民社会的出现标志着私人生活的开始，而私人生活的出现，又意味着公共生活的开始。正如黑格尔所指出的，“市民社会是在现代世界中形成的”②，是随着近代资本主义市场经济的发展而形成的，独立于公民国家的私人自主领域。由于市民社会的发展，才真正有了私人生活与公共生活的分别，也才正式出现了公共领域与私人领域的分化。在这个意义上，哈贝马斯指出，“对于我们的讨论来说，国家与社会的分离是一条基本路线，它同样也使公共领域和私人领域区别了开来。”③ 基于公共领域与私人领域相分化的前提，才出现了公共性的问题，才产生了管理行政不同于私人管理的公共性追求。

在近代以前的社会中，虽然还没有近代意义上的公、私差别，但人们却早在社会的混沌状态时已经拥有了公与私的意识或观念。在中国传统社会中，早在西周时期，已经有了用于表示人的身份或事物的“公”与“私”，如“公族”、“公田”、“公廷”、“公事”，或是“私属”、“私家”等用法。然而，公与私脱离开具体的物指或事指，并发展出抽象意义的社会价值，具有“道义”的意涵，则是在井田制这种公田被破坏后。伴随着土地的私人占有而发展起来的私有观念，破坏了原有的经

① 张康之、张乾友：《从共同生活到公共生活》，《探索》2007 年第 4 期。

② 黑格尔：《法哲学原理》，范扬、张企泰译，商务印书馆 1982 年版，第 197 页。

③ [德] 哈贝马斯：《公共领域的结构转型》，曹卫东等译，学林出版社 1999 年版，第 35 页。

济结构，动摇了旧有的统治基础，使人们开始以极大的热情投入经济利益的追求之中。然而，人们在摧毁旧有秩序的同时，彼此间的利益冲突又导致了新的社会无序。为了解决社会混乱的状况，达到重建社会公义的目的，涌现出许多经典的有关公、私观念的论述，这就是诸子百家的理论争鸣时代的来临。当时的许多思想家把私看作是万恶之源，如孔子提出的“君子喻于义，小人喻于利”，[①] 墨子提出的“举公义，辟私怨”[②]，荀子所提出的“君子能以公义胜私欲也”[③]，还有《吕氏春秋》中的《贵公》与《去私》篇等都论说了“立公灭私”、“崇公抑私”的主流意识，是历史上较早论述如何正确处理公义与私情关系的见解。

然而，公与私在传统社会中并不具有当然的相对立关系，“大公灭私”只是在传统社会中所发展起来的一种价值观念。也就是说，在具体的事物指代上，公与私是可以并举的，如在日本的传统社会中，用来指称一家一户的“私”，与表示社会、公司以及官属的“公”分属各自不同的领域，都是被承认、被肯定的。[④] 公与私只是相对“大”与相对“小”之间的不同。另外，在脱离开具体的指代关系，具有了道义的内涵——如公道、公义等，去表征公与私的抽象含义时，经过“褒贬扬抑”的价值评判时，公与私又不可能是并举的。正如某些学者所指出的那样，中国的公私观是道义上的公私相对。“即由朝廷、国家这种共同体的‘公’，发展为政治、道德领域的‘公’”[⑤]；其核心意义乃是，“公，平分也”与“自环者为私”中的“平分”与“自环”[⑥]，继而发展出“崇

① 《论语·里仁》。

② 《墨子·尚同》。

③ 《荀子·修身》。

④ 刘畅：《中国公私观念研究综述》，载刘泽华、张荣明等：《公私观念与中国社会》，中国人民大学出版社2003年版，第384—386页。

⑤ 刘畅：《中国公私观念研究综述》，载刘泽华、张荣明等：《公私观念与中国社会》，中国人民大学出版社2003年版，第385页。

⑥ 刘畅：《中国公私观念研究综述》，载刘泽华、张荣明等：《公私观念与中国社会》，中国人民大学出版社2003年版，第367页。

公抑私”的主张；而日本的公与私是具体事物指代层面的，没有发展出道义层面的“崇公抑私”的主张。

公与私虽然不一定是相对立的，但却必然是相对应的，无所谓公的观念，则无所谓私的问题。正是在西方的城市化发展中，人们有了私权利的主张与要求，有了私生活的概念，才产生出公共生活的范畴。在近代，我们所说的私有是个特定概念，即人们对某物（包括具体的物和抽象的物）享有完全的权利内容，享有充分的处分权利，其权利行使是受到国家法律保护的，其他任何人不得随意剥夺与侵犯等，而公有则是基于私有而发展起来的概念。然而，在传统社会时期，从来没发展出确切的私有概念。正如张康之教授所指出的，传统社会中公与私的差别主要还是“大”与“小”的区别，表现为人群集合规模的大小，以个人生活为中心的价值取向就是私，而以集体生活为中心的价值取向就是公。囿于公私领域不分立的事实限制，人们并没有发展出确切的私有概念，所谓的私有是不完全的，又是不确定的。或只是使用，或只是占有、抑或者只是支配，但私有的权利内容总是不充分的，始终不享有最关键的处分权，如不能在最终的意义上决定其权利归属。同时，私有的范围又是不确定的、不是被公认的，因而总是多变的。

至此，我们可以看出，公私观念的分化是有历史源头的，在公私观念的历史演化中，不仅存在着古今的不同，而且存在着中西的不同。与此相应的，公共领域与私人领域的分化，以及政府的公共性追求都是历史的产物。正是看到了公私领域分化的历史连贯性，哈贝马斯在研究公共领域的出现时，才把古希腊的城邦生活纳入古代公共领域的视阈加以考察。古希腊的广场，集中反映了当时的城邦生活状况，广场不仅仅是商品交易的市场，也是城市政治生活、宗教生活以及文化生活的主要场所，集中体现了当时人们的群体性或集体性生活。但正如张康之教授等在《从共同生活到公共生活》一文中所指出，古希腊的城邦生活还不属于公共生活的范畴，只是一种体现古代“公”观念的共同生活。其原因就在于，“公共性”是有着特定含义的，是在近代社会才开始使用的，

“公共性本身表现为一个独立的领域，即公共领域，它和私人领域是相对立的”。[①] 因而，哈贝马斯虽然把城邦生活纳入“公共生活”的历史考察视野之中，但只是在宽泛的意义上使用，是为了说明要研究现代公共生活的演变轨迹，是可以从古代的共同生活中寻找历史源头的。

根据哈贝马斯的论述，公共领域最突出的特征，就是在阅读日报、周刊、月刊评论的私人当中，形成了一个松散但又开放的交往网络。人们通过私人社团、学术协会、阅读小组等自发地聚集起来，在剧院、音乐厅、咖啡馆等公共空间进行娱乐和对话。随着“这些早期公共领域逐渐沿着社会的维度延伸，并且在话题方面也越来越无所不包：聚焦点由艺术和文艺转到了政治”[②]。因而，公共领域必然包含着文学公共领域与政治公共领域。“政治公共领域是从文学公共领域中产生出来的；它以公众舆论为媒介对国家和社会的需求加以调节”[③]，使公共领域成为沟通市民社会与国家的媒介，而公众舆论又使公共领域的批判功能得以实现。应该说，舆论发展成为公众舆论的经历是颇费周折的，原因就在于，公众舆论与舆论是不同的，所指的是“有判断能力的公众所从事的批判活动”。[④] 即通过话语产生出一种交往权力，影响着政治意见和意愿的形成，保持着公共交往的理性。“公众舆论是社会秩序基础上共同公开反思的结果；公众舆论是对社会秩序的自然规律的概括，它没有统治的力量，但开明的统治者必定会遵循其中的真知灼见。”[⑤] 正是在这个意义上，哈马贝斯的公共领域具有‘公共性’的内涵。

正是由于近代公私领域的分化，才正式提出了“公共性”的问题，即“任何一个国家都会有着同样的经历，只要它走出农业社会，进入工业化的进程中，它的公私领域、公私部门就必然会走向分化和分立的不

① ［德］哈贝马斯：《公共领域的结构转型》，曹卫东等译，学林出版社 1999 年版，第 2 页。
② ［德］哈贝马斯：《关于公共领域的答问》，《社会学研究》1999 年第 3 期。
③ ［德］哈贝马斯：《公共领域的结构转型》，曹卫东等译，学林出版社 1999 年版，第 35 页。
④ ［德］哈贝马斯：《公共领域的结构转型》，曹卫东等译，学林出版社 1999 年版，第 108 页。
⑤ ［德］哈贝马斯：《公共领域的结构转型》，曹卫东等译，学林出版社 1999 年版，第 113—114 页。

归路。结果，也就会把公共性的问题提出来”①。政府作为拥有公共权力的机关，具有“公共性”的属性，不能成为社会中某一部分的代表，而是必然代表着所有的社会主体。为了保证政府的这种公共性，就要求用管理行政取代统治行政；而公共性的追求又决定了管理行政必然具有不同于一般私人管理的属性。一方面，管理行政的发展，基于公私领域的分化的前提；另一方面管理行政又确立并不断地强化着公私领域分化的基本秩序。总之，政府的公共性是一个逐渐生成的历史过程，管理行政追求公共性的道路并不是平坦的，管理行政过渡到公共行政是一个此消彼长的过程。这是因为，公共性的问题虽是一个历史发展的范畴，然而也是一个主观选择与自觉建构的过程，即在管理行政的阶段，政府只有积极追求公共性的不断增强，不断完善相关的规则体系，才能朝向公共行政的目标迈进。

三、科学化与近代公共行政的发展

正是科学的进步，使人们脱离了愚昧无知的懵懂状态，摆脱了缺衣少穿的贫乏的物质生活，促成了人类思想的解放。科学化不仅满足了近代管理发展中日益增强的专业知识性要求，而且为政府职能行使的有效性提供了充分的保证，满足了社会日益增长的公共性需求。由此可见，科学化促成了管理专业化的实现，保证了管理行政的公共性的追求，从而在最终的意义上，促成了近代公共行政领域的发展。就科学化对公共行政的重要性而言，学者古利克曾经指出，科学方法是一种“以能力取代无知、以专业人员取代非专业人员、以专家取代杂而不精者、以日益加剧的分化和专门化取代华而不实、以素有训练的行政人员取代无素的新手”②的途径。回顾近代以来的现代化过程，我们会发现，所谓现代化就是科学化。科学化正在成为人类生活中的一个绝对焦点，而

① 张康之：《公共行政中的哲学与伦理》，中国人民大学出版社 2004 年版，第 37 页。

② 转引自丁煌：《西方行政学说史》，武汉大学出版社 1999 年版，第 121 页。

“科技热”、“信息化”的不断升温，以及管理科学化，科学管理的实践都在向世人反复地验证着这一命题的真实性。故而，在公共行政的发展历程中，无论是西方的文官制度，以及经典的官僚制组织等体制设计中，还是公共行政的效率化追求，都无处不闪烁着科学理念的光辉。我们完全有理由断言，科学化有力地促进了公共行政的发展，近代公共行政的发展就是一个彻底科学化的进程。

行政管理同其他管理一样是历史悠久的，但是，由于缺乏系统化的研究，早期的行政管理思想还是支离破碎的，直到伴随着近代建立起行政管理的学科，才开始了系统的理论研究。美国前总统威尔逊曾于1887年在《政治学季刊》第二期上发表了《行政学研究》一文，开创了公共行政学的研究。他提出，“任何一门实用科学，在没有必要了解它时，不会有人去研究它。”并把行政学研究的目标定位于，“首先，政府能够适当地和成功地进行什么工作。其次，政府怎样才能以尽可能高的效率及在费用或能源方面用尽可能少的成本完成这些适当的工作。”① 在这里，威尔逊把行政科学研究的目标直接指向了行政技术与方法，为近代行政学研究定下了科学化的基调。古德诺则通过“政治是国家意志的表现，行政是国家意志的执行”，明确表述了把行政定位于执行者的观点，而执行者的使命就是要致力于行政技术与方法的改进，沿着行政科学化的道路前进。早期公共行政学者所提出的政治与行政二分法成为行政科学化的理论基石，有力地佐证了近代公共行政发展中的科学化主题。

应该指出的是，公共行政学诞生于19世纪末20世纪初的美国，而后才迅速的蔓延到西方各国。其原因就在于，当时的资本主义国家在发展中遇到了前所未有的难题。一方面，随着第二次科学技术革命的完成，生产技术发生了重大的革新，西方各国相继进入垄断资本主义阶段，而美国就是一个典型的垄断资本主义国家，其经济发展与政府职能

① 彭和平、竹立家:《国外公共行政理论精选》，中共中央党校出版社1997年版，第1页。

行使之间的矛盾冲突也尤为尖锐，这就使行政管理活动变得日益重要。另一方面，原有的行政管理方法已经不足于胜任新时代的工作要求，政府职能的扩大越来越要求政府管理的高效率，这就迫切需要产生一门行政管理的新科学，用于指导政府能够在新时期更好地工作。另外，启蒙思想家的“三权分立”学说，为行政学独立于政治学的发展奠定了理论基础，而科学管理运动的发生，即把科学技术运用到管理活动中的实践，则最终推动了公共行政学研究的兴起。

在 20 世纪的行政学理论发展中，管理的科学化与专业化理论总是位处核心。然而，公共行政的科学化进程，绝不会停留在公共行政学理论研究的层面，而是深刻地体现于公共行政的各项体制设计之中。正如学者怀特所指出的，科学技术对行政管理的发展作出了重要贡献，“不仅改革了行政的设备，而且改革了行政的任务，科学已经为行政目标的确定提供了有益的启示。”① 在科学化的道路上，行政人员的素质首先受到了挑战。“政府职能的迅速发展需要一支清明、廉洁、高效率和高素质的公职人员队伍。现实的情况却是政党分肥制带来的冗员充斥、素质不高、管理混乱、效率低下，公共资金浪费巨大，以致贪污腐化在政府中蔓延和盛行”②，社会现实要求进行文官制度改革。为了建立起一支保持政治中立，具有专业能力特长的文官队伍，英国政府进行了吏制改革，并连续通过两个《枢密院令》的形式，正式实行了偏重公务员能力的考试任用制，基本上确立起英国的文官制度。美国为了改变政党分肥制所造成的混乱局面，也于 1883 年通过了《调整和改革美国文官制度的法案》，即《彭德尔顿法》，确立了竞争择优的文官制度。这次文官制度改革迅速地扩展开来，至第一次世界大战结束时，西方各国大都完成了文官制度的改革，确立起科学化的公务员制度。

在韦伯的经典官僚制组织中，文官制度改革的成果则进一步得以

① ［美］怀特：《行政学概论》，刘世传译，商务印书馆 1947 年版，第 15 页。

② 薛冰：《历史与逻辑：公共性视域中的公共管理》，中国社会科学出版社 2006 年版，第 174 页。

充实并被无限地放大。韦伯把官僚制组织视为理想的行政组织体系，在这种组织中，明确地划分组织成员的职责权限，实行层级节制的权力体系，实行非人格化的组织管理，要求组织成员严格依照有关规程去办事。高度的组织分工与明确的职位职责必然要求组织成员拥有专业化的技能，因而，官僚制在实践中的发展，直接导致了政府部门专业管理人员与各业务部门中专家人数的增加。在迄今为止的公务员职位类别中，专业技术类公务员的数量稳增不降就是一个明证。同时组织作为一个专业分工协作的体系，必然地遵循着科学化原则，不仅要为各个部门制定出稳定且具有科学性的技术规范，而且要为各个组织成员制定出详细且具有可操作性的职位要求与职责标准。由于组织总是处于不断变化的社会环境之中，因而，组织又必须不断地作出技术调整，重新制定出组织规范，并为组织成员提供持续不断的专业培训。

正是在这个意义上，学者沃尔多指出，公共行政的发展是个历史的范畴，行政的发展总是与人类文明的进步密切联系在一起，对社会发展发挥着某种积极的作用，而“历史的重要一课就是告诉我们行政的技术与方法处在政治——政府发展的中心”①。其实，在近代的社会发展中，科学化在社会各领域的发展中都是首要原则，原因就在于，科学化所带来的专业化与理性化，能够保证较高的工作效率，从而保证社会的高速运转。即“社会分工提高了熟练程度，节约了时间，成为劳动效率提高的主要原因。每一个人都变得对他自己的那部分工作更加内行，整个说来完成了更多的工作”②。在科学化的道路上，一方面，通过行政技术与方法的运用，保证了政府的高效运转，提高了政府职能的有效性，从而促进了社会的更快发展；另一方面，行政自身也得益于科学化而迅速地扩张与发展，完成了从统治行政到管理行政的转型，建立起科学的行政体系、行政制度及行政规范，致力于追求公共行政的科学化。

---

① 丁煌：《西方行政学说史》，武汉大学出版社 1999 年版，第 232 页。

② ［英］亚当·斯密：《国富论》，杨敬年译，陕西人民出版社 1999 年版，第 10 页。

虽然科学化带来了效率的极大提高，带来了近代工业化的高速发展，产生了现代文明。然而，由科学化追求所带来的专业化与理性化，如果缺乏必要的限制也会导致新的发展困境，所以，理性化与专业化都是要适度的，科学化不能是片面的，而是要与其他方面的发展协同共进的。“在人类事务中，完全的理性不是恰当的正确目标；一个一切都是有条理的和可预见的，没有自发性的行为、惊奇和感情波动的余地的世界，不是一个理想的世界。”① 过度的技术理性无视人的主体性，把人视为高速运转着的机器上的一个零件，从根本上背离了科学化的精神，只会走向科学化的反面。因而，“管理行政的科学化仅仅是形式上的科学化，是所谓‘由天才设计而由傻瓜执行’的科学化”②。然而，过度的专业化也存在着很大的风险，换成学者古立克的说法就是，科学“专长”是具有潜在危险的，“我们所面对的是一些对越来越少的事情了解得越来越多的专家，专家可能会假定自己比老百姓更了解他们的需要，而且专家还会宣称对其并不擅长的领域也具有知识和权威。”然而，在近代的社会领域分化中，科学化毕竟发挥了重要的作用，促进了公共行政的发展，使公共行政抛开政治价值的追求，而专心致力于纯粹行政知识和技术的进步，满足了日益增加的行政需求。

第三节　行政人员的角色、行为与责任

角色不同于人们在传统社会中的身份，身份相对于角色而言，具有混沌的性质，而角色作为近代社会领域分化的产物，则集中体现着领域分化的要求。在领域分化的社会中，人们往往集数种角色于一身。比如，一个拥有农民身份的人可以在不同的时间、地点或场合扮演着无数

① 彭和平、竹立家：《国外公共行政理论精选》，中共中央党校出版社 1997 年版，第 198 页。

② 张康之：《公共行政中的哲学与伦理》，中国人民大学出版社 2004 年版，第 276 页。

个角色：在儿女面前，他是父亲；在妻子面前，他是丈夫；在父母面前，他是儿子；在村委会里，他是村长；在外出务工时，他是雇工等。在高度组织化的社会中，角色正在成为分析社会结构与功能的一个重要视角。“对组织结构较为常见的研究，是通过分析组织的成员和他们在组织发挥作用过程中所扮演的角色来进行的。例如，我们通常认为组织具有某种‘管理部门’或‘行政机关’——为组织事务履行某种职责（一般简称为‘政策制定’或‘决策’）的群体。”① 总之，在近代社会里，角色主要用以标明一个人在特定社会关系中的较为固定的地位，所拥有的高度一致的、规范化的行为模式，以及相对明确的社会责任承担等，这对于理解人们纷繁复杂的社会行为具有十分重要的意义。

一、作为专业执行者的行政人员

公共行政作为近代社会的产物，必然地遵循着领域不断分化的轨迹而发展。在领域分化的社会里，一个人往往集数种不同的角色于一身，因而，公共行政的从业者不仅承担着行政人员的角色，与此同时，还会在其他的社会关系中扮演着相应的角色。一方面，职业角色的出现顺应了近代科学化发展的潮流；另一方面，职业角色又为近代社会的发展提供了强有力的保障。正如社会学家涂尔干所指出的，“群体越紧密的凝聚在一起，个体之间的联系就越紧密、越频繁，这些联系越频繁、越亲密，观念和情感的交流就越多，舆论也越容易扩散并覆盖更多的事物”②，地域团体与职业团体等次级团体肩负着重要的社会责任，成为近代民主制度生成与反思的重要维系。总之，职业角色必然是与其他的私人角色不同的。“这种社会或多或少地实现了城市化和工业化，其最显著的结构特征是具有专业化功能的极为庞大的组织（通常被称为‘科层’）的兴起。在角色层次方面，这些组织是由较为纯粹的‘职业的’

---

① [美] T. 帕森斯：《现代社会的结构与过程》，梁向阳译，光明日报出版社 1988 年版，第 19 页。

② [法] 爱弥尔·涂尔干：《职业伦理与公民道德》，梁敬东、付德根译，上海人民出版社 2000 年版，第 10 页。

角色组成。这些角色在职的地位和职责是与他们本人在房屋、亲属、财产等方面的‘私人的’事务完全分开的。”①

相较于私人角色，职业角色大量地成长在近代科学化的进程中，职业角色总是与强调能力特长的专业工作相联系，有着相对独立的价值追求，独立承担着特定的社会责任。在论说近代社会的发展过程时，吉登斯曾把它概述为“脱域化”的过程，并指出，在“脱域化”的过程中，由科学化导致了大量职业群体的出现，这些专业人士无论在经济发展中，还是在政治发展中都发挥了十分重要的社会作用。“由技术成就和专业队伍所组成的体系，正是这些体系编织着我们生活于其中的物质与社会环境的博大范围。绝大多数非专业外行仅以不定期的间断方式去咨询律师、建筑师、医生以及其他‘专业人士’。但是融专业知识于其中的这些体系却以连续不断的方式影响着我们行动的方方面面。”② 在适应管理知识和管理技能逐渐提高的趋势中，在满足社会公众不断增长的行政需求时，社会造就了训练有素的“专业执行者”——昭示着行政人员这种职业角色的产生。在公共行政的发展中，为了保证行政人员这种职业角色的专业性，为了始终拥有不同于其他私人角色的纯粹性质，主要基于政治与行政二分的理论预设，把行政人员定位于“专业执行者”的职业角色，专注于行政技术与方法的提高。

在这种“专业执行者”角色的实现过程中，行政人员被要求是经过正规训练的、拥有专长能力的；在工作中是非感性的、具有完全理性的；还要求是政治中立的、是祛除价值巫魅的，为此，韦伯提出了官僚制的组织模式。官僚制是基于政治与行政二分的理论预设所提出的组织设计，为公共行政开辟了科学化、技术化的现实路径，因此，“韦伯的工作可以被看作是对现代公共行政范式的确立”。③ 官僚制正在成为理解公共行政的核心与关键，所以，在公共行政的理论研究中，无论是出

① ［美］T. 帕森斯：《现代社会的结构与过程》，梁向阳译，光明日报出版社 1988 年版，第 2 页。

② ［英］安东尼·吉登斯：《现代性的后果》，田禾译，译林出版社 2000 年版，第 24 页。

③ 张康之：《寻找公共行政的伦理视角》，中国人民大学出版社 2002 年版，第 33 页。

于批判或是出于赞扬的目的，人们都要围绕着官僚制的主题发表建议；在公共行政的实践中，无论是出于改善还是摒弃的理由，人们都要围绕着官僚制的问题而展开工作。

在官僚制的非人格化管理体制下，“专业执行者”往往会被扭曲为“高级执行工具”。正如学者弗朗西斯和斯通所指出的，“官僚制这一术语是指一种组织形式，它特别适合于在大型组织中维持稳定性和效率”。[①] 然而，官僚制虽是一个强调知识和技术的权威体系，但更是一个严密的自上而下的控制体系。在官僚制的知识与技术体系中，在推进社会发展的过程中，人被形形色色的技术控制着，成为最不重要的要素。高度程式化的工作在保证官僚机器高速运转的同时，也严重地扼杀了行政人员的感情与创造力，使他们在日复一日的忙碌中逐渐变得头脑迟钝，感情麻木，好似行尸走肉般，从而使官僚制完全走向了科学化的悖论，使行政人员完成了从“专业执行者”到“高级执行工具”的历史蜕变。正是在这个意义上，人们不仅会自觉地把官僚制与韦伯的名字联系在一起，而且会把官僚制与官僚主义、官僚作风等低效率联系在一起。

但是，正如韦伯所指出的，官僚制具有处理大规模的、复杂事务的独特能力，官僚制在现代工业社会是不可或缺的，“文官的独裁正愈演愈烈”。[②] 同时，由于“人们的个性从来不可能如此完全地纳入到其角色中去。人们作为个人进入组织，他们希望通过工作场所的社会交往、发挥工作技能和对工作过程的一定程度的控制、被当作‘一个人’而不是被当作为一个没有个性的角色扮演者来对待，以寻求满足个人的需要和期望”[③]。在“专业执行者”的角色被异化为“高级执行工具”的同时，必然会提出新的改革契机。另外，西方早期行政学者所坚持的政治与行政二分的观点，无论在理论上还是在实践上都存在着很大的问题，

---

① 转引自［英］马丁·阿尔布罗：《官僚制》，阎克步译，知识出版社1990年版，第80页。

② ［英］戴维·毕瑟姆：《官僚制》（第二版），韩志明、张毅译，吉林人民出版社2005年版，序言第1页。

③ ［英］戴维·毕瑟姆：《官僚制》（第二版），韩志明、张毅译，吉林人民出版社2005年版，第9页。

政治与行政是相互关联而无法严格区分的。或者说，政治与行政的关系是公共行政发展中的一条主线，一方面，在保持专业领域化的发展方向层面，行政必须坚持相对于政治的中立性；另一方面，在区别于其他的职业角色或私人角色的层面，行政又表现出与政治的密切联系性。

在 20 世纪 30 年代以后，行政学界逐渐地放弃了政治与行政严格二分的观点。学者西蒙在《行政行为：行政组织决策过程的研究》中明确提出，决策与执行都是遍及整个行政过程的行为，广义的决策同管理具有相近的含义，因而，政策与行政都是必然地包含着价值因素，行政人员绝不可能是价值中立的"专业执行者"，而是具有复杂心理与价值考量的"行政人"。学者沃尔多也提出，"效率概念本身就充满着道德含义，因为对'技术效率'的追求可以转变为对'社会效率'的追求。……尽管效率本身不是价值，但是效率只有在自觉持有的价值观念框架内才是有用的概念。"① 因而，作为"专业执行者"的行政人员，在考虑效率的对象时，也难免不得不去进行价值判断。新公共行政学者则在全面反思与批判"传统效率观"的基础上，认真界定了"公平"的价值，立足于现实社会问题的解决，主张民主的、入世的新公共行政，强调培养德才兼备的行政通才。

理论与现实的困境都迫切要求进行一场行政改革，改变传统文官制度中的"专业执行者"困境。在 20 世纪六七十年代，在世界上最早确立近代文官制度的国度——英国和美国，又先后发生了一场文官制度改革，新的改革措施被采取以替代"严格政治中立"的局面。如在英国，根据 1978 年的一个调查委员会的调查结果，对政治活动的限制只对极少一部分富有政治敏感性的工作适用，然而在实践中，这种严格限制的适用范围被扩大了，不仅适用于同大臣接触较多，而且也适用于和公众接触较多的官员。故而，政治中立的情况开始发生变化，在不影响"文官中立"的声誉以及与官方职责不发生冲突的条件下，参加地方政

---

① 转引自丁煌：《西方行政学说史》，武汉大学出版社 1999 年版，第 222 页。

治活动，现在一般都能获得批准。① 美国则于 1978 年通过了文官制度改革法，改革的最主要一项内容就是把大约八千名司局长以上的常任文官单独组成“高级文官班子”，使那些有经验的职业文官能担任高级的政治性职位，使上层分子在一定范围内受到执政党和政务官的控制。张康之教授把美国高级文官所扮演的这种角色形象地称为“联络员”，以区别于严守政治中立的传统文官，意味着高级文官不再是政治中立的，但又是与政务官不同的，联络员的角色主要表现为在传统文官与政务官之间搭起了一座沟通与交往的桥梁。

由于六七十年代这次文官制度改革的不充分，政府中大量存在的行政管理不善的问题未能获得有效地解决，加之财政危机、社会不信任性问题的广泛存在，社会正酝酿着一场更大规模的政府改革。在这次改革中，行政效率再次成为首要的关切点，但却有意地跳出了政治与行政二分的思维框架，不再去讨论是保持完全的政治中立，或是适当地引入政治价值的问题，而是极力地宣扬管理所具有的普遍性，认为当前政府工作中最重要的问题是向管理要效率。如布坎南等公共选择学派的学者所指出的，政府工作机构低效率的主要原因在于缺乏竞争机制，为此，只有在公共部门恢复竞争择优的原则，才能达到改善官僚体制运转效率的目的。在这场新公共管理运动中，倡导运用一切可利用的提高管理效率的技术与方法，把行政人员定位于“管理者”，甚至降同于“一般管理者”，是受自身利益驱动的理性“经济人”。如奥斯本在《改革政府——企业精神如何改革着公营部门》一书中主张，政府的中心工作是“掌舵”，行政人员的角色就是“掌舵者”或“舵手”，而不是“事必躬亲”。“官僚制组织也不是政府提供商品和服务的唯一方式，……政府也可以通过补助金、管制或合同形式进行间接运作，而不一定成为直接提供者。”② 为了达到掌好舵的目的，可以广泛利用“授权”、“目标控制”、

① 龚祥瑞：《英国行政机构和文官制度》，人民出版社 1983 年版，第 80 页。

② ［澳］欧文・E. 休斯：《公共管理导论》，彭和平等译，中国人民大学出版社 2001 年版，第 2 页。

"投入产出"、"市场竞争"等私人部门的技术与方法，发挥"促进者"或"帮助者"等角色功能，去引领、督导社会的健康发展。

在新公共管理运动蓬勃开展的同时，面对官僚制所造成的政府不效率，也有许多学者主张通过在政治与行政二分的框架内加大行政工作中的价值考量，去提高官僚制的灵活性与应变力，以应对日趋复杂的社会需求。提出了"服务者"、"有代表性公民的管理者"，"领导者"等新的角色论断，要求行政人员不能只是沉湎于具体的事务执行性工作，而应该拥有更高的价值追求；在工作中要有责任心，着力于不断地提高自身的代表性。如新公共服务理论主张，公民不能等同于顾客，顾客的作用只是局限于提供服务的需求、消费与评价，而在新公共服务中，"公民和行政官员共同承担责任并且一起为执行项目而工作。在这个过程中，公民对政府有了更多的了解，而且政府也对公民有了更多的了解。"① 在这种新的角色中，不仅要求行政人员具有专业素养，而且更看重行政人员的领导才能，要求他们富有战略眼光，勇于承担职业重任，积极地追求公共价值，有着娴熟的协调冲突与处理纠纷的能力。总之，行政人员的"专业执行者"角色作为一个历史范畴，也必然会发生着历史的变化。比如，为了适应社会需求的变化，有时会更注重管理效率，有时会更注重政治考量；有时会更强调技术内容，有时会更强调价值内容；有时会更突出领域的独立性，有时会更突出领域间的借鉴。

但无论如何，"专业执行者"都会是公共行政时期对行政人员角色的一个基本定位。其原因就在于，这种角色定位本身代表了一种历史进步，顺应了近代领域化发展的要求，"职业化的公共服务是一种获得效率、个人权利与回应性官僚制的很好方法。……公共机构理性化地安置职员与公平地对待员工是维持有效率的工作和职业化的公共服务的最好

① ［美］珍妮特·V. 登哈特、［美］罗伯特·B. 登哈特：《新公共服务：服务，而不是掌舵》，丁煌译，中国人民大学出版社 2004 年版，第 111 页。

方法。”[①] 相比较于黑格尔对官僚的“公仆”定位，“专业执行者”的角色体现的是一种职业价值；相比较于其他私人角色而言，它承担着独特的民主功能；相比较于其他职业角色而言，它承担着公共的事务。如果说，在公共行政的发展中，为了适应更加复杂的、不确定性的时代需求，需要对“专业执行者”的职业角色进行改变，那么，其变化的底线就是，仍需要保留其专业性以保障其职业角色的存续，更加强调行政执行中的专业技能；同时，也需要保留一定的中立性以更好地实现其公共性追求，坚守着行政职业领域的独立信仰。总之，无论是激进的或是保守的改革主张，都不应抛弃“专业执行者”的角色基础，都必须在遵循近代行政领域独立性的基础上进行，使公共行政领域继续成为不同于政治领域或一般管理领域的独立性存在。因而，在更准确的意义上，行政人员的角色始终是一种“专业执行者”，所谓的新角色，无非是一种顺应时代发展的、更为可行的“专业执行者”角色的新的实现路径。

二、行政人员的角色行为：客观定位与主观选择的统一

一定的角色扮演终归会体现为较为固定的行为模式，而固定的行为模式又成为理解人们所扮演社会角色的路径依赖。比如一个演员到了舞台上，无论是哭与笑，奔走与卧躺，还是沉思与活跃，他的一举一动都必须符合剧本的设计，这就是所谓的角色行为。当然，随着个人演技与角色领悟力的差异，其具体的角色行为扮演是可以有好坏之分的。与此相应地，行政人员的角色也总会沉淀为较为固定的行为模式，人们能够基于行政人员的角色作出某种行为预期，从而激励行政人员按照这种预期去从事正确的角色行为，自觉地调整自己的行为差距。“我们会发现他们不是普通人，而是一种思维和行事都有其固定方式的特殊的人”，“无论是出于自己的选择而从事官僚工作，还是出于从事这项工作之后

---

① Steven W. Hays，Richard C. Kearney，*Public Personnel Administration*：*Problems and Prospects* [*Fourth Edition*]，Peking，Peking university Press，2006，p.19.

所经历的社会化，官僚总是具有一种特殊的气质和处事方式。”[①] 这种固定的气质和处事方式就体现在行政人员角色行为的扮演过程之中，凝结于行政人员主观能动性与客观的制度定位相统一的过程中，成为识别行政人员角色行为的重要标志。

公共行政作为一个行使公共权力的领域，也是一个具有高度规范性的领域。由于权力总是具有支配性的特点，对整个社会有着广泛的影响，这就要求制定出控制权力的规则。之所以“出现关于支配权力的问题，是因为人类是按照规则确定彼此在社会中的相互关系的。规则是以规范或秩序选择的标准，即把什么是禁止的与什么是允许的及要求的区分开来作为基础的以语言表达出的意愿。人类通过对所有可能的行动设置界限，便能够实现相互关系中的可预测性，并且仍然对选择自由开放充分的空间”[②]。因而，行政人员的角色总要依据一个严密的规范体系而展开。在这个规范体系中，详细规定着行政人员的职权、职务与职责，以及高度明确的行为种类与行为程序。如依据具体职权、职务的不同，有些行政人员被要求去处理火灾事故，有些则被要求去处理交通事故，而且对于什么时间、什么情况下去做出什么行为，或是如何处理事故的技术与方法等都有着明确的标准。同时，具体的职责职务承担又成为人们识别不同行为主体的社会角色，并据此判断其行为合法性与否的标志。正是在这个意义上，行政体系被具体化为无数个职位设置，行政人员只能在权责范围内去履行相应的职权行为，这就为行政人员通过职业培训与专业训练的方法去迅速地掌握工作的技巧打开了方便之门。

然而，行政人员履行职权职务的行为，又是一个十分复杂的过程，它不仅仅体现着客观的制度设计，而且总会体现着行为主体的主观选择，具体化为行政人员这个主体的行为。所以，在近代公共行政的发展

---

① ［美］查尔斯·T. 葛德塞尔：《为官僚制正名——一场公共行政的辩论》，张怡译，复旦大学出版社 2007 年版，第 149 页。

② ［美］V. 奥斯特罗姆、［美］D. 菲尼、［美］H. 皮希特：《制度分析与发展的反思——问题与抉择》，王诚等译，商务印书馆 1992 年版，第 45 页。

中，不仅要追求高度科学化的规范体系，更要注重了解行政人员的个性和态度差异，从而真切把握行政人员的内心感受和行为动因。其实，在早期的行政研究中，已经有学者注意到人的主体性问题。如威尔逊认为，“我们面前的问题是，要使政府官员经常感兴趣的是尽他的才智作最大的努力，用他的良心作最大的服务，不仅为他的上级而且为他的社会尽力。……如果我们解决了这个问题，我们就将再度掌握世界的航向。”[①] 然而，要使人们受到激励而努力地工作并不是一件容易的事，其原因就在于，人们的需要总是复杂多变的。如马斯洛曾把人的基本需要划分为五个层次，包括生理需要、安全需要、感情和归属需要、尊重的需要以及自我实现的需要。同时，在具体判定某种需要究竟属于哪个层次时，并不是一件容易的事，而且各个需求层次之间并不都能表现为发生时间的先后，或者说，人们在饿着肚子时也可能会产生受尊重的需要，而生活富裕的人却并未能产生出自我实现的需要。因此，单纯凭借了解个体需要的方法去把握主体的行为是不具有可行性的。

行政人员的角色行为不仅会受到个体自身需要的影响，而且会受到其他社会角色行为的影响。这是因为，行政人员在扮演着职业角色的同时，也同时扮演着许多其他角色。“例如，作为家庭中的一员、一个地方的市民、一个教会的成员或者一个兴趣爱好者——这些角色消耗了他的许多时间和精力。这些角色所产生的渴望、态度和行为，将不可避免地影响他在社会基本分工中的行为。”[②] 从而，在受到其他角色内容的影响时，行政人员除了其职权职务的考虑之外，还会拥有其他的利益考虑，这才出现了滥用职权、徇私枉法，贪污受贿等各种违法失职的行为。同时，人的需要不仅是多样的，而且是多变的，多种变化又是相互交织在一起的，使其变得难以捉摸。因此，通过了解个体需要的动机—心理方法去把握人的行为并不是一个可靠的路径。

---

① 彭和平、竹立家:《国外公共行政理论精选》，中共中央党校出版社 1997 年版，第 26 页。

② [美] 唐斯:《官僚制内幕》，郭小聪等译，中国人民大学出版社 2006 年版，第 87 页。

同时，行政人员的角色行为不仅受到自身态度与情绪的影响，而且会受到群体行为的影响，或者说，个体行为总是会受到群体行为的促进或干扰，表现出与群体行为的一致性。如学者福莱特所指出的，“群体生活能使人产生出一种强烈的情感，因而人在群体中的思想和行动无法再由自己控制……群体具有一种‘额外价值’，具有一种生命，正是这种价值、这种生命才是社会人行为的真正的基础。”[①] 人是一种社会性存在，人需要群体的感情支持，需要在社会生活中去获得归属感与价值认同，所以，或者出于害怕群体的批评与责难，或者出于对群体生活的向往，抑或者是受到了群体价值的吸引和鼓舞，个体总会在群体生活中做出不同于作为个体时的社会性行为。“成员和其角色间的相似和不同影响着团体行为、动力和成果。显然，管理者不能改变团队成员的基本个性和态度。因此影响一个团队或群体中的行为角色的尝试更有用。”[②] 在官僚制的层级节制体系中，通过一个由上自下的命令指挥链条，人们总是会倾向于服从命令而做出规定的行为，避免了组织工作的混乱无序，从而大大提高了官僚制组织的工作效率。

然而，个体对组织命令的服从并不是绝对的，权威的接受是有范围的，命令的服从也是有限度的。正如巴纳德所指出的，“如果有人接到这样一个没有权威的，由于它完全不符合个人的动机（符合个人动机是接受任何一个命令的基础），他就会不服从这个命令，最常见的情况是巧妙地回避。”[③] 在这个意义上，群体对个体的吸引力又是有限度的，个体在群体面前又不是完全被动的，而是有着拒绝服从命令的可能性的，或者说，只有那些得到个体认同的群体价值与行动目标，才能得到个体的接受与服从，才能对个体的行为真正发生作用。由于官僚制组织的权力分层、职位分类等严重地束缚了行政人员的自主性与创新性，极

---

① 丁煌：《西方行政学说史》，武汉大学出版社 1999 年版，第 157 页。

② ［美］荷尔瑞格等：《组织行为学》（第八版），胡英坤等译，东北财经大学出版社 2001 年版，第 213 页。

③ ［美］C. I. 巴纳德：《经理人员的职能》，孙耀君等译，中国社会科学出版社 1997 年版，第 132 页。

易滋生官僚主义、官僚作风。如有学者指出，“精力全花在上呈下达上，有时候，上呈还到顶，下达还没到底，力气已经花完。上面推动的事不一定能贯彻，下情并不都能上达。知情人不做决定；做决定的人不知情。甚至有时候，谁也不做决定。没有任何决定而事情也会凭习惯势力办下去。”① 总之，官僚制组织在实践中并没有产生应有的高效率，反而成为个体借集体之名而逃避责任承担的掩饰，引致了诸多社会问题，也招致了众多批判。

另外，行政人员的角色行为总是会受到社会环境与行政文化的影响。“行政人员总是在既定的文化背景熏陶下成长起来，当他做出具体的行政行为的选择时，文化因素必然潜在地发挥作用。”② 行政人员总是生活在一定的社会环境之中的，既有的风俗习惯与善恶观念早已通过社会化的方式转化为行政人员的心理定势，深深影响着行政人员的行为。同时，行政人员的行为又是与现实的社会环境持续互动的产物。在这个互动过程中，行政人员在做出行为前要了解相对方的行政需求，在做出行为之时，要接受相对方的监督，在做完行为之后，还要接受相对方的批判与进一步的需求，以便更好地展开下一轮的工作，为进入新的行为互动过程做好准备。正是在这个意义上，特里·库柏主张，公民角色是认识公务员角色的基础，而“行政人员的任务就是：让公民参与社会性的建构政治秩序的过程，而不是力图将权威性专家式结论强加给公民”。③ 正如前述所言，历来的政府都是回应性的政府，与此相应的，行政人员在行为时也应该积极回应民众的需求，主动接受民众的监督，才能尽最大努力为社会提供更好的服务。

虽然，客观的制度设计总是倾向于明确职权职位的设置，着力于行为的规范化建设，然而，过度角色化或角色形式化也会带来许多问

---

① ［法］阿兰·佩雷菲特：《官僚主义的弊害》，孟鞠如等译，商务印书馆1981年版，第357页。

② 张康之：《行政文化在行政人格塑造中的作用》，《青海社会科学》1999年第6期。

③ ［美］特里·L. 库柏：《行政伦理学》（第四版），张秀琴译，中国人民大学出版社2001年版，第47页。

题，“官僚制度的确是‘不人道的’。因为它否定了自由平等的人格，使官僚受到压制，成为只能扮演角色不能做回自身的微不足道的人。”① 客观的制度设计并不能解决问题所在，制度虽然重要，但作为主体的人更重要。行政人员更是一个具有心理与感情的人，其行为总是深受个体态度与性格的影响，产生出复杂的行为动机。根据唐斯在《官僚制内幕》中的揭示，个体在官僚制这个非理性化组织中却总是具有复杂多样的心理动机，而了解人的行为动机正逐渐成为理解“非理性”的组织人的关键。同时，人的动机与心理又是不断变化的，依靠这种机制去把握主体的行为具有很大的不确定性。个体行为既会在受到群体价值的感召与组织规范的约束时而发生改变，而且也会因应行政需求的变化与社会环境的不同而处于持续的互动过程之中。因此，我们说行政人员的角色行为是一个客观定位与主观选择相统一的过程，更是一个社会主体间持续互动的过程，与此相应的，判断角色行为的标准是一个综合的评价体系，不仅包括各种行为规范要求、各类指标系数，还应纳入行政人员的内心准则与公众的舆论评价。

三、行政人员的角色责任：责任体系与责任意识的统一

责任与角色基于近代的领域分化实践而发展起来，“在世界范围内打破传统权力，人类开始着手构建一个自己设计的世界。角色是人为设计的；责任被定义为在多元化、技术性的现代社会中重建义务的方法。”② 在传统社会的混沌状态中，既没有角色，也没有现代意义上的责任。责任总是更多的与权力拥有者的强势地位联系在一起，成为剥夺社会弱势群体权利的工具。然而，在近代社会的发展过程中，专业化与领域化的特征逐渐明显起来，责任自身也开始分化，成为与义务相对应的

① 转引自［美］查尔斯·T. 葛德塞尔：《为官僚制正名——一场公共行政的辩论》，张怡译，复旦大学出版社 2007 年版，第 151 页。

② ［美］特里·L. 库柏：《行政伦理学：实现行政责任的途径》（第四版），张秀琴译，中国人民大学出版社 2001 年版，序言第 11 页。

范畴，发展出系统化的责任体系。每个角色都成为特定职责的载体，而责任亦成为角色的核心，意指分内之责，或未正确履行分内之责之时所承担的不良后果。正如管理学大师德鲁克所指出的，“在知识工作中，组织日益由专家组成。其中每个人都比其他人更了解他或她自己的专业，……以知识为基础的组织需要每个人为目标、贡献（实际上还有行为）承担起责任。”① 在近代的领域范围内，每个人都倾向于在自己的职务上变得更为专业，唯有通过明确角色责任的技术，才有可能使组织、领域以及社会形成一个完整的协作体系。

责任在公共行政中是一个十分重要的概念，如芬纳所指出的，“行政责任与行政效率对于民主政府而言具有相当的重要性，而且在长远的意义上，行政效率甚至于也得益于行政责任的促进。其实我们真正想说的是，行政责任才具有第一位的价值，如果责任能够得以很好的落实，那么行政效率将成为自然而然的事情。”② 虽然，从学者威尔逊开始，公共行政就致力于如何才能更好地提高行政效率的追求之中，然而，与此同时，行政责任的问题也已提上日程。孟德斯鸠曾经说过，“一切有权力的人都容易滥用权力，这是万古不易的一条经验。有权力的人们使用权力一直到遇有界限的地方才休止。”③ 为了保证权力的合法行使与行政职能的顺利实现，只有寄希望于一定的行政责任体系，去具体落实行政责任的承担，正是在这个意义上，只有负责任的行政，才可能是有效率的行政。

在行政实践中，权力不仅具有支配性，还具有利益相关性，因而，总是倾向于自我膨胀，往往超过权力行使的原定目的，蜕变为侵犯权利、攫取私人利益的工具。所以，权力必然是一个与责任密切相连的范畴，一方面，人们为了规范权力的行使，保证权力的合法性，必须为其设置

---

① ［美］彼得·德鲁克：《后资本主义社会》，张星岩译，上海译文出版社1998年版，第110页。

② Herman Finner, “Administration Responsibility in Democratic Government”, *Public Administration Review*, Vol.1, No.4, 1941, p.335.

③ ［法］孟德斯鸠：《论法的精神》，张雁深译，商务印书馆1961年版，第154页。

一定的责任限制；另一方面，责任的实现，又往往依赖于一定的权力保障，用强力去纠正不负责任的行为。应该说，西方近代的三权分立体制就是一个旨在实现以权力来制约权力的责任体制。如启蒙思想家洛克所说的，“在一切情况和条件下，对于滥用职权的强力的真正纠正办法，就是用强力对付强力。”① 由此看来，权力分立的真正目的并不局限于分权，而在于限制权力。即通过权力分立的方法，形成各种权力之间的互相牵制，从而，为权力的行使划定界限，使权力变成有限的权力。这样，在三权分立的体制下，行政权力往往被限定在一定的范围内，而当政府滥用职权时，人们可以依靠立法机关去制定法律的权力，或是司法机关纠治不正当行政行为的权力，从而达到制约行政权力肆意行使的目的。

官僚制组织，就旨在通过专业化标准的制定，把组织中的每个人都完全限制在各个固定的岗位责任之上，通过集权的、非理性化的管理方式形成一个严密的责任控制体系。为此，韦伯断定，“官僚制组织是实施统治形式上最合理的形式”，“在所有的领域里（国家、教会、军队、政党、经济企业、利益集团、协会、基金会等），‘现代的’团体形式的发展一般是与官僚体制的行政管理的发展和不断增强相一致的。”② 然而，韦伯本人也已认识到集权主义的弊端，但是，他仍把问题解决的方法寄希望于官僚制内部。学者毕瑟姆把韦伯的权力制衡思想概括为两个方面：一是，“一种独特的自由主义关注，它希望在个人自由在其间得以保障的张力和竞争中形成一种社会力量的平衡，以此来制约权力”；二是，“保障无论是企业界还是政府领域的独立领导的条件，因为独立领导能够对官员的权力进行连贯的指导和有效的控制。”③ 由此看来，相比较于启蒙思想家的权力制衡思想，韦伯更愿意把权力制衡的主动权交给推动工作开展的个人以及具有超凡人格魅力的领导。这是因为，韦伯

① ［英］洛克：《政府论》下篇，叶启芳、瞿菊农译，商务印书馆1961年版，第95页。

② ［德］马克斯·韦伯：《经济与社会》上卷，林荣远译，商务印书馆1997年版，第248页。

③ ［英］戴维·毕瑟姆：《官僚制》（第二版），韩志明、张毅译，吉林人民出版社2005年版，第58—59页。

坚信，“在现代国家，政府职能的真正实现不是体现在议会争论中，也不会体现在单纯的忠诚誓词中，而只能体现在行政执行的日常实践中，必然地掌握在文职人员进行工作的手中”。① 而立法机关的功能只限于为官僚制提供指导，凭其提供一种撤换不称职领袖并能够使杰出人物脱颖而出的体制保障。

以韦伯的合理合法化组织为基础，借助于近代法制主义的发展，行政的法律责任体系开始建立。以此为契机，各国的行政法在20世纪都经历了一次迅猛发展的时期，基本上确立起较为完备的行政法律体系。在某种意义上，行政法律责任甚至成为行政责任的代名词，而行政法律就是规范行政权力合法行使的依据，就是追究行政责任承担的规范体系。然而，正如登哈特夫妇所指出的，责任并不简单，“公共服务者不仅要关注市场，还需要关注法令与宪法、社区价值、政治准则、专业标准以及公民利益等。责任是个复杂的事情，绝不像老公共行政与新公共管理所认识的那么简单。”② 行政责任虽然主要以法律责任的形式出现，然而，行政责任绝不能等同于立法责任、法律责任，还包括广泛的政治责任。“法律和规章永远也不可能把一个有道德的人所应该做的事一件不漏地讲述得一清二楚。法律和规章只能设定行为的最低标准。而行为上可能的差异是数不胜数的，根本不可能靠一纸条文来描述和查禁”。③ 所以，行政责任不仅指被动的、消极的责任承担，还暗含着积极的、主动的回应性责任；不只是向立法机关负责，向政治官员负责，向上级负责，还要向公民负责，更要向不泯的良心负责。

然而，作为制度性设置的责任，也唯有通过行政人员这个主体才能真正发挥作用。那么，在行政责任的体系中，究竟是人的因素重

---

① Quoted in David M. Levitan, “The Responsibility of Administrative Officials in a Democratic Society”, *Political Science Quarterly*, Vol.61, No.4, 1946, pp.564-565.

② Robert B. Denhardt, Janet Vinzant Denhardt, “The New Public Service: Serving Rather than Steering”, *Public Administration Review*, Vol.60, No.6, 2000, p.555.

③ 转引自马国泉：《美国公务员制和道德规范》，清华大学出版社1999年版，第115页。

要，还是客观的责任制度更重要呢，由此在学术界引发了一番深刻的争论，这就是著名的弗里德里克—芬纳论战。争论始于弗里德里克出版于1935年的《美国公共服务中的问题》，在书中，弗氏指出，“负责任的行为除了需要有外部控制因素以外，还需要有一种‘心理因素’”，在五年后的《公共政策与行政责任的性质》中，他进一步指出，由于“公共行政人员经常被卷入到政策决策中去，而且现时的政府活动的复杂性也使他们不可能将所有的活动都推给民选官员去审查”，因而，“政治性的职责不适合于确保负责任的行政行为。”① 与此相对的，芬纳在《民主政府的行政责任》一文中提出，“道德责任极有可能是随着政治责任的严格性与有效性而发生着正相关的变化，并且也会随着政治责任的执行不力而被消解。……公众与政治的结合则有足够的能力去指引政策——他们不仅知道问题的症结所在，而且掌握着解决问题的方法与所需资源；并且当他们缺乏足够的技术知识时，会有被指派的行政官员提供支援。”为此，芬纳主张，“政治责任才是维系行政官员与公众之间良好关系的关键，而道德责任，虽然也是一种有价值的制度形式，却只是起着微不足道的辅助作用。”②

针对政治责任与道德责任哪个更重要的抽象讨论是没有意义的。其原因就在于，无论是客观的责任制度，还是主观的责任意识对于责任体系而言都是必不可少，其意义最终都会体现在对行政责任的承担与完全落实的作用上。当然，从责任体系的发展趋势看，必然是其系统化程度不断增强的、体系日臻完善的、制式化程度更加严密的过程。然而，客观的责任制度又只能在社会化的过程中，切实地转化为行政人员的责任意识与内心准则时，才可能真正发挥作用。其原因就在于，即使在责任制度内部，各种复杂的责任种类之间也会发生冲突。如行政人员难免

---

① 转引自特里·L. 库柏：《行政伦理学：实现行政责任的途径》（第四版），张秀琴译，中国人民大学出版社2001年版，第141页。

② Herman Finner, "Administration Responsibility in Democratic Government", *Public Administration Review*, Vol.1, No.4, 1941, p.350.

会遇到这样的困境：向政治价值负责，向宪法准则负责，抑或是向上级负责，或是向民众负责呢？另外，行政人员虽然被要求对特定的职责承担责任，但在同时，也还会背负着其他社会角色的责任，在处理各种复杂的利益与义务关系时，各种角色之间也难免会发生冲突。总之，随着社会复杂性与不确定性的提高，责任本身也将会变得更为复杂，责任体系中的主体因素与价值因素将更为突出。与此相应的，在行政实践中，对规则、制度负责将更多地让位于对目标与任务负责，而效率责任也将更多地让位于公平责任。

第五章　历史发展视野中的行政人员角色

行政人员角色的出现，是一种基于历史发展的深刻变化。在从传统社会走向近代社会的过程中，市场在人类生活中的重要性日益突出，不仅直接导致了大工业生产时代的来临，而且据此产生了以“市”为基础的“城”，开始有了市民生活，成为理解近代文明的关键。与此相应的，权力的主导地位被推翻，用于限制权力恣意行使的规则得以大量涌现，管理效率也逐渐替代统治秩序成为社会的价值追求，人们开始以独立的职业角色取代身份在专业领域中发挥着相应的社会作用。然而，在近代的领域分化基础上，过度的角色化也带来了严重的社会后果，它扼杀了刚刚成长起来的人的自主性，在祛除价值巫魅的追求中，最终走向了理性发展的悖论。种种迹象表明，人类社会正在步入一个高复杂性、高不确定性的发展阶段。为了应付频繁的社会危机问题，达到社会良好治理的局面，行政人员的角色也需要顺应时代的要求而作出相应的转变。

第一节　一种基于历史变革的转变

一、从分配主导到市场主导的变化

在前文中曾提到过，传统社会是以分配关系为主导的社会，掌握权力的人享有绝对的分配权。社会中的所有物，大到土地、能源、山川、河流，小到生产工具、收获物都是分配的对象，甚至人本身也是可以被随意分配的；而分配的原则就是姑息有权力的人强取豪夺、弱肉强食。在这种分配主导型社会，人们普遍没有扩大生产的积极性，反而都具有强烈的权力欲望，希望通过所拥有的更多权力去侵占别人的更多财富。同时，自然经济所具有的封闭性又把人们各自牢牢地限定在相对狭小的社会交往范围内，使人们不容易团结起来，不至于有力量去对抗强权的掠夺性分配。在这个意义上，自然经济非常有效地维护了权力的分配秩序，所以，权力的拥有者总是极力地维护这种统治基础，尽可能地使人们满足于自给自足的经济状态，并竭力破坏与铲除扩大化商品生产的出现。然而，由于这种分配主导型社会严重地限制了社会生产力的发展，使经济水平在长时期内保持在较低的水平上，这种状况必定会得到历史的改变。

其实，即使在传统社会内部，随着生产力的提高，人们在满足自身需要之外，已经开始拥有一些产品剩余，这就为交换活动的开展提供了前提。最初，交换活动总是偶尔地、极少地、随意地发生，因而，总是在很小的范围内进行。甚至，有时仅限于两三个人之间的“以物易物”的交换活动。然而，随着社会生产力的进一步提高，在不断扩大的货物交换中，人们开始选择在相对固定的地点、时间去进行较为频繁的交易，这就是早期的商业活动场所——集市的出现。同时，为了解决以物易物的不便，作为交换中介的等价物也开始被创造出来。在不断扩大的交换活动中，更多的人开始加入进来，劳动分工也进一步扩展开来，出现了专门从事商业活动的商人，也开始出现专门为交换目的而进行的商品生产。于是，商品交换活动更加频繁地发生，城市的数量与规模更加扩大，人们之间的交往与联系也愈加紧密，城市生活已经拉开了历史的帷幕。

伴随着近代工业革命的发生，机器与生产一旦结合，就带来了巨大的生产力，预示着社会化大生产阶段的到来。于是，市场在人类生活中的地位发生了根本的变化，市场开始取代分配成为配置社会资源的基本手段，这就彻底改变了传统社会中以分配主导一切的局面。市场不仅改变了人们的生产，改变了人们之间的经济交往，扩大了人们之间的政治联系，而且改变了人类社会的发展进程。作为平等交换的经济，市场经济是同一切“地方特权、等级特权以及相互的人身束缚不容的”①。市场经济从出现时起就彻底改变了历史前进的步伐，它不仅促进了生产力的极大解放，而且解放了人类自身，不断地扩大着人们的交往范围，为人的自主性提供了宽广的发展空间。其原因就在于，市场经济要求个人能够自由地支配自己的生产、产品与交换，这就“彻底改变了自然经济条件下的人的带有自然性质的天然血缘联系和统治服从的政治联系，形成了以交换价值为基础的、以物为媒介的平等、自主的社会交往关系”。②

借助于价格机制对供需关系的影响，市场这只“看不见的手”得以发挥其资源配置的作用。其基本原理就在于，供需关系的变化总会引起价格的变化，而价格的高低会直接影响供给者的生产热情，从而自动调整着新一轮的供需变化。因此，在刚刚走上工业化道路的初期，由于存在着较为严重的供给不足，市场属于较典型的卖方市场，或称为供给主导型市场。也就是说，供过于求而导致产品价格降低的情况基本上不存在，多生产就意味着多盈利，生产什么、生产多少完全由供给方（或生产者）说了算，市场可以完全抛开需求而只受供给方的单方影响。在这种情况下，人们难免会陷入生产效率的狂热追求之中而不能自拔。于是，发生了以科学技术促进生产发展的工业革命，市场经济沿着科学——技术——生产力的路径去发展，生产的社会化程度不断提高。然而，供给绝不会完全脱离需求而发生作用，即使在需求远大于供给的情况下，人们在需求得到满足的过程中，需求的有效性与需求种类也已经发生了某些变化。

① 《马克思恩格斯选集》第3卷，人民出版社1972年版，第425页。

② 袁祖社：《权力与自由：市民社会的人学考察》，中国社会科学出版社2003年版，第286页。

总之，市场经济在促进社会生产力迅速发展的同时，不断地满足着人们的物质生活需要，并且基于平等与自由的原则而逐渐地扩大了人们之间的交往范围。“平等和自由不仅在以交换价值为基础的交换中受到尊重，而且交换价值的交换是一切平等和自由的生产的、现实的基础。”① 以这种交易平等、自由为契机，生产交往扩大为政治交往，市民生活又发展出公共生活，人们开始步入近代文明的生活。基于此，我们可以说，市场机制取代分配而成为主导社会发展的意义，已远远超出了单纯的生产范畴，而对社会发展具有颠覆性的、重构性的意义。固然，随着市场经济的进一步发展，人们在物欲极度膨胀的社会中再一次走上了迷途，然而，人们对物质需要的追求完全不同于动物的本能需要，而是有意识的积极性追求，是顺应特定历史发展要求的。或许正如马克思所说的，“毫无疑问，这种物的联系比单个人之间没有联系要好，或者比只是以自然血缘关系和统治服从关系为基础的地方性联系要好。”②

二、从权力主导到规则主导的变化

权力是分配的权威基础，或者说，分配本身就是一种权力，因此，一个分配主导型社会也必然是一个权力主导型社会。正如前文所述，为了维持一定的社会秩序，权力在任何社会都是必要的，它是“将个人意志加诸他人行动的可能性”。③ 只是，在权力主导型社会，这种“个人意志加诸他人行动的可能性”变成了一种强制性、必然性，权力不再是获得秩序的一种手段，而是变成了权力本位，即权力本身就是目的，权力就是一切。因而，正如前文所述，在权力主导型社会是不需要规则的，即使有规则，规则也会与权力具有高度的统一性，规则就是权力的规则，或者说权力就是规则。权力通过命令与服从的机制去主导社会的运行，而命令就来源于权力所有者的单方意志，所谓的规则就是保证权力

① 《马克思恩格斯全集》第46卷（上），人民出版社1979年版，第197页。

② 《马克思恩格斯全集》第46卷（上），人民出版社1979年版，第108页。

③ [德] 马克斯·韦伯：《支配社会学》，康乐、简惠美译，广西师范大学出版社2004年版，第3页。

命令得以服从的规则，是保证权力绝对权威的规则。同时，在权力主导型社会，权力的行使是不受限制的，可以随意处分社会的一切物品、资源与人，具有凌驾于一切之上的地位，而权力又是具有自我膨胀性的，这就使权力的支配性与专制性发挥到了空前的地步。

相较于分配而言，市场的权威基础则在于规则，市场往往与大量规则的制定相联系在一起。其原因就在于，为了保证市场经济中的自由合意与平等交易，唯有通过强化规则的形式才能实现。在市场上，正是有了规则，人们才据此建立起彼此交易的信心与相互交往的预期，很难想象，倘若一个市场没有规则，当人们对破坏市场秩序的行为无能为力时，人们还怎么会有信心去达成合意，又哪里会有平等交易发生。虽然，在市场经济条件下也需要权力，有了权力才可以制定交易规则，才可以确保交易规则的贯彻，才能够及时纠正不遵守交易规则的行为，才能确保市场经济的良好秩序。但是，市场主导型社会的权力与规则主导型社会的权力又是完全不同的。在权力主导型社会，权力是目的，是实现统治目的权力；在市场主导型社会，权力是手段、工具，是履行管理职能的权力，或者说，在市场中，权力不再以自身为目的，权力不再是为了夺取更多的权力而存在，而是为了维护市场交易的秩序，作为市场经济健康运转的一道有力保障而存在。

在这个意义上，无论是在权力主导型社会，还是在规则主导型社会，权力"作为维系社会的机制和把不同利益个体联结起来的纽带"①，权力的存在都是必要的。然而，由于权力本身就意味着一种不平等，"一种权力的存在意味着一个集体的文化体制建立起了正式的不平等关系，把统治他人的权力赋予某些人，并强迫被统治者服从后者。"② 为了避免权力的不平等性触犯到市场主体的平等原则，权力必须受到限制。另外，权力具有强制性，为了避免权力的强制性损害市场交易的自由原

① 张康之：《公共行政中的哲学与伦理》，中国人民大学出版社 2004 年版，第 103 页。

② ［法］迪韦尔热：《政治社会学》，杨祖功等译，华夏出版社 1987 年版，第 116 页。

则，也需要限制权力。虽然，权力并不等同于强制力，即也有可能出现不运用强制手段就能达到相对方的自觉服从与自愿接受的状态，但是，权力必定是或者直接使用强制手段迫使对方服从的，或者以强制力为后盾而使对方不得不接受的。只是，在权力主导型社会，权力主要借助于强制性方式实现，而在规则主导型社会，权力已经适应时代的需要而发生了重要的改变，即权力更多地是以强制力作为保障，而较少地直接使用强制性手段去实现权力。

正如费埃德伯格在《权力与规则》中所指出的，市场“是一种社会建构的产物，它需要组织，甚至需要数量相当繁多的组织，才能满足其运行的需要”①。而权力是任何一个组织存在而必不可少的要素，“正是由于有了权力这个因素，组织机构的设置、组织结构的建立、组织中各类职位的确定才具有权威性，组织中的领导以及各级管理人员的行为才被组织成员所认可、所接受。在某种意义上，一个稳定的正式组织本身就是一个权力体系。”② 所以，在近代社会，各个组织、政府、国家总是尽量地制定出各种各样的规则，去规范与限制权力的行使。规则主要依据“权力制约权力”与“权利制约权力”两种思路而制定。根据“权力制约权力”的思路，近代西方国家设立了三权分立体制，而作为市场基础的组织则实行了职权分层、分级设置。根据“权利制约权力”的思路，法律被制定出来，通过规定人民享有权利的方法，把纠正权力不当行为的钥匙交给了人民，即把“人民作为任务的委托人，能单独说明任务的真正意义，并能强迫执行，如果不求助于人民，怎能防止强者的侵犯或纠正弱者的错误呢”③。正是在这个意义上，市场经济必然是法制经济，近代社会则必定是规则主导的社会。

---

① ［法］埃哈尔·费埃德伯格：《权力与规则——组织行动的动力》，张月等译，上海人民出版社 2005 年版，第 1 页。

② 张康之：《公共行政中的哲学与伦理》，中国人民大学出版社 2004 年版，第 106 页。

③ ［美］汉密尔顿、［美］杰伊、［美］麦迪逊：《联邦党人文集》，程逢如等译，商务印书馆 1980 年版，第 257 页。

三、从统治秩序到管理效率的变化

在传统社会，权力主导社会的目的，就在于获得一种统治秩序。为了获得统治秩序，为了保证那些处于被统治地位的人始终服从于统治者的统治，不得不使用专制的权力，即直接地、经常地动用强力手段去达到维持统治秩序的目的。在统治阶级那里，只有一种追求，就是维持特定的统治秩序。即相较于统治秩序而言，其他价值追求都是不重要的，或者要以服务于、有助于统治秩序的实现而存在，或者在与统治秩序发生冲突与不睦时被无情地抛弃。在被统治阶级那里，慑于专制统治的淫威，也往往只有一个愿望，那就是尽可能地卑躬屈膝、趋炎附势，以得到苟活的空间。由于人们对强制总是怀有本能的恶感与抵触，所以，为了维持统治的秩序，权力总是掌握在极少数人的手里，权力的行使总是尽可能的集中，权力的手段总是尽可能的残酷。然而，权力掌握在少数人手中，难免会具有较强的个人随意性，而个人对权力的占有欲又呈不断膨胀之势。为了获得权力，人们总是彼此倾轧，勾心斗角，玩弄权术，甚至发生权力争夺的战争，从而在长久的意义上断送掉统治的秩序。

规则在近代社会中主导性地位的确立，为走出前述的权力困境提供了一个契机。然而，规则主导绝不意味着权力的消亡，只是这时的权力已发生了某些改变。正如有学者所指出的，“管理型社会治理模式的基本治理手段是法律，但在行政管理中，特别是在官僚制体系中，权力不仅未被抛弃，恰恰是得到了强化。当然，这种强化仍然是在法律框架中进行的。换言之，是以法律规范确定了行政权力。”[①] 或者说，权力仍是必需的，只是权力在社会治理中的地位以及作用形式已经发生了很大的变化，变得远远不同于传统社会中的权力。一方面，通过规则授予权力、限制权力的方式，权力开始转化为合法化的权力，即通过规则的形

---

① 李传军：《管理主义的终结——服务型政府兴起的历史与逻辑》，中国人民大学出版社2007年版，第13页。

式，人们会更自愿地而不是被迫地服从权力，这样权力就更多地以权威的形式发挥作用，而较少的使用强制手段。另一方面，权力开始与具体的人相脱离开，成为处理特定事务的手段。

为此，韦伯提出了合理化、合法化组织的构想。在这种组织中，权力开始脱离开具体的人，而与一定的职位、目标相联系在一起，成为职权。与此相应，对权力的服从不再是对权力占有者的服从，而是变成了对“不因人而异的职能性的目标效忠”①，这就大大提高了管理效率。其合理性在于，明确的职权分工以及大量的规范性文件，使每个人的职责与行为都变得十分确定，通过这种非人格化的管理，将大大有益于排除组织成员的私人感情和个人好恶等非理性因素的影响。其合法性则在于，组织中的权力严格依照有关的规则与程序进行，通过组织权威的形式发生作用，具有合法性的基础。因而，韦伯认为，“从技术观点来看，这种纯粹的官僚集权式行政组织是能够最大限度地发挥效率的”。② 一方面，通过权力与职位相联的方式，每个人与固定的工作相联，能够更好地专注于工作效率的提高。另一方面，为了获得相应的职权，组织成员必须得努力地工作，即只有通过胜任工作的形式才能去牢牢地掌握职权，或通过更好的工作表现去获得职位的晋升。倘若不称职或难以胜任工作，则只能辞去其工作职位，从而失去相应的职权。所以，在组织成员对职权的追求中，通过其良好的工作表现，能够在整体上获得组织效率的不断提高。

总之，随着社会治理模式的转型，政府的管理职能逐渐取代传统的统治职能，权力对统治秩序的追求也开始转变为对管理效率的追求，而管理的目标就在于效率的提高，或者说，管理普遍化的结果，必然是效率中心主义。然而，效率中心主义，也并不意味着秩序不重要，只是这里的秩序也要服务于效率的追求，以效率为中心。其实，无论是在

① 彭和平、竹立家：《国外公共行政理论精选》，中共中央党校出版社 1997 年版，第 37 页。

② 转引自丁煌：《西方行政学说史》，武汉大学出版社 1999 年版，第 86 页。

古典管理主义者那里，还是在新管理主义者那里，管理效率都具有首要的地位。其不同正如有些学者所指出的：古典管理主义者单纯地通过控制与监督的方式，去片面地提高效率，而忽视或摒弃了平等、民主、公平等价值目标；而新管理主义则突出了管理的普遍性，通过效率与民主相协调的方式，强调对管理对象的回应与授能，从而促进管理效率的提高。[①] 所以，深受管理主义的影响，近代社会的各个领域都呈现出对管理效率的狂热追求，人们专注于管理技术、方法的改进，努力探索出更好的规范与约束人类行为的制度，通过制度化的形式使人们的行为保持高度一致，借以促进管理效率的不断提高。

四、从身份到角色的变化

身份适应了传统社会的混沌状态，并成为标识自我的一种核心概念。如特纳所说，身份"成了对自我进行再阐述的一个重要途径。一般而言，自我被看做是一套和一系列对特定场景做出反应的身份"[②]。通过身份定位的方式，人们就大致确立起了自我认识的参照范围。如前文所述，身份揭示了个体的一种社会归属，即通过身份认识，我们可以知道一个人出身于什么样的家庭，在社会中拥有什么样的社会地位，享有哪些权力，负有哪些义务等。更重要的是，我们可以基于身份，去对某个人作出一定的社会预期，这就是所谓的门第观念，即享有某个身份的人将是富裕的，还是贫穷的推测，如"地主家的少爷不可能没钱"；或是拥有权力的，还是无权的预期，"皇亲国戚永为贵"；抑或是有能力的，还是无能力的断定，如"将门之后无弱子"。由于身份在传统社会中总是与一定权力、资源与地位相联系，所以，身份总是受到额外的重视，而身份等级制则进一步将这种源自身份的不同加以人为地固化与扩大。

---

① 参见邓念国：《从管理主义到服务主义：公共行政理论基础的变迁》，《江汉论坛》2005年第6期。

② ［美］乔纳森·H. 特纳：《社会学理论的结构》（第7版），邱泽奇等译，华夏出版社2006年版，第347页。

然而，依靠身份所作出的社会预期，往往具有浓厚的血缘、宗族色彩，不仅把人们的身份不同改造为身份等级制，扩大化为普遍的人身依附关系；而且把人与人之间的不同简单化为身份的不同，完全无视个体能力与主观努力等差别，带有很大的社会偏见。

顺应时代发展的要求，特别是组织化发展的要求，人们开始更多地以角色取代传统身份的形式参与到社会实践中。关于角色与身份的不同，特纳曾经指出，“自我仍然是核心概念，但并不必然地被看做是所有角色行为的驱动力量。”① 相较于身份的抽象性而言，角色作为社会分化的产物，与特定的社会环境或社会领域紧密相联，践行着相应的社会价值理念。虽然，由于社会角色的不同，人们也会身处不同的社会地位，拥有着不同的权力，但这里的地位、权力不再是抽象的，而是具体的，是通过特定的社会环境与社会领域的中介与个体真实联系在一起的。个体主要凭借能力、专长、兴趣、爱好等方能进入特定的社会环境与社会领域，较少地凭借血缘、亲属关系等先赋性特权。承担着一定社会角色的个体，其行为的动机将变得愈加复杂，可能完全超乎经济利益与名利的追求，而是出于信仰、奉献的追求，或是出于满足自我实现的愿望。无论是在获得某种角色时，还是在理解特定角色行为时，抑或是在解决纷乱的角色冲突时，都必需对角色扮演者的能力与动机有着较为清晰的认识。因而，在角色扮演中，个人不再是能够得到忽略的、可有可无的主体，这在一定程度上也满足了近代以来市场自主性发展的要求。

同时，角色所体现的个体自主性又是极其有限的，或者说，角色中的自主性是一种规范化的自主性。正如有学者所指出的，即使“乔治·米德，也把游戏作为范式性的社会行动，因为范式性的社会行动揭示了能动者为了参加游戏所必然知道的一切（其中包括其他能动者所必

---

① ［美］乔纳森·H. 特纳：《社会学理论的结构》（第 7 版），邱泽奇等译，华夏出版社 2006 年版，第 360 页。

然知道的知识）”[①]。通过大量的行为规则，将有益于角色扮演者更好地保持理性考虑，专注于能力、特长的提高，较少地受到血缘、亲情等非理性因素的影响。值得指出的是，高度规范化、程式化的角色扮演要求不仅有利于提高角色扮演者的能力，而且能够促使相对方的让步与承认，确保角色行为的有序发生和角色主体双方的良性互动。值得指出的是，人们不可能像拥有身份那样自然而然地进入角色，无论是正确地领悟角色要求的过程，还是切实地获得角色扮演技能的过程，人们一般都需要经过专门的学习或训练才能达到。

角色的意义就在于它能够在专业的意义上保持着相对固定性——有着固定的社会责任、固定的社会价值追求、固定的角色行为模式、固定的角色期望，以及固定的角色责任承担与评价等。而个体拥有了某种角色，则意味着他有能力从事某种角色行为，有能力承担什么样的角色责任等。然而，由这种角色固定性所带来的效率提高又是极其有限的。一方面，角色分化的结果是，一个人往往会同时兼有数个不同的角色于一身，数个固定的要求与行为无疑难以同时达到，这就难免会发生角色冲突。另一方面，个体所拥有的充分自主性总是会超出角色的有限自主性范围，即使对固定角色的理解与领悟本身，个体也会具有差异性。另外，正如张康之教授所说的，“任何一种职业，任何一类专业化的社会活动，任何一个组织行为体系，都不仅以整体的形式构成了作为组织化了的社会角色中的一部分，而且在组织成员个体那里也担负着社会角色，甚至首先是在个体那里成为社会角色中的一种。”[②] 角色在最终的意义上还是要具体到个体层面去发挥其社会作用。然而，角色作为高度分化的社会产物，无论是以能力和知识为基础所进行的角色分化本身，还是大量的角色规则所带来的行为理性，都使角色适应了特定社会分工条件下的效率追求，折射出历史发展的深刻性。

---

① ［美］詹姆斯·博曼：《社会科学的新哲学》，李霞等译，上海人民出版社 2006 年版，第 61 页。

② 张康之：《公共管理伦理学》，中国人民大学出版社 2003 年版，第 125 页。

第二节 行政人员角色的历史局限性

一、政治中立的局限

正如前文所指出的，西方国家之所以对常任文官提出了政治中立的要求，是为了缓解其政府工作中的现实困窘，即为了避免党派之争影响到政府工作的连续性与行政效率的提高。“政治中立”的文官“保证了资产阶级政策的连续性。他们还时时准备着大臣的咨询，向他们提供必要的情报、知识和实践的经验。”① 因而，在西方国家相继确立起文官制度时，政治中立原则都是一个基本的原则。如美国，为了改革“政党分肥制”与“政治庇护制”所引起的政府人事“大换血”，以及由此所引起的政府工作动荡，在《彭德尔顿法》中，政治中立原则与功绩制原则、职务终身制原则一起构成了美国文官制度的三项基本原则，并成为功绩制、职务终身制所赖以存在和发挥作用的基础。1939 年国会颁布的《哈奇法令》，则进一步明确了对文官政治活动的法律限制，并在 1940 年《第二哈奇法》中，把对文官参加政治活动的限制扩展到州政府和地方政府的文官。② 总之，政治中立原则作为西方近代文官制度的一项基本原则，在保证政府工作的连续、稳定与高效运行上确实发挥了十分重要的历史作用。

政治中立原则是适应社会领域分化的产物。在近代的领域分化进程中，政治领域与行政领域也彼此分化开来，行政工作与政治工作之间的不同也逐渐明显，而政治中立的文官制度就是适应这种领域分化的改革产物。即在资本主义出现以前，没有近代意义上的政治，也没有近代意义上的行政，因而也无所谓政治中立的行政。政治中立原则，只是在

---

① 龚祥瑞：《英国行政机构和文官制度》，人民出版社 1983 年版，第 62 页。

② 参见李朋：《美国文官“政治中立”问题的历史考察》，《求是学刊》2004 年第 1 期。

西方资本主义国家的发展过程中，为了把党派之争与轮流执政的消极影响保持在不至于影响国家稳定的范围内，而作出的一项制度选择。正如有学者所指出的，“政治角色与行政角色在‘十九世纪以前’，一直没有明显的界线，职位基本上是任意授予的，晋升则主要依靠资历。……但是，到十九世纪初期，这种要求变得越来越强烈了，因为国家增添了新的职能，行政费用已开始增多。”①随着行政工作的不断增多，以及行政费用的不断增加，政府工作中的效率问题逐渐成为关注的焦点。与此同时，唯有坚持政治中立的立场，使行政人员超脱于政治追求之外，确保行政人员专注于专业技能的追求，才能保证行政工作效率的提升。

政治中立的原则得到了“政治与行政二分”的理论支持。政治与行政二分的价值取向不仅主导着传统行政学的方向，而且长期影响着公共行政学的发展。或者说，出于赞同或批判的不同视角，使许多公共行政学的研究成果基于政治与行政二分理论而取得。正是在这个意义上，传统行政学时期又被称为行政原则时期，一大批学者将政府行政与科学化联系在一起并在科学化的道路上不断前行，为了强化行政的科学性而致力于行政原则的发现与探索。与此相对的，也有许多学者针对其局限性提出了批判。如“西蒙也认为从决策与执行的观点来区分政治与行政并不妥当，因为行政也必须作决策”②。但西蒙对政治与行政二分的批判目的，并不是否认行政的科学性，而是反对传统行政研究中的“行政原则”，主张以“科学化的概念、实证的研究方法来取代传统的、充满含混命题和教条化陈述的内容”③，为建立起科学化的知识体系而努力地构建起真正的行政科学。

新公共行政学派也曾批判过政治与行政二分的理论，指出“由于传统行政学的政治——行政二分法观念使行政学研究局限在一个非常狭

① ［英］约翰·格林伍德、［英］戴维·威尔逊：《英国行政管理》，汪淑钧译，商务印书馆1991年版，第99页。

② 丁煌：《西方行政学说史》，武汉大学出版社1999年版，第192页。

③ 丁煌：《西方行政学说史》，武汉大学出版社1999年版，第213页。

窄的领域内，尤其把研究焦点放在行政机关预算、人事、组织以及大量其他的所谓‘中性’问题上，……致使公共行政游离于社会政治现实之外，远远不能满足解决社会问题、处理社会危机的需要。”[①] 因而，在明诺布鲁克会议上，学者弗里德里克森等人提出要彻底地抛弃政治与行政二分法，重视公共行政中的价值。新公共管理学派也看到了公共行政所具有的浓厚的政治色彩，认为公务员与政治官员之间的影响是不可避免的，从而主张去正视政治与行政之间的这种联系，以促使有公民心的负责任行政。

政治与行政二分只是一种理想，而现实却往往是政治与行政的问题相互纠缠在一起，即“每一个问题，不管它似乎多么有技术性，都能呈现出政治意义，而政治的考虑对它的解决，都能具有决定性的影响”[②]。另外，政策制定与行政执行的工作也不能完全分开，行政人员绝不可能完全避开决策问题而专注于执行工作。其实，严格的政治与行政二分不仅带来了理论研究的困境，也直接导致了许多实践问题的发生。或者说，不仅行政学理论难以脱离开政治价值的指导，即使在行政实践中，行政人员也不可能完全摆脱政治价值的考量。因而，鉴于政治与行政之间所具有的某种不可分的紧密性，绝对的政治与行政二分是不可能的。正如张康之教授所说的，“如果不是把政治与行政二分的原则放在具体的背景中来认识，而是脱离开这一原则的适用背景，把它抽象出来，当作一个具有普适意义的原则，就有可能引致一些消极的后果”。[③] 政治与行政二分理论产生的政治前提是西方国家的多党制，以及政治——行政职能的分离与机构的分设，其直接目的则在于取代政党分肥制的消极影响，促进价值中立的公务员制度建设。

总之，如同政治与行政二分理论不可能是一种普适性理论一样，

---

① 丁煌：《西方行政学说史》，武汉大学出版社 1999 年版，第 345 页。

② 转引自［美］乔尔·阿伯巴奇等：《两种人：官僚与政客》，陶远华等译，求实出版社 1990 年版，第 6 页。

③ 张康之：《对政治与行政二分原则的审查》，《国家行政学院学报》2001 年第 4 期。

政治中立原则也具有十分明显的历史局限性。它产生于西方近代资本主义的政党条件下，如果脱离开这一具体的政治环境去盲目地主张政治中立，片面地追求政治与行政二分，只会导致意想不到的混乱与困窘。另外，政治中立原则的时间局限性也非常明显，从20世纪中期开始，虽然政治中立原则作为西方文官制度的基本原则的地位并没有得到改变，但在20世纪中后期的行政实践中，政治中立的要求已呈现出不断放宽的趋势，出现了“官僚政客化”的趋势，出现了作为政治与行政之间的沟通设置的“联络员”——高级文官。种种发展迹象表明，政治中立原则的历史局限性已表现的越来越明显：单纯地依靠政治中立原则，已不足以把行政人员牢牢地控制在“专业执行者”的角色上；而单纯地依靠政治中立原则，也不足以支撑行政效率的提高与政府工作的持续改善。

二、理性主义的局限

许多学者都曾经指出，理性主义是现代化的核心精神，现代化促进了理性化程度的不断提高，而理性化又成为现代化的象征。韦伯认为，只有在资本主义发展比较充分的地方才能发展起理性的国家，才能形成理性的、专门化的行政官员。其原因就在于，“理性的国家则是另外的样子，只有在那里，现代资本主义才能发展。理性的国家是建立在专业官员制度和理性的法律之上的。”① 所以，由于理性化程度不高，中国的传统官僚未能真正形成一个专业的官员阶层，直到近代的西方资本主义国家发展过程中才开始形成了专业的行政人员。同时，专业的行政人员一旦形成，其理性化程度就得到了很大的提高，其专业能力也与日益复杂多样的行政工作表现出异乎寻常般的适应，从而把行政工作的社会重要性扩大到前所未有的地步。使“任何国家、任何时代都不曾像近代西方这样深切地体会到，国家生活的整个生存，它的政治、技术和经济的状况绝对地、完全地依赖于一个经过特殊训练的组织系统。社会日

---

① ［德］马克斯·韦伯：《经济与社会》下卷，林荣远译，商务印书馆1997年版，第720页。

常生活的那些最重要功能已经逐渐掌握在那些在技术上、商业上，以及更重要的在法律上受过训练的政府行政人员手中”。①

理性主义原是一个哲学研究的概念，然而，随着现代科学的发展，人们逐渐把科学技术运用于社会实践，希望社会也能像科学那样具有客观性和可预测性。正如有学者所指出的，现代科学技术的基本精神就是理性主义精神。这里所谓的“理性主义”是指一般意义上的理性主义，是指非感情化的一种计算、思考心智的方法。② 套用韦伯的观点，技术理性是一种工具理性，工具理性不同于实质理性，不是一种强调目的、意识与价值的合理性，而是一种着重于通过理性算计去达到强调手段有效性的理性。工具理性与实质理性一起构成了社会学意义上的“合理性”，即或是目的合理性，或是手段合理性，从而完成了由哲学意义上的“理性”概念向社会学意义上的“合理性”概念的转变。根据“合理性”的概念，韦伯进一步构造了合理合法化的官僚制组织，也就是理想的行政组织。

官僚制组织的合理性就在于，由于突出了专业技术知识的重要性，制定了严密、系统的组织规则体系，实现了组织行为的程式化与规范化，保证了组织行为的协调、统一与高效。对此，本尼斯曾经评说，“官僚制组织举起理性和逻辑的旗帜，批判和否定了产业革命初期靠个人专制、裙带关系、暴力威胁、主观武断和感情用事进行管理的做法。”③ 官僚制的技术理性追求总会凸显出专业专长的重要性。“技术理性不可抵挡地导致专业化的专家知识，这正是专业人员的生命力，并引起 19 世纪后半期和 20 世纪早期职业协会的繁荣。如果没有专业知识的合法性，专业人员就不可能拥有社会地位，或获得对专业实践的自主权和控制权，而这正是每个专业的最终目标，尽管有时并未明确地表达出

① [德] 马克斯·韦伯：《新教伦理与资本主义精神》，于晓等译，生活·读书·新知三联书店 1987 年版，第 7 页。

② 丁煌：《西方行政学说史》，武汉大学出版社 1999 年版，第 199 页。

③ 孙耀君：《西方管理学名著提要》，江西人民出版社 1992 年版，第 279 页。

来。”① 技术理性，以及与此相伴随的专业主义，极大地推动了社会诸领域的发展。在行政领域中，深受技术理性与专业主义的影响，建立起了合理、合法化的行政组织——官僚制，形成了系统化的组织行为规范，拥有了专业化的行政人员队伍。

然而，正如有学者所指出的，“韦伯所运用的工具理性概念解释了为什么官僚能够有效地执行政策的组织现象，但是，通过工具理性的概念并不能解释官僚如何去影响政策制定的过程，也不能解释官僚如何进行利益角逐、并直接参与政策制定的行为”。② 工具理性是有用的，但必须建立在一定的价值理性之上，局限于特定的范围，倘若工具理性偏离了价值理性，呈现出单方面的扩张，其社会影响将是恶劣的。其实，即使在官僚制的组织实践中，我们也不难发现，官僚制这个理性的产物也正日益变成一个非理性的怪物，技术理性与专业主义正在走向自己的反面：专业的行政工作被降同于常规性的机械工作，自主创新与能力专长受到排斥与钳制，专业技术被置于可有可无的地步。与此同时，行政工作却越来越多，复杂性也越来越强，“完成这些任务不仅要有高超的行政技能，还要有管理的能力。同时需要雇用许多有专门知识的工作人员，如经济学家、工程师和统计学家。甚至从事比较低级的工作，也不再能仅靠‘聪明’了”。③

虽然，理性主义常常因为对人的主体性的缺乏关注，以及实践中广泛存在的技术困境而受到批判，但是，理性主义所创造的现代文明，所引起的社会诸领域的迅速发展却是一个不争的事实。正如法默尔所揭示的，理性就好比是现代性的方言，现代性所指的是，“有关人类主体和人类理性之力量和本质（以及相关的问题）的各种创设和信念的独

---

① ［美］杰伊·D. 怀特、［美］盖·B. 亚当斯：《公共行政研究——对理论与实践的反思》，刘亚平、高洁译，清华大学出版社 2005 年版，第 24 页。

② Kato，Junko，*Problem of Bureaucratic Rationality*：*Tax Politics in Japan*，NJ，USA：Princeton University Press，1994，p.18.

③ ［英］约翰·格林伍德、［英］戴维·威尔逊：《英国行政管理》，王淑钧译，商务印书馆 1991 年版，第 101 页。

特核心，是这些东西构成了西方近500多年来——这个时期出现了如此之多技术的、社会的、政治的和经济的‘奇迹’——主导的心灵模式。”[①] 我们应该正视理性主义所带来的现代文明。毕竟，在这样的社会中，“人们求助于专家，并指望他做出他们要做出的实际的、政治的和经济的决定。现在，专家学者在技术起支配作用的过程中成为一个必不可少的人物。”[②] 同时，我们也应看到，工具理性本身并不具有绝对的意义。倘若过于倚重工具理性而忽略了价值理性，则工具理性的独立性就会损害价值理性，或者以工具本身为目的，或者服务于其他目的，从而背离了价值理性，最终走向非理性。工具理性应该是基于价值理性的理性，是服务于价值理性的理性，否则，人们在单纯的技术理性追求中反而会丧失掉价值理性，对形式理性的追求则会损害到实质理性。

三、管理主义[③] 的局限

近代社会是管理普遍化的社会，或称为管理主义化的社会。正如法约尔所指出的，管理是组织经营中的主要活动之一，是引导组织目标实现的必不可少的手段。在管理主义化的社会里，社会呈现出高度组织化的特征，而组织存在的目的就在于实现一定的组织目标，为了达到组织目标良好实现的状态，就提出了良好管理的社会需求。“在所有发达国家里，社会已成为一个组织的社会，在这个社会中，不是全部也是大多数社会任务是在一个组织里和由一个组织完成的。”[④] 无论是在日常的生活起居中，还是在学习、工作得以展开的场所，管理技术与方法的进步对人们生活的关切度都被提高到了前所未有的地步，管理协调与管理控制也成为维持组织运作与发挥社会作用的重要机制。作为社会治理的

① ［美］戴维·约翰·法默尔：《公共行政的语言——官僚制、现代性和后现代性》，吴琼译，中国人民大学出版社2005年版，第5页。

② ［德］伽达默尔：《科学时代的理性》，薛华等译，国际文化出版公司1988年版，第64页。

③ 当然，也有学者使用“管理主义”的概念去特指新公共管理运动，但是，在这里是在广义的层面上使用管理主义，泛指近代的管理普遍化现象。

④ ［美］彼得·德鲁克：《后资本主义社会》，张星岩译，上海译文出版社1998年版，第52页。

领域，行政管理中的管理主义化进行得更为彻底：完成了管理权力与统治权力的分化，发生了统治行政向管理行政的转型，追求管理效率的政府开始取代了作为统治工具的政府，专业的行政人员代替了传统的行政官吏发挥着独特的社会管理功能。

管理主义正在成为理解行政领域诸多现象的关键，即无论是行政人员的政治中立性，还是行政主体的理性主义，都唯有从管理主义的视角出发才能得以确切地理解。首先，管理主义化为落实自威尔逊—古德诺所开始的政治与行政二分的构想奠定了基础，使行政人员能够坚守政治中立原则，执着于行政工作的专业化追求，不断地提高行政工作的效率。其原因就在于职能专业化在组织管理的工作中总会具有突出的地位，而专业化能够把人限制在相对固定的工作上，从而培养起娴熟的工作技巧与高效的工作能力。其次，管理主义经过科学管理运动而迅速地发展起来。在这场运动中，人们开始重视管理技术与管理方法对提高生产效率的作用，管理不再是经验的而可以是科学的，管理学理论与管理教育也都迅速地发展起来。科学管理运动的成就很快从私人企业传到了政府的工作中，有力地推动了管理行政的科学化发展。另外，管理主义构成了官僚制组织发展的基础，在规则主导的组织运行过程中，通过严密的职权职责体系，实现了管理的非人格化与行政人员的职业化，契合了社会发展的合理化趋势，大大提高了行政工作的理性化程度。

协调是管理的重要功能，即管理有利于协调群体的行为，调动一切积极性因素去促使组织目标的最大化实现。“通过组织他人去办某些事情，复杂点说，管理就是制定目标，组织资源以达到一些预定的目标，评价取得的成果，作为制定未来行动的依据。”① 无疑，通过这种协调机制，可以达到群体之间的协作与工作的高效。然而，值得指出的是，管理主义的协调仍是从属于控制的视角。正如法约尔指出的，“对

① ［美］理查德·M. 霍杰茨：《管理的理论、过程与实践》，孙茂远、李英贤译，煤炭工业出版社 1991 年版，第 1 页。

物、对人、对行动都可进行控制。从管理角度看，应确保企业有计划并且执行计划，而且还要及时加以修订；控制并确保企业社会组织完整、人员一览表得到应用、指挥工作符合原则和协调会议定期举行等等。”①在管理主义的视角下，人同其他生产资料、机器别无什么分别，都是完成组织目标所必不可少的因素，只是一个是物的“工具”，一个是人的“工具”而已。正如有学者所指出的，“管理主义政府模式将政府机构比拟为一架精密设计的机器，行政人员无非是这架大机器上的一个无生命的‘螺丝钉’而已。”②所以，在管理行政的实践中，虽然已开始重视行政人员的专业能力，但只是在“工具”或“机器”的意义上，人的主体性却从未受到过应有的重视。

管理的目标就在于提高组织工作的效率，因而，管理主义必然是效率中心主义的。西蒙曾经说过，效率准则是同组织目标与组织生存紧密联系在一起的，“它同组织目标的联系在于，它要谋求最大‘产出’。它同生存目标的联系则在于，它要保持产出与投入的正平衡。”③效率的价值是不可否认的，它能够以较小的投入与产出比达成组织的目标，促进社会的理性发展。如果说单纯的效率追求尚能够满足企业的盈利目标，但是效率的追求却远远不能适应社会治理领域的需要。正如新公共行政学派所揭示的，在经济责任之外，行政组织还肩负着更多的社会责任，行政不能只是效率的，还必须是公平的。对于行政组织而言，公平与效率的价值宛若天平的两端，是不能偏废的。而且，对行政组织的效率核算也存在着难以克服的实践困难，无论是行政效果，还是行政投入的测算都具有很大的模糊性与不确定性。

总之，受管理主义的深刻影响，公共行政领域表现出政治中立、

---

① ［法］H. 法约尔：《工业管理与一般管理》，周安华等译，中国社会科学出版社 1982 年版，第 119 页。

② 李传军：《管理主义的终结——服务型政府兴起的历史与逻辑》，中国人民大学出版社 2007 年版，第 4 页。

③ ［美］赫伯特 · 西蒙：《管理行为：管理组织决策过程的研究》，杨砾等译，北京经济学院出版社 1988 年版，第 167 页。

理性主义、效率中心主义等特点，这既是一种历史进步，也随着时代的发展而表现出明显的局限性。在行政组织这个层面上，效率中心主义的追求，或者逐渐偏离了价值理性的方向，在长久的意义上丧失了组织效率，或者摇摆于公平与效率之间而不得其所。在行政人员这个主体层面上，同传统社会中的行政官吏相比，行政人员的职业角色预示着一种独立性与非依附性，无疑代表着一种历史的进步：行政人员已经取得了独立的社会地位，获得了以专业、专长等能力为基础的职位，拥有了相对独立于私人生活的职业生活，开始承担起特定的社会责任。然而，这种进步又是十分有限的，或者说，行政人员所获得的自主性与独立性不仅是极其有限的，而且经常性地受到压抑与排斥。其原因就在于，管理主义仍然从属于控制的视角。"角色是可以塑造的，塑造角色的技术也同样用来塑造社会。对于这个通过技术手段塑造出来的社会而言，理所当然地从属于技术的控制。"[①] 因而，总是尽量排除一切行政人员的主观因素干扰，试图把行政人员变成一台被操纵的、有血肉的机器。

第三节　行政人员角色发展的历史契机

古希腊哲学家赫拉克利特主张"一切皆流，无物常住"。这里所体现的是一种朴素的唯物辩证法思想，意思是说，万事万物都存在于永恒的运动与变化的过程之中。同"人不能两次踏进同一条河流的"的道理一样，社会的发展是日新的，而社会的需求也是不断变化的，社会治理领域的变革也将是不可避免的，这就为行政人员的角色发展提供了新的历史发展契机。只是，与以往的任何时期相比，当代世界的变化形势与革新速度更快。或者说，社会发展正经历着一个高速变革期，正处于一个急剧转型期。伴随着全球化、信息化、知识化的促进，一个新的社会

① 张康之：《论社会治理中的身份承认问题》，《中共杭州市委党校学报》2015 年第 5 期。

发展时期就要到来。在新的社会时期，社会的各方面都呈现出爆炸式的发展，革故鼎新的浪潮已不可阻挡。同时，人类自身的发展历史也表明，自由而全面的发展态势是不可阻挡。另外，顺应新的发展形势，社会治理领域也将发生一场深刻的变革，发生公共管理的治理模式变革。

一、后工业社会的到来

从 20 世纪中期甚至更早的时候开始，现实生活中难以解决的困难越来越多，社会危机的事件则频频连发，政府失灵与市场失灵交织在一起，造成了新的发展困境。种种迹象表明，社会正在步入一个高不确定的、高复杂性的时期。在这个新的社会发展时期，全球化的浪潮迅速袭卷到世界的各个角落，信息化的潮流则以迅雷不及掩耳之势覆盖社会的诸多领域。这种新的发展形势曾为许多学者所感知，并将其描述为后工业社会、后资本主义社会、后现代社会、超工业社会、信息化社会或是知识化社会等。在这里，我们借用了美国未来学家丹尼尔·贝尔的说法，暂且把这种新的社会发展时期概述为后工业社会，以与工业社会、前工业社会或传统农业社会的概念相对应。社会的行政需求正变得异乎寻常般地复杂多样。在应对日益复杂多样的行政需求时，社会治理领域的传统做法——理性化、模式化难免会显得过于僵化，灵活性不足，所以，本着头痛医头的思路，政府在工作中会显得十分慌乱，被置于回应性不足的地位，有着捉襟见肘的尴尬。

贝尔认为，后工业社会是一个描述和说明社会结构重要变化的概念性图式，有利于人们更好地分析与理解其与工业社会时期的不同。新时期的到来有许多征兆与表现，如危机事件的增多，社会冲突的加剧，抑或是风险社会的到来，悲观主义情绪的泛滥等。这些现象的出现都不是片面的、孤立的、偶然的，而是有着强烈的社会寓意，共同昭示着工业文明的结束。正如托夫勒所指出的，社会生活中日益增多的危机事件不是孤立的现象，而是密切联系的社会现象，它们共同昭示着工业文明的结束与第三次浪潮的开始。无疑地，“如果我们从相继而来的浪潮的变化和冲击中去思考，我们就紧紧把握住这个时代的基本事实：工业文明正在消逝。”① 在这里，第三次浪潮是与工业文明的第二次浪潮、与农业文明的第一次浪潮相对应的，用于形容新的社会变化情势。如许多学者所揭示的，后工业社会的出现将伴随着全球化、信息化与知识化等鲜明的特征，它们将成为促进后工业社会进一步发展的动力与明证，不仅会引起社会的新一轮变革与急速发展，而且将彻底改变工业社会的现实结构与既有面貌。

然而，后工业社会绝不意味着对工业社会的断裂、隔绝与否定，反而要根源于工业社会的发展，是工业社会里各种发展趋势的延续与升华。在后工业社会，还仍然是“使用自由市场作为唯一被证实的经济一体化机制”，在这个意义上，“它不会是‘反资本主义的社会’”，“它甚至不会是‘非资本主义的社会’”。只是，“后资本主义社会的重心——即它的结构，它的社会和经济动力、社会阶级和社会问题——与支配过去 250 年并界定种种使政党、社会团体、社会价值体系和个人与政治承诺得以具体化的问题的那些重心不同。”② 比如贝尔所概括的后工业社会的主要特征——服务性经济的基础性地位，专业与技术人员阶级的主导地位，理论知识的中心地位，新的智能技术的创造，以及对技术发展的控制等——都是一个逐渐发展与确立的过程，属于积累性的突破式发展。

贝尔曾经指出，后工业社会将以服务行业为基础，不再像工业社会那样是商品生产的社会。其实，即使在工业社会中，也已经有了服务部门。但是，由于服务的种类与数量还较少，况且大都局限于对商品的服务，如商品的包装、仓储、运输与销售等，服务部门的发展程度还很低，服务行业的从业人数还很少，在社会中还处于辅助性的地位。而到了后工业社会，服务行业则迅速地发展起来。“自第二次世界大战结

① ［美］阿尔温·托夫勒：《第三次浪潮》，朱志焱等译，生活·读书·新知三联书店 1983 年版，第 179 页。

② ［美］彼得·德鲁克：《后资本主义社会》，张星岩译，上海译文出版社 1998 年版，第 8 页。

束以来，服务部门在美国经济中已成为最大的部门，而且，从许多方面看，还是美国经济中最富于生气的部门。此外，世界上大多数工业化国家看来都在效法美国的榜样，尽管缓慢一点。”① 服务行业的基础性地位的确立，所意味的不仅是人们职业结构的改变，而且突出了人与人之间的关系。“它是人与人之间的竞争。这里要考虑的不是纯粹的体力或者能源，而是信息。主要人物是专业人员，因为他通过教育和培训把自己装备起来提供各种后工业社会日益需要的技能。”② 另外，服务部门比重的迅速上升也仍然需要商品生产的进行，问题的关键就在于，哪个是社会重心的问题，即是商品生产部门还是服务部门处于基础性地位的问题。

经济部门的变化不仅改变了人们的职业结构，而且改变了社会的技术与知识结构。一方面，服务部门的发展，带来了白领工人的增多，越来越突显出专业与技术人员的重要地位。“着重办公室工作、教育和管理工作的服务性经济的发展，自然而然地使劳动力向白领职业转移。到 1956 年，美国职业结构中白领工人的数目，在工业文明史上第一次超过了蓝领工人。”③ 而白领中的专业和技术人员队伍更是以惊人的速度成长着。如果说，在工业社会中，就已经对从业者提出了专业与技术的要求，并直接导致了半熟练工人数量的剧增。如为了适应工业化的要求，一般的工人也需要受过一定的专门训练才能完成相应的机器操作，但这种技术要求是比较常规化的，因而训练与培训所需用的时间也比较短，一般来说，只需要几个星期的培训就可以产生一个半熟练工人并正式上岗工作了。但是，由于当时的专业与技术水平还比较低，未带来明显的社会效果，或者说，还未能取得在后工业社会中的主导性地位。

后工业社会还将是以知识为重心的社会，是一个信息化的社会。

---

① ［美］维克托·R. 富克斯：《服务经济学》，许微云等译，商务印书馆 1987 年版，第 1 页。

② ［美］丹尼尔·贝尔：《后工业社会的来临——对社会预测的一项探索》，高铦等译，新华出版社 1997 年版，第 138 页。

③ ［美］丹尼尔·贝尔：《后工业社会的来临——对社会预测的一项探索》，高铦等译，新华出版社 1997 年版，第 17 页。

管理学大师德鲁克就曾经以“知识”为线索对后工业社会的理论进行了梳理，并创造出了“知识工作”与“知识工作者”两个词来描述后工业社会的知识化特征。他认为，后工业社会的基本经济资源将不再是“资本、自然资源（经济学家的‘土地’）或‘劳动力’。它现在是并且将来也是知识”。在这样的社会中，“价值由‘生产力’和‘技术创新’来创造，而这两者都是将知识运用于工作。知识社会的主要社会团体将是‘知识工作者’，即像资本家知道如何把资本运用于生产一样，他们是知道如何把知识用于生产的知识经理人员，知识专业人员，知识雇员。”① 知识可以促进信息的发展，而信息又可以促进知识的交流与传播，所以，知识也是信息，信息也是知识。在知识化的社会中，信息对人们生活的重要性将日益增加，无论是生产、消费、休闲，还是普通的日常生活都离不开信息的作用，在这个意义上，我们可以毫不夸张地说，信息就是财富，就是金钱，就是生命，就是生活的一切。

后工业社会对人们生活所带来的冲击是全方面的，它不仅反映在生活领域、生产领域、商业领域，而且必然会反映到社会治理领域里，对行政人员的工作提出新的挑战。学者托夫勒曾指出，这种冲击所带来的社会危机是方方面面的，甚至是工业文明所赖以维系的社会角色也将陷入危机，职业角色也当然地面临着同样的危机。“这种工业化赖以维系的社会身份结构，广泛社会性的崩溃，远比用大字标题来衡量一切公开政治抗议和游行所作出的变革，其革命意义要深刻得多。”②（这里的“社会身份结构”属于错译，原文中“role system”应译为“社会角色体系”）其原因就在于，在后工业社会里，随着更多的人投入改变职业角色的努力与斗争中，既有的法律规则所厘定的职权、职责范围不再是固定的、无异议的，反而会经常性地受到挑战而不得不加以改变，致使

① ［美］彼得・德鲁克：《后资本主义社会》，张星岩译，上海译文出版社 1998 年版，第 6—8 页。

② ［美］阿尔温・托夫勒：《第三次浪潮》，朱志焱等译，生活・读书・新知三联书店 1983 年版，第 178 页。

一切僵化的、缺乏弹性的钳制人们行为的程式与制式，以及压抑人们创新能力的思想禁锢，都将被无情地抛弃掉。

二、全面而自由的人类发展向度

马克思曾经说过，“社会性质是整个运动的一般性质；正像社会本身生产作为人的人一样，人也生产社会。活动和享受，无论就其内容或其存在方式来说，都是社会的，是社会的活动和社会的享受。”① 一方面，人作为社会活动的主体，是人类创造了社会的物质文明与精神文明，促进了社会发展；另一方面，人作为社会存在物，人能够作出什么样的行为，应该作出什么样的行为归根到底都要受到社会的影响，社会的发展也总会体现为人类自身的发展。在传统社会的条件下，社会尚处于未开化的野蛮状态，一切都笼罩在神秘的面纱之下，这时的人无疑是不自由的。直到近代社会，随着人们认识与改造自然能力的大大增强，人们才开始获得了自由发展的空间。正如亨廷顿所说的，“当人们意识到他们的能力，当他们开始认为自己能够理解并按自己的意志控制自然和社会之时，现代性才开始。现代化首先在于坚信人有能力通过理性行为去改变自然和社会环境。这意味着摒弃外界对人的制约，意味着普罗米修斯将人类从上帝、命运和天意的控制之中解放出来。”②

从启蒙思想家那里开始，自由就是一个不懈的追求。自由作为反对封建专政制度的有力武器，通过对思想自由、自主的宣扬，鼓励人们通过积极、主动的努力去摆脱受奴役、不自主的地位。然而，自由的意义绝不会仅仅停留在思想的层面，而是通过契约与市场机制深刻地作用于社会实践，极大地推动着近代的社会发展与人类发展。哈耶克曾指出，近代西方文明就得益于对个人自由的崇尚而成长起来，“把个人当作人来尊重，也就是承认在他自己的范围内，纵然这个范围可能被限制得很

① 《马克思恩格斯全集》第 42 卷，人民出版社 1979 年版，第 121—122 页。

② [美] 塞缪尔·亨廷顿：《变化社会中的政治秩序》，王冠华等译，生活·读书·新知三联书店 1989 年版，第 92 页。

狭，他的观点和爱好是至高无上的，也就是相信人应能发展自己个人的天赋和爱好。”① 自由也绝不等同于自由放任、随心所欲。洛克曾经说过，自由并非“各人乐意怎样做就怎样做，高兴怎样生活就怎样生活，而不受任何法律束缚的那种自由”②。孟德斯鸠也说过，“自由是做法律所许可的一切事情的权利；如果一个公民能够做法律禁止的事情，他就不再有自由了，因为其他的人也同样会有这个权利。”③ 其实，即使在西方自由主义者那里，也经历了一个由主张“自由放任”到主张“国家干预”的变化。但是，无论如何，自由开启了西方近代文明，自由的价值是至关重要的。“自由主义最浅显的意思是强调尊重自由，现在有些人否认自由的价值。同时又自称是自由主义者。自由主义里没有自由，那就好像是长坂坡里没有赵子龙，空城计里没有诸葛亮，总有点叫不顺口罢！”④

然而，刚刚开启的人类的自由发展很快就遭遇了新的阻碍。随着市场交换的扩大与普遍化发展，正如舍勒所指出的，“生意作为一种独立存在，其增长、繁荣以及盈利的上升，都已经变成了目的本身，结果，任何对人的福利和痛苦（包括他们自身的福利和痛苦）的回顾已完全消失。”⑤ 社会关系被深深地烙上了物化的痕迹，人们刚刚摆脱了对自然的依赖，却又再次深深地陷入了物欲的泥沼之中。“活动和产品的普遍交换已成为每一单个人的生存条件，这种普遍交换，他们的互相联系，表现为对他们本身来说是异化的、无关的东西，表现为一种物，在交换价值上，人的社会关系转化为物的社会关系，人的能力转化为物的能力。”⑥ 马克思还指出，在未来的共产主义社会，在生产力获得了极大发展，在社会

---

① ［澳］哈耶克：《通向奴役的道路》，滕维藻、朱宗风译，商务印书馆 1962 年版，第 19 页。

② ［英］洛克：《政府论》下篇，叶启芳、瞿菊农译，商务印书馆 1964 年版，第 16 页。

③ ［法］孟德斯鸠：《论法的精神》上册，张雁深译，商务印书馆 1987 年版，第 154 页。

④ 胡适：《人生大策略》，湖南文艺出版社 1989 年版，第 92 页。

⑤ ［德］舍勒：《资本主义的未来》，罗悌伦等译，生活·读书·新知三联书店 1997 年版，第 27 页。

⑥ 《马克思恩格斯全集》第 46 卷（下），人民出版社 1979 年版，第 103—104 页。

产品达到极大丰富的条件下，这种状况将会得到根本性改变。“共产主义是私有财产即人的自我异化的扬弃，因而是通过人并且为了人而对人的本质的真正占有；因此，它是人向自身、向社会的（即人的）人的复归，这种复归是完全的、自觉的而且保存了以往发展的全部财富的。”①

在马克思所提出的“以每个人的全面而自由的发展为基本原则”②的社会理想中，人类的发展向度不仅是“自由的”，还必须是“全面的”。倘若，一个人只是“自由”地取得了“片面”的发展，那将是不健全的，并且会最终丧失掉“自由”的发展限度。近代以来的社会发展表明，未能取得全面发展的人们在理性化的追求中反而再次变成了官僚制“铁笼”中的“奴仆”，甚至被降同于“物”而予以控制。贝尔就曾指出，“这是一个有组织的世界——等级森严和官僚科层体制的世界——人被作为‘物’来对待，因为协调物比协调人比较容易。”③在因事而设的职位上，所有的职位要求都不是针对人的，都不需要考虑人的能力大小与有无特长，人所应该做的就是按照固定的职位要求去工作，不鼓励创新，更不鼓励人尽其才。“职业使得各个人的劳动被限制在狭小的范围，在那里，适应职业要求的能力得到了畸形发展，与职业无关的能力则萎缩下去。”④其结果必然是限制了人的发展，扼杀了人的主动性。

总之，人的“自由发展”或是“全面发展”，抑或是人的“自由而全面的发展”总是要根源于社会的发展才成为可能。“全面而自由的发展”既不能只凭抽象的人性而造就，也不能够在纯粹的理性追求中实现，而只能在现实的社会发展中，通过人与外部世界之间的持续互动与不断交往而实现。无疑地，后工业社会的到来，将为人类走向“自由而全面”的发展向度提供一次难得的良机。后工业社会的高复杂性、高不

---

① 《马克思恩格斯全集》第 42 卷，人民出版社 1979 年版，第 120 页。

② 《马克思恩格斯全集》第 23 卷，人民出版社 1972 年版，第 649 页。

③ ［美］丹尼尔·贝尔：《后工业社会的来临——对社会预测的一项探索》，高铦等译，新华出版社 1997 年版，第 137 页。

④ 林其泉：《分工的起源和发展》，厦门大学出版社 1988 年版，第 277 页。

确定性将要求人们不局限于个别职位上的“片面能力”，而是要求人们能够掌握更加丰富的知识，鼓励人们追求多方面的能力。当然，为了使人的发展能够适应社会发展的需要，教育与培训工作将变得特别重要。正如托夫勒所说的，“培训将成为第三次浪潮产业中最大的产业之一”，后工业社会促进人的发展的主要方法就是“培训、再培训、甚至更深入的培训，来重新部署劳动力”①。同时，人们迎接后工业社会挑战的主动的、正确的态度就是学习、学习、再学习。

三、公共管理的社会治理模式

治理的问题是永恒的，治理就是为了“让同一块领土上数以百万计的男人和女人共同生活在内外和平和持久繁荣中，确保人类社会与其环境的平衡；从长计议管理稀缺而脆弱的自然资源；保证人们的思想和行动自由，同时维护社会正义、调和共同利益；向每个人分别和共同提供最大的繁荣机会；允许科学和技术的发展，但不被其力量冲昏头脑；确保所有的人过有尊严的生活”。② 但在社会发展的不同阶段，治理的模式却存在着很大的不同。在农业社会表现为过分依赖权力的统治型行政，在近代工业社会表现为追求效率且偏爱工具理性的管理行政。管理行政发展到一定阶段，科学和技术理性逐渐成为遏制人类创造性的禁锢，对效率的偏爱也阻碍了社会公平的实现。随着政府内部性问题的进一步凸显，传统治理模式的弊端日益暴露，福利国家“从摇篮到坟墓”的神话破灭了。特别是以美国“新公共行政”运动对公平的关注为契机，产生了对管理型治理模式进行变革的要求。为了摆脱政府所面临的普遍危机与现实困境，从20世纪末开始，世界各国相继开展了轰轰烈烈的新一轮行政改革，从而预示着公共管理这种新型社会治理模式的来临。

---

① ［美］阿尔温·托夫勒：《前景和前提》，上海市未来研究会译，上海人民出版社1984年版，第70页。

② ［法］皮埃尔·卡蓝默：《破碎的民主——试论治理的革命》，高凌瀚译，生活·读书·新知三联书店2005年版，引言第8—9页。

公共管理这种治理模式的出现是适应社会发展的必然结果，是管理行政发展到高级阶段的替代性选择，意味着一种不同于旧有体系的全新的社会治理模式。在社会治理领域，管理行政取代传统的行政管理曾经代表了一种历史的进步，它已经区分了统治功能与行政功能的不同，并以社会管理的主要职能作为自身领域化的前提。至此，公共行政作为一个职业领域的独立地位才得以确立。而职业成为人们分群的标志时，就意味着特定的团体享有共同的道德标准或伦理规范。根据涂尔干的描述，“如果人们没有这种通过密切联系创造出的整体感，就不可能生活在一起，也不可能同舟共济；他们情不自禁地依附于这个整体，与其休戚与共，用行动去报答它。”①职业规范作为特定人群归属的标志，一般具体表现为由“技术性规范、制度规范和以文化或职业习惯构成的文化规范”②等组成的规范系统。因而，在管理行政中总是倾向于制订更多、更详尽的制度规范，力求把各种各样的社会关系纳入到严密的规范体系之下。

但过分强调技术理性，偏爱制度理性的结果导致了职业规范体系的畸形发展，或者说代表技术与制度理性具体化的法律规范，其成长速度和发展规模远远超过了以文化或职业习惯构成的文化规范。由于法律等制度性规范在调整人类的复杂行为时欠缺周延性，而以文化或职业习惯等构成的文化规范又没有得到及时的发展，致使公共行政发展中“偏爱法治”的因，却结出了“偏离法治”的果。或者说，对法治的高度重视却无法避免现实中大量违法行为的出现，并没有达到预想中的良好的法治局面，反而表现出现实的无力效果。同时，官僚制在“祛魅”的非人格化管理中，为了保持行政工作的高效，总是试图使行政人员超脱于价值追求之外，保持价值中立。故而，在管理行政的实践中，经常表现出在公平与效率价值之间的左右摇摆，未能很好地坚持公共行政的公共

---

① [法] 爱弥尔·涂尔干：《职业伦理与公民道德》，梁敬东、付德根译，上海人民出版社2000年版，第28页。

② 张康之：《论作为职业活动的公共管理——公共管理伦理学视角中的公共管理活动》，《北京行政学院学报》2003年第4期。

性价值，反而，在制度效率的强力牵引下，在长远的意义上丧失了行政效率。

另外，随着后工业社会的到来，我们正在步入一个高不确定的、高复杂性的时代，原有的治理体系已远远不能适应新的发展要求，如果说，“以职能、规则和机构为内容的治理适用于稳定的世界，因为存在规律性，所以一切都可以被纳入规则。”但是，随着政府不可治理性的增加，传统治理模式的弊端日益彰显，这种治理模式已不能适应一个不断变化的世界，“在那里，规则试图对到其生效时已不复存在的问题做出规定，将早已摆脱规范的现实纳入规范化的范畴，结果只能是徒劳。”① 人们逐渐认识到，政府的不可治理性单靠传统的制度理性与烦琐规则是解决不了的，唯有在管理行政发展到顶峰时实现及时转型，主动跨入公共管理时代，才能固守公共性的价值追求，才能保有社会治理的有效性。“如果以取代传统为目的的治理模式为了使过去和既存物合法化而忽略自身作为助产士以解放未来的潜力这样一个角色，那我们将不能得到很好的服务。正是对公共利益而不是历史情节的追求，使所有积极投身于前摄行动的公共行政者行列的人的努力合法化了。”②

公共管理这种新的治理方式之所以为众多的学者和实践者所关注，其原因虽是多方面的，但却都围绕着一个重心——即这场治理变革的历史深刻性。公共管理的治理主体将是多元的，正如卡蓝默所提出的，“新的社会参与形式，由非政府组织和私人负责过去一直属于国家的职能，重建社区，重新定义公民属性，从实用的观点对待国家及其与社会的关系的非机构化，司法多样，重新发现地方区域，各层次治理的新关系形式，公民社会主动建设国家公共舞台——所有这些实际的革新逐渐

① ［法］皮埃尔·卡蓝默：《破碎的民主——试论治理的革命》，高凌瀚译，生活·读书·新知三联书店 2005 年版，第 78 页。

② ［美］查尔斯·J. 福克斯、［美］休·T. 米勒：《后现代公共行政》，楚艳红等译，中国人民大学出版社 2002 年版，第 31 页。

形成体系，有助于确定新的治理轮廓。"① 同时，公共管理也将是加入伦理向度的，如张康之教授所指出的，"公共管理作为一种新型的社会治理模式，恰恰是由于他与农业社会的权力统治不同，也与近代社会的法制的社会治理不同，而是一种基于道德的社会治理模式。"② 公共管理把社会治理的价值从秩序与效率的追求上转移开来，开始关注服务的价值，用服务行政来取代管理行政的运行机制。这种基于道德的社会治理模式预示着公共管理者的职业角色与以往相比将表现出很大的不同。

① [法] 皮埃尔·卡蓝默：《破碎的民主——试论治理的革命》，高凌瀚译，生活·读书·新知三联书店2005年版，第63页。

② 张康之：《公共管理职业活动中的三个伦理问题》，《天津行政学院学报》2003年第5期。

第六章　从行政人员的角色到公共管理者的角色

一旦理想被实现，一个不安定的寻求新的目标的时代就要来临。如果说，行政人员专业角色的出现曾经适应了社会发展的时代需求，那么，随着社会的发展与变化，行政人员的专业角色也必然要寻求新的发展，以适应变化了的社会需求，确立起新的发展目标，牢牢地把握住这次新的社会发展契机。在治理模式创新的视角下，官僚制的弊病既是旧时代终结的象征，也是超越官僚制取得新发展的机遇，而组织变革中的环境适应性的增强也将为纠治行政人员的普遍性角色失范行为提供坚实的土壤。我们有理由相信，在走向合作治理的未来时，行政人员的职业角色将会得到更为完善的发展。与此相应地，在社会治理领域将发生一次重要的转型，而在这次从科学定位转向伦理定位的努力中，行政人员将进一步成长为有伦理自觉性的公共管理者，并在现实的服务型政府建设中，专注于服务的价值追求，致力于自身服务能力的不断提高与负责任行政的实现。

第一节 治理模式创新视角下的发展构想

一、超越官僚制的愿景

毫无疑问，官僚制曾经适应了近代社会的发展需求，是它造就了专业化、理性化的行政人员队伍，确保了行政工作的一致性、稳定性与高效性，正是在这个意义上，韦伯把官僚制称为理想的行政组织。鉴于官僚制与行政人员二者之间的紧密联系，官僚有时成了行政人员的代名词，人们甚至会用“行政官僚”、“技术官僚”来指称行政人员。同时，由于官僚制所带来的现实困境，人们开始使用“官僚”一词来表示内心的强烈感情——一种类似不满与批评的感情，此时，“官僚”意味着“官僚主义”、“官僚习气”、“官僚作风”，具有明显的贬义色彩。

然而，正如有学者曾经指出的，“‘官僚’的初始意义也并不带有任何褒贬的色彩”，“充其量不过是一个中性词”。[①] 在招致众多批判的同时，也有学者站出来，主张“为官僚制正名”，指出，在人们责怪官僚们的“繁文缛节”时，人们应该记得“自从19世纪以来产生的繁文缛节并不能说明官僚体系没有效率或是失败，它更多地说明了政府所处的一个困境的本质：不得不出于很多原因，为很多人去做很多事情”[②]。而在人们责怪官僚们不接听电话时，则是因为“绝大部分官僚都不是整天坐在办公桌前。如果这样，那也是在利用计算机工作，而不是在翻看报纸，而且如果你想致电他们，他们也许正在办公室的某个地方与其下属开着会议——或者正在办公楼外与社团领导人谈话”[③]。其中的难处，或许正如

① [美] 蓝志勇：《行政官僚与现代社会》，中山大学出版社2003年版，第3页。

② [美] 查尔斯·T. 葛德塞尔：《为官僚制正名——一场公共行政的辩论》，张怡译，复旦大学出版社2007年版，第103页。

③ [美] 查尔斯·T. 葛德塞尔：《为官僚制正名——一场公共行政的辩论》，张怡译，复旦大学出版社2007年版，第134页。

学者库柏所指出的，“官僚制的优点也可看作缺点”，[①] 或者说，官僚制具有“正功能”与“负功能”两个方面。

蓝志勇教授在《行政官僚与现代社会》一书中认为，由于官僚的存在与运行必须要依赖于现代社会的条件，官僚在本质上是一种现代社会的独特现象。[②] 一方面，货币经济的发展为扩大的商品交易与固定的薪俸支付提供了客观的保障，人们通过职业化的工作，可以定期地获得工资收入，所得的工资收入又可以到市场上买到任何的生活必需品，从而激励他们勤勉地投入到职业追求之中，这就为职业化奠定了深刻的经济基础；另一方面，工业化大生产已经促成了人们经济理性的生成，而官僚制的技术化与高效性率的工作追求则有效地保证了经济理性的实现，适应了现代大规模组织的管理要求，通过管理的非人格化手段与严密的规则体系，大大减轻了行政过程中的个人随意性，极大地提高了行政工作的效率，从而极大地改善了社会的管理与控制能力。另外，由于官僚制十分倚重规章、文件等文档性资料，这就要求行政人员必须是训练有素的，必须是受过良好文化教育的，而这在不发达的传统社会是不可能的。但是，工业文明已经促成了教育的普及化，这就为拥有一支专业化的、受过正规训练的行政人员队伍提供了现实可能性。

因而，我们说，官僚制毕竟是一种适应现代社会的组织模式，它造就了行政人员的专业化队伍，如密尔所提出的，“官僚是一种维护自由的手段，是一个将自由与训练有素的管理相结合的统一体。官僚之所以重要，是因为自由本身并不能产生效益。如果没有有效的方法将自由与训练有素的管理技能相结合，自由就会毫无意义。”[③] 虽然，行政人员在官僚制中发挥着重要的作用，有力地促进了自由、平等等现代价值的实现，满足了专业化、理性化的职业追求。然而，官僚制绝不能满足行

---

① 参见［美］菲利普·J. 库柏：《二十一世纪的公共行政：挑战与改革》，王巧玲、李文钊译，中国人民大学出版社 2006 年版，第 201 页。

② 参见［美］蓝志勇：《行政官僚与现代社会》，中山大学出版社 2003 年版，第 9—11 页。

③ 转引自［美］蓝志勇：《行政官僚与现代社会》，中山大学出版社 2003 年版，第 4 页。

政人员的主体性要求，也不能为行政人员的自由而全面的发展提供充分的空间。其原因就在于，在官僚制中，“重要的是制度、法规和正式职务，而不是个性；是公事公办，而不是个人关系；是技术专长，而不是心血来潮，一时聪明。”① 即相比较于制度、规章而言，行政人员的积极性永远是受到压抑的，而行政人员的主体性也永远处于次要的地位。

官僚制中严密的规则体系虽然有利于实施非人格化的管理与控制，力促行政工作的高度一致，贯行着相同事件相同处理的理性化与高效性原则，但同时也严重压抑了行政人员的自主性与创新性。“在官僚主义政府中工作的许多雇员有动弹不得的束缚感。这些雇员被种种规章条文捆住了手脚，工作单调无味，分配给他们干的工作，如果允许自己动脑筋干，只消一半时间就可以完成，然而他们过的是沉默、绝望的日子。”② 同时，官僚制中层层节制的权力体系虽然有利于命令与决策的迅速地上通下达，但僵死的程序与过分的节制有时反而会贻误事件处理的良机，从而造成了新的不民主与不效率问题。使行政人员在“环环相扣的命令——控制逻辑中，把持公共行政职位的有识之士根本没有空间为组织的业绩自主地行使权力。一旦被编制到这个环式结构之中，便再也没有办法超越泰勒式的管理模式了”③。

官僚制组织也往往会背离其作为负责任体系的设计初衷，在严格的照章办事的束缚之下，“许多政府雇员不能做他们认为是正确的事情，担心如果有人发现他们漠视规章而受到惩罚，干脆撒手不干。他们忘记了他们所属的机构的使命，满足于照章办事。他们以古老的传统写一份又一份备忘录。”④ 一方面，经常性的控制思维，造就了行政人员的机械

---

① 转引自孙耀君：《西方管理学名著提要》，江西人民出版社 1987 年版，第 279 页。

② ［美］戴维·奥斯本、［美］特德·盖布勒：《改革政府：企业家精神如何改革着公共部门》，周敦仁等译，上海译文出版社 1996 年版，第 15 页。

③ ［美］查尔斯·J. 福克斯、［美］休·T. 米勒：《后现代公共行政》，楚艳红等译，中国人民大学出版社 2002 年版，第 25 页。

④ ［美］戴维·奥斯本、［美］特德·盖布勒：《改革政府：企业家精神如何改革着公共部门》，周敦仁等译，上海译文出版社 1996 年版，第 92 页。

式工作方式，不利于培养他们的主动性，扼制了他们争取工作创造性完成的努力。另一方面，责任从来都是十分复杂的，仅仅依靠外在的强力控制除了会引致人们对其的厌恶与排斥之外，绝对达不到促使人们承担主动责任的效果。另外，官僚制中职权、职责的明确化方式并不足以保证责任的落实，反而由于职权的条块分割造成了人们相互之间的责任推诿与责任冲突，从而出现了“缺位、错位、越位、虚位”等由于职责不清而出现的争功诿过局面，在最终的意义上不利于责任的承担。

官僚制所作出的祛除价值巫魅的理性化努力，使得近代刚刚开启的人类自由发展的曙光再次遭遇了遮蔽。“在人类事务中，完全的理性不是恰当的正确的目标；一个一切都是有条理的和可预见的，没有自发性的行为、惊奇和感情波动的余地的世界，不是一个理想的世界。”① 其理性化在保持行政人员行为一致性的努力中，压抑了行政人员作为一个成年人的自主性与个性化的追求。如张成福教授所指出的，官僚制的这种理性化价值是与人格成长的发展趋向背道而驰的，直接导致了“防卫型的官僚人格”，“将人类从情绪、感情的本性中抽离出来”，使他们在人际关系交往中表现出表里不一的行为，即“对己有利者老练世故、热情照应；对己无益者冷漠无情，吝于关怀”②。在这个意义上，官僚制在拒绝私人感情与个人好恶等非理性因素的努力中，并未能达到使其远离私情关系考虑的境界。同时，这又是与人的主体性地位的要求不相称的，人作为社会的主体，绝不能只是满足于手段的、工具的地位，而是要成为目的本身。这就要求我们在社会的发展中尊重个性的差异化与多样化，引导人们追求生活与工作所带来的乐趣，简单点说，就是要注意把人当作人来对待。

官僚制的优点在实践中往往会变成缺点的原因就在于，官僚制的体制设计所适应的是一个相对稳定的社会环境，局限于相对封闭的组织

---

① 彭和平、竹立家：《国外公共行政理论精选》，中共中央党校出版社 1997 年版，第 198 页。

② 参见张成福：《公共管理学》，中国人民大学出版社 2001 年版，第 136—137 页。

形式之中，很少或没有考虑到面临环境变化时的适应问题。而如今，随着环境的变化，“官僚体制已经面临土崩瓦解。当今世界里瞬息万变，技术革命、全球范围内经济竞争、市场日益分化、从业者受过良好的教育、苛求的顾客以及严格的财政限制，所有这一切都使得高度集权、自上而下的垄断专权显得过于老态龙钟、反应迟钝，在变革和创新方面显得无能为力。”① 如果说，在韦伯提出官僚制组织时，适逢工业社会的形成期，社会需求还相对单一，组织任务还相对简单的话，官僚制还能够表现出其与较大规模的组织之间的相适应性，从而发挥着官僚制组织的优点。然而，从 20 世纪末开始，随着世界迅速发展时期的到来，社会的不确定性与高复杂性特点越来越明显，官僚体制也正在走向穷途末路，一种摒弃官僚制、改革官僚制，或是超越官僚制的愿景正在逐渐变得更加清晰与明确。

二、组织变革的前景

组织学家本尼斯认为，无论是从组织的内适应或是外适应的角度，官僚制自身所具有的缺陷都决定了其终将被无情抛弃掉的命运，据此，他曾作出断言，“官僚体系不可能再继续成为人类组织的主要形式了”，“从 60 年代开始算起的 25 年至 50 年内，人们将亲眼看到这种组织形式被埋葬掉”。而导致官僚制崩溃的根本原因就在于它无法适应变化了的环境要求。② 如今，社会情况已经发生了很大改变：科学技术获得了迅速的发展，组织环境的变化速度超乎人们的想象，而随着全球化与信息化的发展，组织自身的发展也到了十分庞大的程度，其中的异质性与复杂性已远远走到了传统官僚制的常规性控制范围之外。与此相应的，人类自身也取得了相当的发展，人们不再满足于受控制、受摆布的命运，而是开始拥有了健全的、全面的自我发展要求，并热情地追求着自由、

---

① ［美］奥斯本、［美］普拉斯特里克：《摒弃官僚制：政府再造的五项战略》，谭功荣、刘霞译，中国人民大学出版社 2002 年版，第 18 页。

② 朱国云：《韦伯官僚组织结构理论的新演变》（下），《国外社会科学》1995 年第 11 期。

民主、平等等价值理想；他们不再沉溺于衣食住行的生活满足，而是对自己的职业生涯怀有强烈的归属感与自我实现的激情；“组织人”在官僚制中绝不可能是非人格化的，而是个性鲜明的，富于差异性的，他们总是拥有着复杂多样的工作动机。正如唐斯在《官僚制内幕》① 中所分析的那样，它们一般包括：权力、金钱、声望、便利、安全、忠诚、源自于工作本身的成就感、愿意为特定计划负责任的承诺，以及为公共利益服务的良好愿望等。

然而，官僚制组织的适应能力是极其有限的，它比较适应于相对稳定的、常规化的组织环境，所以在面临着激烈变革的社会需求时，对官僚制的摒弃与超越已经迫在眉睫了。正如学者库柏所指出的那样，“虽然官僚制目前仍是大规模组织的主要形式，但是它面临着一个十分严重的、关系到长远发展的问题，即许多使官僚制成为一种理想组织形式的优点正在或已经失去了先前的重要意义。即使我们的公共官僚组织运作得非常好，但它们也无法适应20世纪90年代及21世纪的环境。”② 或者说，组织环境的变化，已经提出了组织变革的时代要求，已经使得官僚制的时代合理性成为过去，而历史的局限性却使得其存续的空间一再地缩小，仅仅依靠支离破碎的改进或细枝末梢的修剪已经不再能够为其提供充裕的苟延残喘空间，时代呼唤着一次彻底的、根本的组织变革的洗礼。

对组织通俗的理解就是，它是一个目标实现系统。因而，在现代管理学中，特别是自杜拉克在《管理实践》中明确提出“目标管理”的概念之后，无论是在私人企业还是在公共部门的管理中组织目标都得到了充分的重视。“毕竟使命决定了策略，而策略决定了结构。”③ 组织目

① 参见［美］安东尼·唐斯：《官僚制内幕》，郭小聪等译，中国人民大学出版社2006年版，第98—118页。

② ［美］菲利普·J. 库珀：《二十一世纪的公共行政：挑战与改革》，王巧铃、李文钊译，中国人民大学出版社2006年版，第201页。

③ ［美］杜拉克：《21世纪的管理挑战》，刘毓玲译，生活·读书·新知三联书店2000年版，第7页。

标的不同决定了组织之所以为组织而区别于其他组织的根本，还决定了组织能够采用什么样的组织结构而不能采用别的组织结构，从而决定了不同类型的组织之间管理的不同。因而，随着组织环境的改变，必然提出新的组织目标，这就要求组织变革的进行，要求组织管理与组织结构的变革。因此，组织目标绝不是固定不变的，而是随着社会环境的变化而发生变化的。在高复杂性、高不确定性的组织环境中，组织目标将是一个持续的、互动的生成过程；组织结构也将是一个富于流动性的、开放性的变化过程。

在未来的社会中，组织结构对环境的外适应能力将得到更加突出的发展。曾有许多学者对简单、灵活的组织结构进行了研究，如有人认为，顺应环境的变化，未来组织的发展趋势将是“一个由灵活的、网络化的组织所构成的全球经济，一个由信息技术和各种劳动力推动的全球经济，需要组织发展与组织运作关系更加紧密，在技术上更具可行性、周期更短、更加革新和学习导向化、更加内部自律、能适应更多不同观点客户的需要、更跨文化性以及对价值的判断更为明晰”①。而组织学家本尼斯在《垂死的官僚制》一文中，也基于对官僚制弊病的批判与反思，主张未来的组织结构必将是有机——适应型的，一方面，在机构设置上，具有较强适应力的临时系统将得到迅速的发展，而机构的增设中也将更加突出问题导向；另一方面，在人员配备中，将更加依靠专业人员的群体性作用；另外，在工作任务的安置上，将是有机的、灵活的，而不再是机械的、固定的，在具体的工作中，更重要的是人们完成任务的能力，而不是预设的职位，即谁有能力解决问题，工作就由谁来负责。②

组织的结构变化又决定了组织管理的变化。传统官僚制一般比较倚重规范所提供的强制性秩序，正如费埃德伯格所说的，“在一个既定

---

① ［美］卡明斯、［美］沃里：《组织发展与变革精要》，李剑锋等译，清华大学出版社 2002 年版，第 325 页。

② Warren G. Bennis，“The coming Death of Bureaucracy”，*Management Review*，Vol.56，Issue 3，1967，pp.19-24.

的行动领域中，将相互依赖的行动者联系在一起的诸种互动过程，建立在一种权力的初始基础之上。”① 然而，这里的规范与秩序一般都是预先设立的，往往游离于组织运行的实际需要之外，能够适应相对稳定的、常规化的组织管理，却远远不能满足未来的变动性、开放性组织管理的需要。其实，早在人际关系学派的研究者那里就已经认识到，组织不仅是一个抽象的经济——技术系统，更是一个具体的社会系统。组织目标的实现有赖于社会利益、组织利益以及组织个人利益之间的持续互动。虽然组织总是力图排斥与压抑组织成员拥有组织目标之外的私人考虑，但“正如可以假定一个组织或一个集团的成员拥有共同利益，他们显然也拥有不同于组织或集团中其他人的纯粹的个人利益”②。因而，任何组织目标都要来源于社会利益的考虑，又有赖于组织个人的认同与努力。

然而，无论是组织结构的变化，还是组织管理的发展，最终都要通过“人”这个主体才能实现，因此，唯有人的能力与素养才是保障组织变革顺利进行的关键。组织管理主要是针对人的管理，而不仅是对事的管理。但是，在传统的官僚制组织中，总是过于看重事情本身，反而忽略了至关重要的人的主体性，妄图以严格的程式化、高度的一致性去消灭个体的差异性与能动性。在高不确定性的未来组织环境中，无疑将更多地依赖于组织个体的主动性，将彰显人的自由而全面的发展向度，与此相应的，管理也将呈现出多元化、多样化的特征。“在整个工作场所中，不同的人要用不同的方式来管理；而同一群人在不同的时候，也要用不同的方式来管理。越来越多的‘员工’需要被当作‘伙伴’来管理——合伙关系的定义就是所有伙伴都是平等的。也因为这种‘合伙’关系，伙伴不能被使唤，他们需要被说服。”③ 受尊重的组织个体将不再

① ［法］埃哈尔·费埃德伯格：《权力与规则：组织行动的动力》，张月等译，上海人民出版社 2005 年版，第 4 页。

② ［美］曼瑟尔·奥尔森：《集体行动的逻辑》，陈郁等译，上海三联书店、上海人民出版社 1995 年版，第 7 页。

③ ［美］杜拉克：《21 世纪的管理挑战》，刘毓玲译，生活·读书·新知三联书店 2000 年版，第 20 页。

是孤立的、支离破碎的正式角色的承担者，而总是主动的以“合作”取代消极的“协作”。

保持未来组织具备较强的内适应性的根本方法就是以“合作”取代“协作”，其原因正如福山指出的，“最高的经济效率不一定能由理性的利己行为来达成，反而由个体所组成的群体共同努力才容易达成，原因是这些社会成员之间存在着共同的道德观，使他们合作起来更见效率。”① 合作将大大不同于传统官僚制中人们之间的协作，合作是以组织成员的参与和认同为基础的，协作则偏重于客观的、分立的科学化的职责设计体系，而无视组织成员的能动性。积极的参与和认同将促使组织成员产生“他我”的意识，从而“增强了信誉的重要性，使他我与自我更为谨慎地对待他们表现出来的合作形象，促进了自我与他我信任与合作的可能性”②。毫无疑问，在合作关系的生成过程中，信任将代替敌视或漠视而成为重要的组织整合机制，即“信任是一切有效的合作关系中的实质性因素，虽然组织结构、制度和体制的科学化设计能够达成有效协作的效果，但是，缺乏信任，这种协作永远无法被提升到积极合作的局面，只有当组织拥有了信任基础，科学化的设计才能对有效的合作发挥积极意义”③。

提高未来组织外适应性的秘诀则在于持续的组织学习。与后工业社会的信息化、知识化要求相适应的，将是“学习、学习、再学习”，通过学习才能保证组织持久的创新性与竞争力，通过学习才能保持组织成员的能力与素养的适应性。“身处一个充满复杂性、惊奇、欺骗性和模糊性的环境，人们很难从中吸取教训，从而能够在今后的工作中引以为鉴。在这个混沌程度不断增加、变化迅速的环境中，为了生存，现代

① ［美］弗兰西斯·福山：《信任——社会道德与繁荣的创造》，李宛蓉译，远方出版社1998年版，第30页。

② ［美］罗德里克·M. 克雷默、［美］汤姆·R. 泰勒：《组织中的信任》，管兵、刘穗琴等译，中国城市出版社2003年版，第92页。

③ 张康之：《有关信任话题的几点思考》，《学术研究》2006年第1期。

组织必须能够更好更快地学习。”① 管理学大师杜拉克也指出，“以信息为基础的组织对专家的需求远远超过我们所熟悉的命令——控制式企业”，其原因在于，“信息是被赋予了相关性和目的性的数据，只有知识才能将数据转化为信息。而知识，从概念上来讲，从来都是专业化的”。② 总之，无论是组织学习还是组织成员的学习，最终都要落实到组织成员的个体学习上。同时，学习将不再局限于具体经验、单纯知识、角色扮演技能的学习，而是要着重于提高组织成员应对与处理高不确定性的、高复杂性的事件的能力，使他们能够掌握具备驾驭信息与知识的能力，而不仅是操作计算机或通过其他的技术手段去提高工作效率的能力。

三、走向合作治理的未来

“某种新的事情正在发生，而它必然与我们全都有关——只因为我们都属于那个不可分割的整体。”③ 世界是一个统一体，未来社会的到来正在深刻地影响着社会生活的方方面面。在走向未来的进程中，合作的价值而不再是区分与分割的意义正在凸显。如果说，传统社会与工业社会的发展所强调的是自我、专业化与领域分化，而能够划清自我与别人的界限，能够认识自然并驾驭技术，才使人类用自己的双手创造了农业文明与工业文明的历史辉煌。那么，在后工业社会里，为了摆脱过于分化所带来的不效益与层层分设的所带来的隔阂，系统、整体与总体的向度将受到额外的重视。正如圣吉在《第五项修炼》中所指出的，面对未来的冲击，我们亟须的是第五项修炼，即“系统思考”，“它植基于不断省思我们心灵深处的真正愿望，强调尊重个人愿景，并建立共有愿景；它植基于我们本有的创造性群体交谈能力，而使集体远比个体更有智

① ［美］李·G. 鲍曼、［美］特伦斯·E. 迪尔：《组织重构——艺术、选择及领导》（第三版），桑强等译，高等教育出版社 2005 年版，第 33 页。

② ［美］杜拉克：《杜拉克论管理》，孙忠译，海南出版社、三环出版社 2000 年版，第 157 页。

③ ［美］彼得·圣吉：《第五项修炼——学习型组织的艺术与实务》，郭进隆译，上海三联书店 1998 年版，第 430 页。

慧；它植基于我们对人类系统概念化和建立共同了解的能力上；它植基于重视整体互动而非局部分析的思考方式上；它是一条在本质上与西方工业发展完全不同的途径。”①

治理作为人类共同的不可推卸的责任，在走向未来社会的进程中也必然遭遇了严重的危机与严峻的挑战。正如有学者所指出的，“尽管传统治理模式已经死亡，尽管学术界不停地为其举行送葬仪式，但其灵魂仍徘徊于公共行政研究的上空，并在所有的管理理论方面以及在几乎每一个实际的公共机构中都能看到它的影子。”② 自从近代国家建立之后，社会管理日益发展成为其主要的职能，而政府的行政职能也日益膨胀起来，甚至有了把治理事务等同于政府事务的趋势。然而，即使公共行政也绝不等同于政府行政，“公共行政包括国家的活动，的确也根植于国家。但是，其范围更广，并且应该更广，还包括集体的公共行为的行政或执行层面的各种形式及其表现”；当然，公共行政也绝不等同于私人行政，公共行政必须以公共利益的实现为重心，在效率、经济的价值追求之外，还必然地拥有着公平、平等等价值追求。

任何国家的发展都离不开市场与政府二者共同的作用。无论是理论家还是实践者，人们都沉浸于思考：究竟是政府的方法还是市场的方法哪个更为有效的问题，然而，却始终不得其解。只是发现，如同市场方法的有效性一样，政府的管理也是卓有成效性的；如同市场失灵的普遍性一样，政府失灵也难以避免。在面临着治理危机的变革关口，人们总是或者试图使用更多的市场方法，或者采用更有力的政府方法。如新公共行政学派的学者们就力推政府的有效性，冀望政府能够在重视公正与公平等社会价值的追求中，关注人们的公共利益需求，建立起有机式的公共组织，着力于回应性不断增强的行政改革。而新公共管理运动的

---

① ［美］彼得·圣吉：《第五项修炼——学习型组织的艺术与实务》，郭进隆译，上海三联书店 1998 年版，中文版序言第 4 页。

② ［美］查尔斯·J. 福克斯、［美］休·T. 米勒：《后现代公共行政》，楚艳红等译，中国人民大学出版社 2002 年版，第 4 页。

倡导者则力推市场竞争的有效性，主张引入企业家精神进行政府再造。总之，在治理的视角下，人们将不再局限于抽象地讨论政府与市场的大小问题，也不再局限于市场与政府方法的不同，而是着重于如何更好地进行治理的思考，努力追求良好治理与有效治理状况的实现。

在合作治理的未来，将有望摆脱传统治理中的政府困境，走出政府改革的历史怪圈。毋庸置疑，在社会治理领域，政府的作用是重要的，也是独特的，但这并不意味着政府是始终有效的、万能的，无数事实证明，政府并不足以肩负治理主体单一化的重责。我们知道，在面对日益复杂的社会治理事务时，政府迅速地膨胀起来，却还是不能满足社会治理的多样化需求，其原因就在于政府的能力是有限的，政府的作用范围是有限的。如果说，在传统的治理模式中，由于治理事务的相对单一，还能通过政府职能部门的增设与删减，以及新型的管理技术与管理方法应用的改革方式去勉强地应付社会的治理需求。然而，后工业社会的到来，伴随着社会治理事务的复杂性与不确定性越来越强，传统的治理模式已真正走向了穷途末路，政府单纯治理的局限性也越来越明显：政府改革的发生频率正变得越来越高，而改革的有效期与间隔期却变得越来越短，却还是不能适应社会治理事务的需求。

在合作治理的未来，治理主体必然是多元化的。“企业界做某些事比政府强，政府做某些事又比企业界强”，政府与市场的方法都各有自己的优点，都是治理的必不可少的手段。历次改革的经验与教训表明：无论是“大政府”，还是“小政府”的提法；无论是新公共管理运动者的“掌舵而不是划桨”，还是新公共服务者的“服务而不是掌舵”的改革都囿于治理主体单一化的限制，而滑入了政府改革的历史怪圈。当现出治理困境与危机时，人们只是归咎于政府的不力，从未跨出政府之外，从未跳出治理主体单一化的思路，因而总是局限于政府自身去探寻改革的出路。当然在面临新的社会治理需求时，政府作为当然的主体之一，其自身的改革也是必要的。同时，鉴于治理事务的共同性，以及政府在解决公共问题时的优势，治理又总是要以政府为中心的。正如有学者所指出的那样，“我们可以把个别的掌舵性职能加以私有化，但是不能把治理的全过程都私有化。如果这样做，我们就会失去作出集体共同决定的机制，就没有为市场制定规章条文的途径，就会失去强制执行行为规范的手段。我们就会丧失社会公平感和利他主义精神，不管是为无家可归者提供住房还是为穷人提供健康医疗，任何不能赚钱盈利的社会服务都将不复存在。”①

在走向合作治理的进程中，非政府组织的兴起提供了重要的历史契机。非政府组织，简称为“NGO”，同时还有着许多不同的称呼，如“非营利组织”、“第三部门”等，在社会发展中发挥着十分重要的作用。正如贝尔所指出的，“非营利组织的发展壮大使得结构和形式都与通常的‘官僚科层体制’模式有很大不同的一系列组织和机构成为大量人力雇主而引人注目”②。非政府组织为社会提供了大量的就业机会，其社会影响已越来越大，大到足以动摇传统上政府的单一主体地位。而且，它大大促进了社会自治力量的发展，并进一步改变了政府传统的组织体制与工作方式，致使“在未来十几年中，‘传统的’官僚科层体制的形式将让路给比较能适用于发挥首创精神、增加空余时间、实行共同商议等等需要的组织模式”③。“这一工作的环境大大改变了，公共管理者不得不与公民或公民组织保持密切的接触，与公民一起从事日常公共事务的管理。对于公共管理者来说，公民参与公共管理过程已经成为他们工作与生活中的一部分，这是一个不争的事实。”④

然而，“参与”与“合作”有着根本的不同，绝不能把“合作治理”

---

① ［美］戴维·奥斯本、［美］特德·盖布勒：《改革政府：企业家精神如何改革着公共部门》，周敦仁等译，上海译文出版社 1996 年版，第 23 页。

② ［美］丹尼尔·贝尔：《后工业社会的来临——对社会预测的一种探索》，高铦译，商务印书馆 1984 年版，第 360 页。

③ ［美］丹尼尔·贝尔：《后工业社会的来临——对社会预测的一种探索》，高铦译，商务印书馆 1984 年版，第 361 页。

④ ［美］约翰·克莱顿·托马斯：《公共决策中的公民参与》，孙柏瑛等译，中国人民大学出版社 2004 年版，第 10 页。

降同于“参与治理”的范畴。正如卡蓝默所说的，合作治理的多元主体之间是合作伙伴的关系，这与简单化的、形式化的参与治理模式存在着很大的不同，“人们将行动者关系和合作伙伴关系的思考简化为‘参与民主’或‘公民参与’。这是一种短视，而且这类参与恐怕仅能改变代议制民主机制的皮毛。”① 应该看到，无论是新公共行政学派的学者，或是新公共管理运动的倡导者，以及新公共服务的理论者都提出了用“参与”来增强政府行为合法性的问题，然而，他们着重的都是“形式民主”与“合法性”的问题，而忽略了应该“关注的更多的是政策而不是合法性”②。由于缺乏实质的意义，所以很难调动起公民参与的积极性。如哈拉尔所指出的，“尽管资料表明，参与的潜力很大，但是资料也表明，几乎有半数美国人不赞成参与。”③

另外，在合作治理的未来，多元治理主体之间的关系将是一种合作伙伴之间的平等相处关系。在这种新的治理模式中，社会自治力量将不再是一种点缀、陪衬，也不再处于可有可无、可多可少的社会地位，而是作为一支成熟的治理力量，与政府一起共同承担起社会治理的责任。这就突破了传统治理模式下的“中心—边缘”式的主体性结构，充分发挥了各种社会力量的作用，不再局限于主要作用与辅助作用的分别，从而形成了各主体间“差异互补”④ 而不再是“优势互补”的合作治理局面。其原因正如张康之教授所说的，随着社会自治力量的发展壮大，我们“不仅需要社会自治力量来协助政府进行社会治理，而且应当是政府与社会自治力量一道进行治理。这种治理不再是以政府为中心而由社会自治力量辅助的治理，而是政府与社会自治力量的合作治理”⑤。

---

① ［法］皮埃尔·卡蓝默：《破碎的民主——试论治理的革命》，高凌瀚译，生活·读书·新知三联书店 2005 年版，第 154 页。

② ［美］查尔斯·J. 福克斯、［美］休·T. 米勒：《后现代公共行政》，楚艳红等译，中国人民大学出版社 2002 年版，第 4 页。

③ ［美］W. E. 哈拉尔：《新资本主义》，冯韵文等译，社会科学文献出版社 1999 年版，第 191 页。

④ 参见张康之：《“协作”与“合作”之辨异》，《江海学刊》2006 年第 2 期。

⑤ 张康之：《走向合作治理的历史进程》，《湖南社会科学》2006 年第 4 期。

鉴于社会复杂性与不确定性程度的提高，传统的那种以政府为中心的治理模式已经无法满足解决治理问题的时代需要，这就要求建立起全新的社会治理结构来回应变化了的社会需求。

第二节　从科学定位转向伦理定位

在治理模式创新的视角下，无论是突破官僚制的愿景，抑或是进行组织变革的可能，都展现出一副进行合作治理模式变革的图画。正是由于科学主义的普遍化，才促进了近代社会中分工—协作体系的不断完善与发展，然而，在近代普遍化的科学主义追求中，却使人们丧失了道德的考量。相比较于科学主义的价值而言，伦理对于社会治理事务更是必不可少的，或许正如卡蓝默所说的，“伦理远不是治理这块蛋糕上的一点樱桃，而是治理不可分的部分。”① 为了解决新时期的治理困境，我们唯有突破工业社会的科学定位模式，重拾治理领域的伦理向度，才有望改变治理主体间传统的协作关系，建立起真正的合作伙伴关系。

一、基于历史省察的反思

“在一个技术不断革新和社会依赖不断加深的世界里，行政服务的种类和范围得以不断的拓展，由大量专门的职业执行者来提供行政服务已经成为常态。”② 无论是技术革新的快速发展，还是社会依赖的不断加深都可以归因于工业社会中分工—协作体系的发展。一方面，社会分工有利于发挥技术专长的优势，引起了相关社会领域不断分化的结果，从而促使工业社会沿着效率化的道路迅速地发展起来；另一方面，分工也加深

---

① ［法］皮埃尔·卡蓝默：《破碎的民主——试论治理的革命》，高凌瀚译，生活·读书·新知三联书店 2005 年版，第 72 页。

② Quoted in David M. Levitan，“The Responsibility of Administrative Officials in a Democratic Society”，*Political Science Quarterly*，Vol.61，No.4，1946，p.565.

了社会个体之间的相互依赖，单个人的生活越来越离不开其他人，为了维持生活，人们之间的协作与团结显得更加重要。在这样的分工—协作体系中，个人开始承担起形形色色的社会角色。与此同时，个体越来越多地通过角色而不是身份的形式参与到社会生活之中，或者说，社会生活越来越等同于社会角色的生活，个体生活也越来越多的表现为扮演社会角色。正是在这样的社会背景下，公共行政越来越成为一个专门的职业领域，而行政人员这个独特的职业群体正包揽着日益繁杂的行政事务。

一般说来，分工—协作的社会体系基于科学主义而迅速地发展起来，科学主义的理性化、规范化精神也迅速地蔓延开来，为了发挥科学主义的优势，形成社会有机、统一的局面，社会越来越依赖着更庞大的、更完善的规范体系的建立。或许，正是在这个层面上，为了保证规范体系的有效性，社会迅速的组织化，而组织则迅速的规范化了。然而，“一旦我们承认变革和不确定性是生活的占支配地位和不可避免的特点，则僵化的和墨守成规的机构就不再合适……从现在开始，每一种组织（政治的、社会的或经济的）都必须被构想为不断改进中的事物。”[①] 随着社会高不确定性与复杂性的增强，依靠规范的治理显得越来越不可能。原因就在于，只有在大量的类似事件的发生中，才可能基于规律的总结而制定成规范，因而规范总是具有明显的不易改变性、可重复使用等守成性特点，较不适宜于突发性事件的处理。但这并不意味着在未来的治理中，法律等规范性手段将不再使用，其实，在任何社会的任何发展阶段，为了保持基本的治理秩序，规范都将是必需的。

另外，近代扩大的社会交往与普遍的社会联系，也促使了大量规范的产生。在传统的自然经济条件下，人们满足于日出而作，日落而息的自给自足生活，局限于稳定的生活方式与熟人之间的交往范围，人们在共同体生活中更多地依靠习俗而不是法律等强制性规范的作用维系在

① ［法］罗贝尔·萨蒙：《管理的未来——走向以人为本》，王铁生译，上海译文出版社1998年版，第3页。

一起。然而，在近代的市场经济发展中，随着交换范围的扩大，人们开始更多地与陌生人而不是老熟人发生着经常性交往，传统的信任基础已不复存在。正如有学者指出的，“信任总体上被实现——证实、归还、或回报——的情形不仅对参与者，而且对广大的社会都是有作用的。它产生秩序和安全的感觉，并且鼓励合作。”①鉴于信任在社会共同体生活与交往中必不可少的重要性，为了避免不信任所产生的社会功能性失调，烦琐的行为准则体系与庞大的法律体系成了应对信任匮乏的首要选择与标准化出路。

行政人员的角色同众多的其他职业角色一样，都受到其职业领域所特有的规范体系的约束，其目的也无非是保障角色责任的承担与落实。换句话说，无论是职业的规范体系，还是科学的职位职责的制度设计，其宗旨都在于确保负责任的职业行为。如马克思就曾经指出，“无产阶级专政的国家机构不仅应当是精干的‘廉价政府’，而且它的工作人员还应是‘社会的负责任的勤务员’，是人民的‘勤务员’，不是‘骑在人民头上作威作福的老爷们’；他们以‘真正的责任制来代替虚伪的责任制’”。②然而，在传统的治理体系中，受制于科学主义的局限，人们总是对科学的规范体系偏爱有加，总是对官僚制职责体系的科学性寄予厚望，或是过于强调合法化的形式，坠入了形式主义与理性主义的深渊，忽略了责任、民主等核心的、实质性的价值追求；或是错把行政人员的角色责任简单化法律责任，简单地认为行政人员的角色责任就在于“履行和遵守法律”，忽略了行政责任的复杂性与主体相关性。

其实，即使在传统的治理模式中，专业主义与科学规范也不能解决所有的问题，而伦理的思考也总是具有非常积极的意义。一方面，法律等制度性规范一般只能对人们提供宽泛的行为指导，而精确化的、具体化的行为做出却还有赖于行政人员自己，所以我们说，“法律和制度

---

① ［波兰］什托姆普卡：《信任：一种社会学理论》，程胜利译，中华书局2005年版，第143页。

② 中国行政管理学会：《新中国行政管理简史》，人民出版社2002年版，第388页。

永远都无法把行政行为固定在某些一成不变的模式之中，它必须为行政行为留下一定的自由空间，而这个空间既有可能成为行政主体发挥创造性的前提，也有可能成为行政主体滥用权力和以权谋私的机会。所以，正是由于法律和制度为行政行为留下一定的自由空间而使伦理规范显得非常重要。”① 另一方面，每一个行政人员都同时扮演着大量不同的角色，有公务的角色、私人的角色，也会有家庭的角色，不同的角色将拥有着不同的利益考量，肩负着不同的责任，这些不同的角色之间难免会发生冲突，这些冲突将成为单纯的、科学的和明确的角色责任体系解决不了的难题。另外，人们的能动性并不会自动地表现在对社会责任的主动承担上，反而“人们像追求权力那样害怕承担责任。不敢负责会严重妨碍发挥主观能动性，使许多好品质受到破坏。”②

在未来的合作治理中，相比较于自组织特性的不断增强而言，组织的他在性将得以逐渐地降低，组织成员的自主性、差异性也将得到充分的尊重，人们之间机械的分工—协作体系将有望被有机—适应型的合作关系所取代。虽然，无论是社会的进步，还是人类自身的发展都往往会表现为理性化程度的不断提高，人的个体性也较多的受到既有社会文化的熏陶而表现出一定的同质性，人的行为则会受到社会规范的约束而表现出较多的一致性。然而，这决不意味着人的个体性与差异性的湮灭，“即便是两个在同一人类集体中的人，他们与他人联系的命运，他们个人的历史，也绝不会完全相同。每一个人都在与他人联系的网络中有着自己独特的位置，都从这个独特位置开始，经历一段独特的历史之后，走向自己生命的终结”③。总之，随着后工业社会的到来，在建构新的社会治理模式的努力中，科学主义的传统优点——理性化、同质性与强制性将

① 张康之：《公共行政中的哲学与伦理》，中国人民大学出版社 2004 年版，第 15 页。

② ［法］H. 法约尔：《工业管理与一般管理》，周安华等译，中国社会科学出版社 1982 年版，第 25 页。

③ ［德］诺贝特·埃利亚斯：《个体的社会》，翟三江、陆兴华译，译林出版社 2003 年版，第 25 页。

显得越来越不合时宜，而传统的科学定位视角，也有违于行政人员的个体性、自主性发展的要求，损害了行政人员做出负责任行为的能动性。

二、公共管理者的伦理定位

从传统、现代到后现代，伦理对公共组织的成员都应该具有非常重要的意义。正如登哈特所指出的，“公共组织的成员对于追求生命、自由，追求快乐，对所有公民的自我成长过程提供帮助，以及为公民提供教育等方面的承诺，只能通过人而非物的互动才能发生。……公共组织中的个人也有责任根据公平、理解和人性来行动，但是如果仅仅根据理性的观点而忽略人类生活的其他层面，譬如情绪和直觉，那么履行这样的责任将会变得更加困难。”① 只是在社会治理模式发生转型的条件下，适应公共管理主体多元化的需要，为了突破传统的行政主体单一化思路，促使行政人员主动地接受、积极地适应公共管理者的新角色，伦理的重要性更为突出。这是因为公共管理这种新的社会治理模式只有奉行伦理的规定，而不再是单纯地遵从科学主义的原则，才能够保证公共管理者具有较高的道德品质和伦理水平，才能够保证公共管理的职业活动的顺利进行，也才能够适应合作治理的未来发展需求。

为了造就有机—适应型的公共组织，不能再倚重传统的控制视角，而只能是通过弘扬个体自主性的方式，培养组织成员之间的良好合作关系，从而把个体的能动性转化为较强的组织环境适应性与复杂问题的应对能力。在变革后的公共组织中，“要求公务员‘惟命是从’（实施单一形式的规则）转向‘当家作主’（寻求实施指导原则的最佳办法）。这一转变正是实现合作伙伴关系的必要条件，也是这种自由和责任才使他们有可能与其他行动者一道制定共同方案。”② 这样一来，组织的目标与规

① ［美］罗伯特·B. 登哈特：《公共组织理论》（第三版），扶松茂、丁力译，中国人民大学出版社2003年版，第175页。

② ［法］皮埃尔·卡蓝默：《破碎的民主——试论治理的革命》，高凌瀚译，生活·读书·新知三联书店2005年版，第158页。

章将不再是外在于组织成员的强制性力量，而是经过组织成员的认同转化为共同体行动的内在动力。同时，正如张康之教授所指出的，“在一切支持合作的因素中，道德又是最有效的支持力量，因为只有道德才能在行为主体之间建立起真正的信任关系，进而增强合作的有机性。”① 公共管理者之间的合作伙伴关系将有赖于强有力的道德支持。

另外，公共组织中个体自主性的增强本身也要求公共管理者具有较高的伦理水平。但是“把人们组织到一起工作是一件棘手的事。管理者们在谈到最常见、最具挑战性的问题时，几乎总是把‘人’的问题列在首位”。② 在公共管理中，由于人自由自主性的彰显，使“人”的问题具有更大的挑战性。倘若说制度规范的不周延性使得行政伦理视角成为备受关注的目标，那么公共管理者的自由自主性的增强必将使得伦理素养的问题成为焦点。维持较高的伦理水平的方法主要有两类：首先是加强主体自身的伦理素养的修炼；其次是把已经达成共识的伦理价值上升为伦理道德规范。伦理道德规范必须以公共管理者自身修炼所达成的伦理成果为前提，而伦理素养则又只能靠公共管理者所具备的伦理自觉来保证。直到公共行政作为职业领域确立以来，才有了行政伦理探讨的必要，但管理行政的效率追求与工具理性又限制了公共行政者独立的价值追求，泯灭了个体的道德意志，摧毁了伦理自觉生长的空间。只有到了公共管理阶段，组织变革基础上的个体自主性的成长，以及新型治理模式下的合作关系的建构，才使得公共管理者重新找回了伦理自觉性生长的空间。

正如亚当·斯密所说，“人不仅天生地就希望被人爱，而且也希望成为一个可爱的人，或者成为一个爱的自然而又恰当的对象。他不仅天生地畏惧被人憎恨，而且也怕成为一个令人憎恨的人，或者成为一个憎恨的自然而恰当的对象。他不但渴望表扬，而且渴望值得表扬，或者即

① 张康之：《论合作治理中的制度设计和制度安排》，《齐鲁学刊》2004 年第 1 期。

② ［美］蒂姆、［美］彼得森：《人的行为与组织管理》，钟谷兰译，中国轻工业出版社 2004 年版，第 2 页。

使他没有得到任何人的表扬，然而却是表扬的自然和恰当的对象。他不仅畏惧责备，而且畏惧是该受责备的。”① 也就是说，人在所有治理模式下的社会生活中，都渴望成为一个得到别人赞同且受人爱戴的人，而不愿是一个遭人责备且令人憎恨的人，这就决定了个体对社会认同性价值的追求必将随着治理模式价值的不同而相应地改变。由于统治行政和管理行政中提倡诸如“秩序”或“公平与效率”的价值使得当时社会对行政管理者的伦理自觉性的认同性不高，致使管理主体容易忽视自身伦理素养的提升。同时又正是由于新型治理模式给个人与社会所提供的认同性价值，使“良好的伦理素养”重新成为公共管理者所应该拥有的“爱的自然而又恰当的对象”性品质，才能使公共管理者恢复伦理自觉。

为了力促公共管理者的伦理自觉性提升，确保公共管理者具有较高的道德水准，必须使该职业具备充分的开放性和透明性。原因就在于，职业的开放性为主体的进入打开了方便之门，摒弃了身份、门第与权力的影响，职业要求更注重人的素养和能力，尊重了个体选择职业的自由意志，使那些愿意为公共事业的实现和公共利益的增进而贡献力量的人均能获得同等的机会，同时，也能避免角色的固化与身份化。另外，职业的开放性在尊重主体自由意志的基础上也保证了从业者的较高素养。开放性所带来的充分竞争不仅可以在入口遴选时保证公共管理者具有较好的伦理素养，而且可以转换为公共管理者持续进步的动力之源。职业的透明性则为公共管理者提供了一个备受关注的工作环境，成为公共管理者持续拥有伦理自觉的外在保障。较多的关注可以发挥良好的外在监督功能，而且其更重要的作用则是可以引起主体的自我成就感发生变化，使其更加注意内心修养，从而引发其更强烈的奉献精神和自我认同感。

公共管理者的角色还是一个在实践中不断学习和加强的过程。任何社会角色的获得都是基于自我认同基础之上的逐渐学习过程，倘若仅

① ［英］亚当·斯密：《道德情感论》，谢祖钧译，陕西人民出版社 2004 年版，第 135 页。

有外在社会对公共管理者的特殊要求和规范，却不能得到公共管理者本人对这些要求和规范的认同，就不能促使公共管理者主动地、积极地对此加以适应和学习，就不会有公共管理者职业角色的完美扮演和创造性履行，就不会有社会责任的主动承担，最终使公共利益的愿望落空。角色学习是一个持续的过程，“学习有开始的时候，但却永无止境。……学习的最大好处不在于学到新的东西，而是把我们已经做的事做得更好。”① 公共管理者的角色学习必须让个体处于组织整体中，才能深刻地感受到组织的凝聚力与集体的影响力，从而，在个体的层面不断地扩大对职业的认同感。此外，在公共管理实践中，还可以在管理者与相对人之间形成互动和光晕效应，使其充分知悉相对人的期望和要求，从而能够按照相对人的意志和标准而不是自己的意志和标准来更好地服务于相对人。

总之，公共管理这种新型治理模式的出现，要求公共管理者能够敏锐地把握时代的要求，满足治理模式创新所提出的期望，积极主动地进行角色转变，扮演好这个新型的职业角色。一方面，公共管理者将获得一个全新的历史舞台，在这个舞台上，公共管理者的自主性与差异性将得到鼓励与认同，而不再受到压抑与排斥；另一方面，公共管理者的伦理定位将把其职业塑造为真正负责任的、能动适应性强的伦理空间。显然，公共管理者的角色虽是行政人员职业角色的延续，但却由于社会治理模式的转型，已经发生了很大的变化：由科学定位转向伦理定位的变化表明，其角色要求中将不再片面地强调客观规定性，而是更注重角色主体的内生性与互动性；其角色行为也表现出更多的差异性与适应性，而不再是同质性与僵化性；其角色责任的承担也更突出主动性与创造性，而不再是强制性与被动性。这就使公共管理者在未来的职业实践中不仅可以得到充足的生活保障，安定的生活与丰富的职业经历，而且通过合作伙伴之间的友好相处，使其精神愉悦，拥有着较强的职业认同

① ［美］彼得·德鲁克：《个人的管理》，沈国华译，上海财经大学出版社 2003 年版，第 84 页。

感与自我实现感，养成了受人爱戴的良好的道德品质，从而使公共管理者的职业生活真正达成了“自由即是发展”的理想。

三、道德制度的设计：制度伦理与德性伦理的契合

在中西方的文化传统中，都不乏对“德治”重要性的认识。然而，早期的理论家一般都把“德治”的希望寄托于统治者个人优良的道德品质。如柏拉图在《理想国》中把智慧看成是治国者必不可少的品质，指出，“个人的智慧和国家的智慧是同一智慧，使个人得到智慧之名的品质和使国家得到智慧之名的品质是同一品质。……并且在其他所有美德方面个人和国家也都有这种关系。”① 认为统治者的智慧将关系着整个国家是智慧还是愚昧的状态。作为中国古代德治思想的集大成者，孔子在《论语·为政》中提出，“为政以德，譬如北辰，居其所而众星拱之。”还在《论语·子路》中说，“其身正，不令而行；其身不正，虽令不从。”同时，鉴于法治与德治不可分的影响，大多数学者都主张二者兼顾。如亚里士多德虽更主张适用法治，指出为了避免受到统治者意志和情欲的影响，应当实行法治，但同时又认为，法治应是“良法之治”，而不是“恶法之治”，即“已成立的法律获得普遍的服从，而大家所服从的法律又应该本身是制定得良好的法律”②。孔子虽更强调德治，但也认为法治不可少，主张“道之以政，齐之以刑，民免而无耻；道之以德，齐之以礼，有耻且格”③。孟子也认为，“徒善不足以为政，徒法不能自行。”④

由于传统农业社会主要是依靠权力的治理，是一种权力治理的秩序，而权力总是与“人”——权力的拥有者与权力的行使者联系在一起，所以治理者的道德品质就显得特别重要，而人们也总是把实现良好治理

① ［古希腊］柏拉图：《理想国》，郭斌和、张竹明译，商务印书馆1986年版，第168页。

② ［古希腊］亚里士多德：《政治学》，吴寿彭译，商务印书馆1996年版，第199页。

③ 《论语·为政》。

④ 《孟子·离娄上》。

的愿望寄托在明君与贤臣身上。虽然在权力治理的秩序中，也会使用法律的治理手段，但正如前文所述，法律却经常性地被权力所凌驾，甚至于篡改或创造，相较于权力的不可一世，法律永远只能处于次要的、边缘化的、可有可无的地位。但是，法律的地位在工业社会里得到了根本的改变。在走向近代文明的过程中，为了把权力的作用限制在适当的范围内，防止权力的过分膨胀与肆意横行，人们开始采用法治，即采用权力与法律相结合的手段，实行法律的普遍主义与强制主义，以法律来规范权力、限制权力的行使。然而，伴随着科学主义与理性主义的发展，法律等规则体系开始呈现出极端化的发展，并迅速地成为社会治理的主要手段。正如吉登斯所指出的，“在这种秩序之下，作为秩序保证的传统和习惯并没有被理性知识的必然性所代替。怀疑，即现代批判理性的普遍性特征，充斥在日常生活和哲学意识当中，并形成当代社会世界的一种一般的存在性。”①

如果说在传统社会的治理领域里，德治还有一定的空间，即通过治理者的美德而发挥着它略显重要的作用，然而到了工业社会，为了确保法律的治理秩序，在理性主义的大旗下，治理者总是试图杜绝与排斥任何非理性的、感性的考虑，道德却再也不能获得任何的立足之地。虽然，正如恩格斯所指出的，法律与道德的在历史上的产生是同源的，即人们为了维持生产、分配、交换等共同生活的秩序，产生了这样的需要：“把每天重复着的生产、分配和交换产品的行为用一个共同规则概括起来，设法使个人服从生产和交换的一般条件。这个规则首先表现为习惯，后来便成了法律。”② 而在法律的制定过程中，也总会遵循着一定的道德标准，会及时地把一些重要的道德入律，但是，“并非（至少并非必然地）所有在惯例上或法律上得到保证的制度都应该具备伦理准则的性质。法律的制度——常常是纯粹合乎理性制订规章的制度——从整

① ［英］安东尼·吉登斯：《现代性与自我认同》，赵旭东、方文译，生活·读书·新知三联书店1998年版，第3页。

② 《马克思恩格斯选集》第2卷，人民出版社1972年版，第538页。

个来说，远比惯例的制度更少具有伦理准则的性质。”[①] 虽然道德可以采用法律的形式而发挥作用，道德的标准远远高于法律的要求，而法律的形式也总是会损害到道德的自由性，所以，这绝不意味着所有的道德都可以转化为法律。

但是，我们并不是说在工业社会就不存在道德的问题了，而是说，在社会总体的意义上，人的道德是不被鼓励，不受重视的，不能成为社会治理的主要手段。其实，一如既往地，父慈子孝，孝妻良母都是和美的家庭生活的写照，而人们恪尽职守地完成自己的分内工作仍被认为是一种美德，是有道德的行为表现。只是在高度组织化的生活中，为了保证基本统一的秩序，人的道德追求等非理性的情感是受到排斥的。如尼布尔在《道德的人与不道德的社会》[②] 中所指出的，道德是可以区分为个体道德与群体道德两个层次：在个体的层面，人们虽有着自私的想法，但也会拥有非自私的高尚的追求；而在社会群体的层次，具体可包括国家、民族、阶级与团体等生活中，却主要表现为利己的倾向。因而，在这样的社会群体中，个体的非自私心反而经常地受到群体规范的抑制，从而使群体的道德表现出低于个体道德的一面，陷入了“道德的人与不道德的社会”的道德困境。

其原因恰如尼布尔本人所解释的那样，理性只是个工具，可以发挥善的作用，也可以发挥恶的作用。一方面，它可以通过使人的理性化程度普遍提高的方式，不断地增进人们的道德能力；另一方面，它对于消除自私与不公正等社会问题是软弱乏力的，反而还要借助于强力的作用。关于理性主义的道德困境，鲍曼也曾指出，“道德现象在本质上是‘非理性’的，因为只有当它们优先于目的考虑和得失计算时，它们才是道德的，所以它们不适合‘达到目的方法’之体系。它们也不必用效用、提供给或者要求提供给道德主题的服务来加以解释。它们不是有规

① ［德］马克斯·韦伯：《经济与社会》上卷，林荣远译，商务印书馆 1997 年版，第 66 页。

② 参见［美］莱因霍尔德·尼布尔：《道德的人与不道德的社会》，蒋庆等译，贵州人民出版社 1998 年版，中译本序言第 2—6 页。

则的、可重复的、单一的、可预测的，不会被表述是由规则引导的。”[①]在这个意义上，道德是不能通过法律的形式被“普遍化的”，反而注定是“非理性的”，因而，道德总是受到法律秩序的排斥，“对于任何一个爱好整齐划一，要求纪律严明、共同行动的社会整体来说，顽固的、有反弹力的道德自我的自治是一种耻辱。”[②]

另外，近代社会的分工——协作体系，以及相对明确的、客观化的责任体系本身也妨碍了道德的生长。如果说，尽职尽责的工作尚属于传统美德的范畴，那么，在领域分化趋势不断强化的近代社会，虽然为了建立起日臻完善的责任体系，人们创造了十分庞大的规则体系，然而，责任承担的问题却正变得越来越复杂，也越来越不可能。“依赖于规则已经成为习惯，没有这种疲劳，我们会感到脆弱和无助。……因为缺乏习惯，我们已经很难忍受生疏的责任。”[③]而且，我们在众多的角色责任和义务承担中，常常会不知所措，而且会经常地借着履行角色责任的美德之名而心安理得地做出有违人性的、不讲良心的“不道德行为”。另外，在我们“寻求牢固的、值得依赖的规则”时，却发现有“太多的令人感到安慰的规范：它们以不同的音调讲话，一种规范所称赞的正是另一种规范所谴责的。它们相互冲突和矛盾，每一种规范都主张另一种规范拒绝的东西为权威”[④]。无数事实告诉我们，我们所信赖的道德规范正使我们陷入了无所作为的境地，使我们在追求“遵从宪法和法律”道德义务的过程中丧失了承担责任的美德。

为了走出近代社会的伦理困境，在后工业社会的治理模式中将重

① ［英］齐格蒙特·鲍曼：《后现代伦理学》，张成岗译，江苏人民出版社2002年版，第13页。

② ［英］齐格蒙特·鲍曼：《后现代伦理学》，张成岗译，江苏人民出版社2002年版，第15页。

③ ［英］齐格蒙特·鲍曼：《后现代伦理学》，张成岗译，江苏人民出版社2002年版，第23页。

④ ［英］齐格蒙特·鲍曼：《后现代伦理学》，张成岗译，江苏人民出版社2002年版，第24页。

新找回伦理的向度，但不会再纠缠于法治与德治的不同兼得的辩论，或是停留在人治与法治相比较而言时孰是孰非的论争，而是将站在一个更超然的位置。正如张康之教授所指出的那样，“它既不同于农业社会那种完全依赖于权力作用的社会治理，也不同于近代社会那种权力与法律共同作用下的社会治理，而是用道德来统摄权力和法律、再运用权力和法律来实现它的伦理本质的社会治理。”① 在新的社会治理模式中，将不仅是怀有或追求着“德治”的目标，而将充分地发挥好制度的秩序保障作用。恰如邓小平同志所说的，“制度好可以使坏人无法任意横行，制度不好可以使好人无法充分做好事，甚至会走向反面。”② 然而，“德治并不是通过道德教化的途径来实现社会治理的方式，而是通过认识人们之间的伦理关系并在伦理关系的基础上做出制度设计和制度安排。”③ 即通过道德的制度化与制度的道德化的形式，切实地建构起道德的制度，实现制度伦理与德性伦理的契合。在这样的制度安排中，“真正意义上的仁爱将会变得越来越受人瞩目，所以，它不再是随意性的，不再超出应然的范围，它将会变成一种严格意义上的义务，这也许将是新的制度的源泉。”④

第三节　公共管理者的角色实现：诉求与发展

现实的需求永远是催生社会治理变革的关键，公共管理者这种职业角色的出现与发展也是如此，它将源于改革实践的持续地有力驱动。从 20 世纪末期开始的新一轮的政府改革表明：传统的治理模式已不能

---

① 张康之：《公共管理职业活动的伦理基础》，《中共中央党校学报》2005 年第 11 期。

② 《邓小平文选》第 2 卷，人民出版社 1994 年版，第 333 页。

③ 张康之：《公共管理伦理学》，中国人民大学出版社 2003 年版，第 108 页。

④ ［法］爱弥尔·涂尔干：《职业伦理与公民道德》，梁敬东、付德根译，上海人民出版社 2000 年版，第 229 页。

适应新的社会发展需求，为了充分发挥政府在社会治理中不可替代的重要性，并把它转换为强劲的国际竞争力，从而赢得新的发展机遇，各国政府都力图通过改革的形式摆脱所面临的现实困境，走上良好治理的道路。同时，正如达尔在《公共行政学的三个问题》中所说的，“从某一个国家的行政环境中归纳出来的结论，不能够立刻予以普遍化，或被直接应用到另一个不同环境的行政管理中去。”① 鉴于各国行政文化与行政体系的独特性，一国的理论与实践很难完全适应于他国的改革需要，改革的模式与经验绝不可能死搬硬套。我们唯有立足于中国的国情，在构建服务型政府的现实努力中，才能探求出一条独特的、有效的改革与发展之路。

一、服务型政府建设的诉求

在新一轮的行政改革中，在兼顾本国国情的“走自己的路”的本土化追求中，中国正式确立了服务型政府建设的改革目标。然而，“建设服务型政府的决策绝不是一时之作，而是中国当前所处的国内外环境的呼唤，我国现代化建设的必然。无论是从世界各国行政改革的进程看，还是从我们自己的政治民主发展看，服务型政府建设都势在必行。”② 服务型政府建设的起点在民间，是一项自下而上的运动，因而具有较强的社会需求导向，属于内生性的改革。后来，随着服务型政府建设社会影响的不断扩大，其改革的有效性很快得到了广泛的认同，并发展成为一场全国性的轰轰烈烈的改革运动，遂被确立为新时期的政府改革目标。正如张康之教授所指出的，“虽然创建服务型政府的运动更为直接地是出于满足社会需求的目标，是从社会主义的一些基本原则出发的，是作为改革开放的成果而出现的，但是，这一运动却契合了社会发

---

① Robert A. Dahl，“The Science of Public Administration：Three Problems”，*Public Administration Review*，Vol.7，No.1，1947，p.11.

② 刘熙瑞：《“三个代表”重要思想与服务型政府建设》，《天津行政学院学报》2004 年第 5 期。

展的历史趋势，它作为一场运动，是走向后工业社会的社会治理文明的过程。”①

我国的服务型政府建设绝不能等同于引进西方国家“政府再造”的改革运动，而是切实的立足于中国的国情，致力于用本土化的方法去探寻自己独特的发展道路的一种尝试。“新公共管理”，或称为“政府再造”的运动起源于英国、美国、澳大利亚、新西兰等国家，并迅速扩展到其他西方国家，他们都各自制定了适用本国国情的相应的“政府再造”的方案。西方世界之所以会发生如此普遍性的、广泛性的政府再造运动，其原因正如有些学者所概括的那样：首先，是得益于经济全球化的重要推动力；其次，是受到了新技术革命尤其是信息革命的催化作用；最后，是为了引入企业管理的示范性作用达到根治传统官僚制失效的目的。② 然而，针对这场运动的作用，学界的评说却是褒贬不一的。如蓝志勇教授指出的，在英国所进行的政府再造改革的经验表明，“不能证明新公共管理运动的有效和成功，……犹如寻求圣杯的努力，总是在寻找，但老也抓不住。”③ 正是鉴于新公共管理运动的效果不佳，克里斯滕森教授断言，西方国家将进入一个“后新公共管理”时期。

同时，我们的服务型政府建设也不可能以西方的新公共服务理论作为指导。应当看到，虽然其代表人物登哈特认为，“新公共服务不只是最新的管理时尚或者管理技巧，更确切地说，它是对我们是谁以及我们为他人服务的原因的一种界定。它是一种对价值观的根本改造。”④ 为了纠治政府正在忘记“掌舵的方向”的可怕错误，新公共服务理论者针对新公共管理的不足提出了“服务而不是掌舵”的政府改革目标，并认为通过“注重人，而不只是重视生产率”的“尊重公共服务理想”的方

---

① 张康之：《政治文明与社会治理体系的核心价值》，《社会科学研究》2004 年第 2 期。

② 陈振明：《政府再造：西方“新公共管理运动”述评》，中国人民大学出版社 2003 年版，第 4 页。

③ [美] 蓝志勇：《行政官僚与现代社会》，中山大学出版社 2003 年版，第 153 页。

④ [美] 珍妮特 · V. 登哈特、[美] 罗伯特 · B. 登哈特：《新公共服务：服务而不是掌舵》，丁煌译，中国人民大学出版社 2004 年版，第 167 页。

式，坚信“公务员希望做有意义和有价值的事情”①，而借助“自我反省的过程，我们可以开始重新发现我们为公民同伴服务的愿望并且可以开始以一种赞誉公共服务工作之‘灵魂’和意义的方式来思考公共服务工作”②，从而可以造就出一个“更加完善的人”，“成为一个更加完善的公民以及成为一个更加完善的公务员。”③ 然而，正如登哈特本人所指出的，“我们之所以按照这些价值观来行动，其原因只是在于我们相信它们是并且一直是美国民主政体的必要组成部分。”④ 新公共服务的理论局限是非常明显的，它仍然局限于西方的“民主行政”的框架，借希望通过“参与治理”的方法达到改革政府的目标，单纯地寄希望于公共服务者个人的价值思考，既没能准确地把握新的社会发展动向，又没能突破传统官僚制的组织模式，因而很难取得显著的改革实效。

我国的服务型政府建设则是一种对西方政府改革实践的超越，是站在历史高度上的一种全新思考，是一种本土化的改革选择。正如张康之教授所指出的，“一国的行政体系首先是一个行政文化体系，正是行政文化的不同才决定了这个国家的行政体系是具有自己的特色的行政体系，一般来说，一个国家的行政体系总是与其文化传统有着千丝万缕的联系的，受着民族的风俗习惯、价值取向、善恶观念、情感好恶的影响。”⑤ 在新的社会发展时期，我们既面临着后工业社会的问题，也尚需补上工业社会发展的课，在这种特殊的行政文化中，我们如果想充分地发挥“后发优势”，唯有站在一个更加超然的位置，不能仅仅停

---

① ［美］珍妮特·V. 登哈特、［美］罗伯特·B. 登哈特：《新公共服务：服务而不是掌舵》，丁煌译，中国人民大学出版社 2004 年版，第 169 页。

② ［美］珍妮特·V. 登哈特、［美］罗伯特·B. 登哈特：《新公共服务：服务而不是掌舵》，丁煌译，中国人民大学出版社 2004 年版，第 168—169 页。

③ ［美］珍妮特·V. 登哈特、［美］罗伯特·B. 登哈特：《新公共服务：服务而不是掌舵》，丁煌译，中国人民大学出版社 2004 年版，第 169 页。

④ ［美］珍妮特·V. 登哈特、［美］罗伯特·B. 登哈特：《新公共服务：服务而不是掌舵》，丁煌译，中国人民大学出版社 2004 年版，第 167 页。

⑤ 张康之：《行政文化在行政人格塑造中的作用》，《青海社会科学》1999 年第 6 期。

留在“补课”的想法上，而是应该主动地把握历史的发展机遇，顺应社会治理模式变革的新要求，积极地投入到服务型政府建设的改革实践之中。

针对服务型政府建设中理论纷呈不一的局面，张康之教授曾提出了几点原则性构想①，具体可以表述为：一是应当实现从控制导向到服务导向的转变。虽然管理型政府中也有服务，但其中的服务是从属于控制的目的，而服务型政府将是服务导向的，将用服务统摄控制、超越控制；二是应当实现从效率导向向公正导向的转变。管理型政府通过技术化与专业化的努力，希望能够达到自身效率以及社会效率的持续提升，过于关注效率与公平价值的缺失，反而总是陷入无效率的泥沼，而服务型政府将通过公正的导向实现对公平与效率追求的超越；三是实现政府及其行政的工具定位向价值定位的转变，通过这种转变，服务型政府将不再是“价值中立”的，而是“人本行政”的政府，是关注公众与行政人员主体的政府；四是需要在政府、行政人员与公众之间确立起一个信任与合作的整合机制；五是需要谋求德治与法制的统一，并据此提出了“德制”的目标；六是需要用行政程序的灵活性来取代行政程序的合理性，借以保持公共组织较强的适应力与问题解决力；七是需要用前瞻性取代回应性，借以摆脱传统政府总是会被置于回应性不足的困境。

服务型政府的“服务”不仅指具体的公共服务供给职能或公共服务的体制，更重要的是突出了服务的价值向度与目的向度，是一种“服务本位”的政府。应该指出的是，即使在管理型政府中，为社会服务也是其一项十分重要的职能，但是，当时的服务不是目的，而是从属于控制的目的，是一种控制的工具，或者说是迫不得已而做出的选择。然而，随着科学技术及信息化时代的来临，在服务型政府中，不仅会对公共服务的职能更加重视，该职能也会因此发展得更加全面，而服务的技

① 张康之：《关于服务型政府的几点原则性构想》，《上海城市管理职业技术学院学报》2007 年第 4 期。

术与手段也会更加完善。从传统社会向工业社会的转变，曾使社会治理领域发生了重要的改变，社会管理的职能开始成为政府的一项重要职能，为社会发展尤其是为经济发展服务的思想已经深入政府工作的中心。然而，工业社会所发展出的诸多矛盾与问题也说明，“一种在经济上高效率的系统绝不意味着就是一个好的或有道德的社会，经济也并不就是社会的全部。”① 在服务型政府建设中，单是在服务职能方面也是与以往不同的，政府将以服务为本，而这里的“服务”，既包括服务价值、服务理念，也包括服务行为、服务职能、服务体系，也将从总体上统摄政府的一切事务。

更重要的是，服务将会使政府保持较强的前瞻性与充裕的适应力，从而使政府的工作保持着足够的弹性与充分的灵活性，概而言之，服务型政府建设将为走出当前的治理困境提供一个较好的出路。一方面，它适应了社会不断变化的需求与自我管理的要求，通过治理主体多元化的方法，充分挖掘出社会的共同治理潜能，注重培养成熟的社会自治力量，而不再局限于传统的控制模式与线性思考。另一方面，它充分重视了个体差异化与多样化的发展需求，是实行“人本行政”的政府。认识到“有一个讨人喜欢、能提供协助、信息充分、有头脑的人来招呼我们是最好不过的了。电脑或许能节省顾客的时间，却永远无法给予顾客个性化的服务——只有人才能做到这一点”②，这就为走出近代社会中的科学主义的伦理困境，致力于“个性化”服务的职业追求提供了契机。另外，它将引导人们重新投入到一个有着丰富的感情生活的世界，使人们重新认识“人与社会”的关系——二者之间的作用是双向的，不仅人离不开社会，社会也离不开人，故而，比起制度与理性而言，人的价值将更是值得关注与追求的东西。顺理成章地，对人的主体性的关注将引导

① ［德］彼得·科斯洛夫斯基：《资本主义的伦理学》，王彤译，中国社会科学出版社 1996 年版，第 2 页。

② ［美］阿尔布瑞契特、［美］詹姆克：《服务经济：让顾客价值回到企业舞台中心》，唐果译，中国社会科学出版社 2004 年版，第 2 页。

着治理模式的注意力从科学主义上移开，而转向为更多的伦理思考。在这样的条件下，我们有理由坚信，“德治”对于服务型政府来说，将不再是可有可无的，也不再是时有时无的，而将通过制度设计的方法，形成一种让道德稳定地发挥作用的长效机制。

二、作为公共管理职业活动基础的服务价值

或许有关理论与实践哪个更重要的讨论将是一个永无结果的讨论，理论对于实践确实发挥着非常重要的引导作用，它决定着我们能观察到哪些问题正在发生或即将出现，以便于我们进一步地寻求问题的解决。因而，我们说，服务型政府建设的问题虽是一个实践问题，但为了保持其适应历史发展的高度，它又亟须理论的指导。服务型政府建设的历史高度就在于它的主动性，它是我们积极地迎接治理模式变革要求的产物，是顺应新型社会治理模式——公共管理发展要求的产物。公共管理的出现，“预示着人类社会正在建立一种新型的社会治理模式，这种社会治理模式是建立在伦理关系的基础上的，是一种以道德为轴心的管理模式。”① 而“服务作为公共管理的核心价值或主导价值是人类社会治理发展的结果，这体现了历史的必然”②。这一论断具有深远的历史影响，它不仅基于社会发展的种种迹象准确地作出了一种判断，即我们的社会正在经历着一场深刻的治理模式变革，这预示着公共管理时代的来临；而且富有远见地指出公共管理这种新型的社会治理模式将以服务价值作为其发展与运作的中轴。

其实，“人类的一切活动都蕴涵着价值，无论是个体行为还是集体行动，而且越是集体行动，就越会突出价值的问题。”③ 这是因为，集体行动中的“行动”是一个包含动机与意义的统一体，它体现着社会生活的本质，因而无论是个体的行动还是群体的行动都必然地蕴含着价

① 张康之：《公共管理伦理学》，中国人民大学出版社 2003 年版，第 5 页。
② 张康之：《公共管理伦理学》，中国人民大学出版社 2003 年版，第 318 页。
③ 张康之：《公共管理伦理学》，中国人民大学出版社 2003 年版，第 300 页。

值，尤其在群体行动中的引导与协调问题上，价值的重要性势必更加突出。“对于一切社会治理体系而言，秩序、公平与效率、服务等，都是基本的价值。但是，这些基本价值在社会治理体系中的构成方式是不同的。”① 在管理行政时期内所突出强调的是效率价值，当然偶尔也会顾及到公平的价值，而公共管理这种服务行政的模式则非常注意兼顾各种价值追求，但绝不是崇尚多元价值，而是形成了以服务为核心理念的价值体系，其他价值如公平、效率等则位于服务价值的统摄之下，属于较次级的价值。服务价值在公共管理中是一种核心价值，但不是唯一性价值。

换句话说，服务价值并不是简单地排斥或是替代公平、效率与秩序等其他的价值，而是具有高度的包容性和一致性，发挥着统领、凝聚或导向性的作用。在以服务为核心价值的体系中，公平与效率的矛盾将得到有效的解决，共同促成服务价值的实现。同时，服务价值的定位意味着政府仍是公共管理的主要主体，但政府将不再是唯一的治理主体。“服务型政府是与社会共治的政府，……不再遵循‘凡服务必由己出’的思路”② 只有能够促成社会善治的更有效的政府，而不是更大的或更小的政府才是好政府。认识到此，政府将不再陷于“大政府”或是“小政府”的泥沼之中，不再为了公平与效率难以兼顾的问题而大为苦恼，也不再为疲于应付不可治理性难题的增多而懊丧不已。然而，价值具有主体相关性，即价值总是会落实到作为主体的人的追求，而不同治理模式中的价值最终也要具体落实为治理者的价值追求。

在统治行政中，一切都服从于权力秩序的要求，行政官员们也唯权力是尊，唯权力是从。权力崇拜教下成长起来的行政官员没有独立性地位，他们除了对权力的追求外就再也没有自己特殊的独立的价值追求。而在管理行政中，以政治与行政二分为前提，公共行政才获得了中

---

① 张康之：《社会治理中的价值》，《国家行政学院学报》2003 年第 5 期。

② 刘熙瑞：《服务型政府的内在要求》，《中国行政管理》2004 年第 11 期。

立的合理性。近代的社会化大生产以及对科学技术的尊崇，使得公共行政作为一个专门的职业领域获得了生长的空间，但同时也为公共行政的进一步发展设定了禁锢。一方面，职业领域的生成势必要求行政人员拥有自己特定的价值追求，这就为行政人员确立了公共性的信仰；另一方面，出于对科学主义与理性主义的崇尚，行政人员又被要求保持“价值中立”的地位。从而使公共行政的领域及其行政人员经常性地陷入究竟是追求公平，还是追求效率的困境。原因就在于，公平与效率是一对呈矛盾状态的二元价值，双方的矛盾超出了其自身所能够解决的范围，从而，公共行政的实践中总会表现出在公平与效率之间的钟摆式的运动。最终，鉴于公平相对于效率的不明显性，使得公平总会处于一种相对的劣势地位，反而往往让效率主义的狂热占了上风，使公共行政丧失了公共性的精神，也使行政人员沦为制度理性与工具主义的附庸，再度迷失了其自主性成长的方向。

而如今，核心价值的变化对公共管理者提出了不同以往的要求。服务价值不仅使得公共性得到了更好地注解，而且为公共管理者创造了个性化、自由化的发展空间，使公共管理者得以恢复其主体性，使其能够成为其自己，从而得以恢复与更好地坚持其专业自主性。在传统社会中，由于行政管理者对于统治者权力的折服，使其不仅无从保持个体独立性，反而只剩下对统治者的忠诚，更惶谈什么公共性的追求。直到工业文明催生了职业领域的分化，行政人员作为一个职业群体，才开始拥有了自己的公共性信仰。但是又鉴于科学技术在工业文明中的显赫作用，在漫长的工业化时期，科学理性思想不仅限定了学科发展的框架，而且限制了职业实践的方向。管理行政中强烈的效率倾向，干扰甚至阻断了行政主体对公共性的信仰。在经典官僚制中，工作内容和程序的标准化在确保人员行为一致性的基础上，提高了工作行为的稳定性和可预期性，从而提高了工作效率。但严格的标准化管理也压抑了其个性的张扬，程式化的工作使行政人员避免了独立思考与解决问题的尝试，从而沦为行政组织追求效率的工具，最终丧失了责任意识与独立的价值追求。而服务的价值追求将再次唤醒一度被矮化的主体性地位，鼓励其独立思考与创造性完成角色行为，鼓励其在公共管理的职业实践中不断地提升自己的责任意识和道德修养。

“由于服务精神和原则能够转化为公共管理者的道德信念和道德标准，因而，在公共管理活动中，能够实现对权力和法律的超越，从而获得自由和自主。”① 服务价值不仅明晰了公共性的价值追求，而且能够在公共管理的职业实践中转化为公共管理者持续增强的服务意识。公共管理者在职业活动实践中通过自己的独立思考，主动地进行着服务价值的追求，并积极地承担起自己应尽的社会责任，与此同时，还能获得个体的自由自主性成长。正是在这个意义上，作为公共管理职业活动基础的服务价值使个体的主体性与社会价值的追求找到了一致性的联结点。因而，我们说服务价值的追求只有寄希望于公共管理者这个特殊的职业群体才有了实现的可能，而服务价值的提倡，将不仅有利于鼓励公共管理者个体的差异性与多样化发展，也有利于督促公共管理者积极地投入到职业实践之中，而且有利于促使公共管理者自觉地提升其伦理素养的水平。

三、服务意识与公共管理者的自我发展

其实，人作为行政体制中主要的和基本的组成部分，健全的行政体制必然会选择对人的能力的关注，能力又总是与主体的能动性具有某种密切的联系，因而人的能力建设往往要落实到具体的单个人身上。因而，公共管理者的能力建设也只能依赖于公共管理者个体，依赖于个体对社会规定其所扮演的角色行为模式的认知。一般来说，个体对他所担任的职业角色有着越强烈的角色意识，他就越会积极主动地致力于职业角色的学习与领悟，并自觉地用于指导自己的个人行为，把它内化为支配个人行为的动力，督促个体积极主动地承担责任。可以说，角色意识

---

① 张康之：《公共管理伦理学》，中国人民大学出版社 2003 年版，第 129 页。

不仅可以推动公共管理者的能力建设，而且是公共管理者能力建设的必要构成部分，从某种意义上说，角色意识的增强本身就意味着公共管理者能力的提升。角色意识的明晰化，不仅是组织规范运作与稳定发展的前提，而且可以强化公共管理者的服务欲望、意愿。正是在这种服务理念的引导下，能够为社会和公众提供优质服务的能力才成为公共管理者日益彰显的追求。

公共管理者肩负着使职业实践与角色责任相联结的重任。因而，开展能力建设活动，首先要做的就是使公共管理者受到激励，使其获得一种能够产生服务意识的动力，从而自愿地发挥最大潜能作出最大贡献。“情绪是动力的来源”，“人类的行为通常是由情绪引发的，我们有某种行为是因为我们受到了某种情绪刺激。有三类情绪能引起持久的行为或行为变化：(1) 恐惧（我们感到自己不得不做）；(2) 责任（我们感到自己应该做）；(3) 欲望（我们感到自己想要做）”。[①] 角色意识的意义就在于通过对角色责任的感悟使公共管理者获得一种服务的欲望，公共管理者在角色意识的明晰化过程中不仅可以感受到来自社会成员的职业期待，使其明确职业责任和义务，而更为重要的则是通过对职业价值的认同所获得的职业理想，可以使其萌生出服务的欲望。

然而，公共管理者的角色意识离不开主体的自觉性或能动性。在传统公共行政的权力本位条件下，人的能动性是不受鼓励的，工作的成就感也不能直接源于工作，于是行政人员进行能力追求的愿望也是不迫切的或不主动的。到了公共管理阶段，服务的价值使能力的追求成为显性的，对能力的追求本身就可以使公共管理者获得自我实现的成就感，从而使其产生了对能力追求的无限热情。而能力的追求又进一步推动了公共管理者的自我完善，使其向“自由的国度”不断迈进。虽然每个组织“都会例行公事似地说‘人是我们最重要的资产’，然而，只有很少

---

① ［美］蒂姆、［美］彼得森：《人的行为与组织管理》，钟谷兰译，中国轻工业出版社2004年版，第40页。

的组织会像它们所说的那样去做，更不用说它们会真正这样认为”[①]。但是，公共管理通过服务价值的倡导，不仅使人的能力具有了第一位的价值，而且使人真正成为最受尊重和爱戴的对象，使工作成为真正的心灵感受。

公共管理者的角色意识只有从职业实践中不断汲取养分才能得以持续提升。关于群体性协作的作用，马克思就曾提出：“在大多数生产劳动中，单是社会接触、就能引起竞争心和特有的精神振奋，从而提高每个人的个人工作效率。”[②]而且个体在面临群体的选择时，总会表现出从众性、顺从性或是服从性，因而，最终属于个体的角色意识必然要深受职业群体整体认知水平的影响。如果一个群体是崇尚权力的，个体也会将追求权力视为自己的价值目标；如果一个群体是不注重能力的，个体也不会选择去努力地提高能力水平。我们有理由相信，公共管理时代的服务价值，及其对提高政府治理能力的追求，必然要求公共管理者形成一种新的角色意识——服务意识，并将引导公共管理者积极地投入到能力建设之中。由于服务意识为公共管理者的能力建设具有了道德的思维向度，所以，在能力建设中哪怕向前只是走了很小的一步也将意味着它的进步，毕竟这是朝向目标的迈进。道德的向度将使公共管理者更加注重思考，主动地将服务价值用以指导个体的能力建设，使能力的增强与公共利益的增进成为相一致的过程。显然，与以往的行政管理者相比，公共管理者的职业生涯将表现出很大的不同。

其一，公共管理者在能力建设中不再追求单纯的任务完成，或者说公共管理者在追求如何更快地、更有效率地完成任务的同时，开始积极地、主动地思考着职业的社会使命以及完成该项职责的社会意义。在传统的治理模式中，人们对工具理性偏爱有加，对科学管理的效率模式推崇备至，这就使行政人员满足于工作完成的高效率、高速度的追求，

① ［美］彼得·德鲁克：《个人的管理》，沈国华译，上海财经大学出版社 2003 年版，第 58 页。

② 《马克思恩格斯全集》第 23 卷，人民出版社 1972 年版，第 362—363 页。

而忽略了对应该完成的工作任务本身的关注和思考，简单地把高效率等同于职业使命的完成。而公共管理者在角色意识的指引下，则恢复了对公共利益的追求。即为了满足公共性的要求，更好地提供优质服务，重新选择了对个人能力的关注。同时，由于所谓进步只能是朝向目标的迈进，公共管理者的能力建设必然要选择一个目标，而这个目标的确定则只能通过工作能力与职业使命相联结的方式来完成。这样，公共管理者将时刻不敢忘记自己的职责所在，不做不必要的事，而总会自觉地使其能力建设接受着服务价值的引导，并主动地思考着如何更好地、更便捷地服务于社会公众。

其二，公共管理者在能力建设中受到服务价值的引导，将主动地把握角色的边界，从而正确地行使职业权力，既把为人民服务的职权运用到极致，同时又不会为了私利而擅自越权或滥用权力。行政人员在权力本位的行政模式下被引入对权力的狂热之中，把得到了哪些职权、获得了什么级别视为工作成就或职业理想，工作本身反而成了陪衬，这种错位只能使行政人员不愿意进行能力建设，或忽视自身的能力建设，反而热衷于追求权力。由于权力具有天然的膨胀性，出于对权力的过分迷恋，行政人员就会滥用权力，使权力的行使具有很大的随意性。要么是无视权力的边界过分使用权力，要么是为了获得一己私利做权钱交易，或者是为了谄媚某些领导而拒绝行使某些权力。公共管理的服务价值则重新确立了能力本位的追求，权力则相对于能力处于次级的地位，权力存在的目标就是使公共管理者发挥自身的工作能力去更好地提供公共服务，对服务目标的依归将确保或限制着权力行使在正确的轨道上。

其三，公共管理者在能力建设中都持有审慎的态度，从而积极地进行自我管理，进行职业规划，学会如何选择适合自己能力的岗位，而不再是盲目地去竞争一个更高的权力层级。由于传统公共行政是一种高保险、低流动性的职业，行政人员的发展与该职业的未来不具有直接的利益关系，角色发展过程中呈现出身份化的特征，或者说对职业的选择体现不出行政人员的主观意愿和能力要求，而更多地取决于权力的拥有和地位的固化。即能否进入该职业取决于行政人员的意愿和能力之外的因素，职务的晋升也不与工作能力、工作业绩相联系，行政责任的追究更多地表现为集体责任和形式责任，而不是由角色行为本人来承担，致使行政人员在职业发展中丧失了进行主观努力和自我管理的意愿。公共管理对能力本位的倡导，则重新连接了曾被阻断的二者之间的相关性。公共管理者在工作中注重依据自己的长处去进行选择，选择做正确的事，用正确的方法做事。工作再一次成为发挥个人能力的场所，而不是获得更多权力或资源的手段，为了能够更好地发挥能力去促进组织效能的增进，自觉地使个体的职业理想与组织的服务价值相一致。或者说公共管理者认真地做好了职业发展规划，找到了职业的真正归宿，学会放弃那些自己没有能力做好的，而致力于做好自己可以胜任的事情。

其四，公共管理者在服务意识的指引下，在能力建设中能够拥有学习的主动性，不再把学习当作是升官或增加资历的途径，而是把学习视为完成角色行为的重要组成部分。公共管理中能力本位的追求将为公共管理者提供持续学习的动力，在学习中，公共管理者不仅可以完成职业角色，而且可以获得自我的发展与超越，达致生命的升华。一方面，公共管理者在主观上感受到了信息时代的能力竞争所带来的不得不学的压力，即不学习或能力不行就要被淘汰的压力；另一方面，又受到了角色意识所感悟的职业使命的驱使，另外，服务价值所引发的角色自觉也使公共管理者愿意通过学习去获得更好地提供公共服务的能力。因而，公共管理者能够深刻地认识到学习的重要性，准确地理解学习的复杂性和多样性，不再把学习当成是传统的纯粹意义上的学习，即学习不仅是对承担角色所需新知识、新方法的学习，是对新工作、新环境的主动适应；也是一种对角色责任或义务的明晰化意识，是创新性完成角色行为和承担角色责任的使命驱使。

第四节 从管理角色到伦理角色

归根到底，无论是公共行政时期的行政人员角色，还是公共管理时期的公共管理者角色，又都属于管理角色的范畴。虽然，管理是一项历史久远的人类活动，但是，直到近代的领域分化进程中，管理角色才得以正式确立并发展为一种十分重要的职业角色。然而，在管理角色的发展中，总是会面临着如下的抉择困境：究竟是进一步朝向管理的制度化发展，还是要进一步突出管理的人本化趋势。其原因就在于，一方面，管理角色是以目标实现为原点的，即为了实现一定的组织目标，为了更好地保持群体活动的秩序，为了更充分地利用组织资源，管理实践中总是会突出地强调管理制度的重要，总是会致力于管理技术与方法的不断改进。另一方面，管理又是一种人对人的管理，是一种人的主体性活动。为了充分发挥人的主观能动性，又总是要求管理的非制度化、人本化发展。或许，为了走出管理角色发展的两难困境，我们唯有通过治理模式变革的方式，把握住公共管理者角色的发展契机，为管理角色注入伦理的要素，实现从管理角色到伦理角色的转换，选择公共管理者角色伦理化的出路。

一、管理者及其行为

管理角色的承担者，就是我们通常所说的管理者，其职业活动的实践也主要体现为一定的管理行为。在管理的历史上，无论是管理的理论家还是管理的实践者都十分关注管理者这个主体：关注管理者应该做出什么样的管理行为，能够做出什么样的管理行为，以及如何做出具体的管理行为，等等。尽管围绕着管理者的职能与工作，已经做过了许多研究工作。如管理学大师明茨伯格在《经理工作的性质》一书中所指出的，关于管理者角色的研究主要集中在相关的职能研究中，并把它们大致划分为八大流派，如古典学派、伟人学派、企业家学派、决策理论学派、领导者效率学派、领导者权力学派、领导者行为学派及工作活动学派。然而，对于管理者及其行为，我们仍是知之甚少，恰如有学者所指出的那样，“我们对于新几内亚或其他地方的原始人的动机、习俗和最隐秘的了解，比我们对尼莱佛商行的那些管理人员了解要多。”①

在近代的工业化进程中，随着工厂规模的不断扩大，社会的组织化程度迅速提高，而如何把许多人组织起来更好地完成组织的目标已经变得十分重要。“工业革命创造了一种新的文化环境和一批与以前不同的管理。随着人民努力使自己更适应于城市和工厂的新的严格生活，他们的需求也变得越来越复杂了。”② 在新的管理形势下，组织中的人群关系变得更加庞大，也更加复杂，而对组织人的控制的问题也变得十分突出与尖锐。然而，传统的控制方法——依靠强力去压制、迫使人们服从的统治方法已变得不再适应，人们不得不更多地使用管理的方法而不是统治的方法去达到更好的控制，这样，管理的方法就代替了统治的方法取得了主导性地位。同时，虽然控制是管理的一项重要职能，但也不可能是唯一职能，或者说，为了保持有适应力的、更好的控制，管理还要承担起更多的、多样化的职能，比如计划、指导、协调、组织、领导等。另外，经验管理已越来越难以适应日新月异的管理实践需要，而不得不走上科学管理的道路。

在这个过程中，为了指导科学管理的进行，培养出大批的专业管理人才，许多管理的实践者与理论家都作出了突出贡献。他们对管理原则与管理职能等问题作出了归纳与研究，从而使管理得以成功地摆脱经验的窠臼，并走上了管理知识化、科学化的道路。但是，由于机器总是能够与极大的生产力相联系起来，整个社会迅速地陷入了机器主义的狂热之中。相对于机器而言，人反而不能受到应有的重视，甚至于希望在

---

① 转引自张成福、党秀云：《公共管理学》，中国人民大学出版社2002年版，第33—34页。

② ［美］丹尼尔·雷恩：《管理思想的演变》，赵睿译，中国社会科学出版社1997年版，第71页。

实践中完全摒弃人的情感，把人也变成机器，从而，制度化管理迅速地蔓延开来，组织管理中的规章、制度与纪律都受到了极大地重视，并取得了前所未有的发展，而人的发展则处于受压抑、受排斥的地位。当然，也有许多人注意到了“把人看成机器”的危害，主张“如果把人看成是机器，那么只要支付工资就能使一个人具有做一名听话的仆人所需要的全部品德。但是，对任务不能总是做出硬性规定，最宝贵的东西常常是自觉自愿”①。

正是在这个意义上，巴纳德在《经理人员的职能》中指出，组织就是一个协作系统。即“正式组织是人们自觉的、有意的、有目的的一种协作”②。而在这个协作系统中，如何使人们产生一种协作的意愿，加入此组织、而非彼组织；为该组织的目标、而非其他的组织目标一起工作的过程中，只能靠说服、吸引、号召等方式，而不能依靠强制的方式。一旦建立起这样的组织，其内部成员间的协作就能够把独立的个体存在团结起来，使组织的力量远远超过单个人的能力范围，完成仅靠单个人的能力所不可能完成的组织目标。从而，使单个的人通过组织协作的方式联结起来而发挥着巨大的社会作用。然而，个人在社会生活中又总会保有自己的动机，因而，组织这种协作系统能够得以成功建立的关键，就在于要为组织成员提供“诱因”，使他们能够通过“信息交流”的方式，拥有群体“协作的意愿”，确立起组织生活的“共同的目标”。

梅奥等人通过霍桑实验的研究发现，人不是“机器人”，而是“社会人”。人不仅是个体存在，而且是社会的群体存在，为了保持社会人的本性，人需要群体的联系，渴望受到关注，希望通过对群体生活的参与和行动去获得与保持这种社会性。然而，在不同的社会阶段，人们的社会交往与联系机制又是不同的。如在传统社会中，主要依赖于人际交

---

① 转引自［美］丹尼尔·雷恩：《管理思想的演变》，赵睿等译，中国社会科学出版社1997年版，第107页。

② ［美］C. I. 巴纳德：《经理人员的职能》，孙耀君等译，中国社会科学出版社1997年版，第3—4页。

往的血缘纽带，但是，在从传统的熟人交际范围扩大到近代的组织生活交往范围时，以往的人际交往模式已经发生了改变，为了建立起新的“社会人”交往模式，亟须建立起一种新的人际交往机制——一种深植于社会分工体系的社会协作机制。然而，“技术指向型社会的进展过于强调工程技术，并从工艺技术方面来解释工作的意义，以致衡量工作成绩的标准是以讲求效率的经济逻辑为基础的。个人的社会需求被放到次要地位，因而降低了个人‘在工作中进行协作的能力’。”①

然而，在近代社会的组织管理中，人的这种社会需求并未能因此而获得应有的重视，管理者的这种自觉性也未能受到充分的关注，反而，总是片面地强调制度管理的重要，使管理领域畸形发育为一个高度规范化的领域。与此同时，在管理实践中，既无视管理对象的多样化、差异化的个体需求，也无视管理者的能动性与自主性，试图把管理对象当成一堆需要加工的“原材料”，又妄图把管理者变成冷漠无情的、没有感情波澜的“机器人”。正如张康之教授所指出的，“人的一切，包括肉体和灵魂，都变成了一部机器，或者甚至只是机器的一部分，仅仅在履行一部分技术操作的功能。……人的智慧和感觉都变成了管理的对象。”② 这样一来，社会的发展不仅未能促进人类的发展，反而压抑了人类的发展，而人类发展的受限又在某种程度上妨碍着社会的发展。

二、人本管理中的管理者

“我们的确对机器、技术和信息处理抱有很高的希望。然而事实仍然是，条条大路最后总是使我们回到了人。最终的解决办法取决于人，也只能取决于人，就像人是自我毁灭的种子一样。”③ 在管理领域化的发

---

① ［美］丹尼尔·雷恩：《管理思想的演变》，赵睿等译，中国社会科学出版社 1997 年版，第 327 页。

② 张康之：《总体性与乌托邦》，中国人民大学出版社 1997 年版，第 20 页。

③ ［法］罗贝尔·萨蒙：《管理的未来：走向以人为本》，王铁生译，上海译文出版社 1998 年版，第 295 页。

展中，虽然一直通过管理技术、方法等的运用而不断地加强制度化的管理，试图通过制度来约束或限制着人们的非理性的、情感化的行为，通过这种理性、一致性的方式去确保管理效率的提升。但是，却在制度管理的精进中发现：制度最终仍是要落实到以人为中心的原点上，管理无非是人所展开的活动，或者说，管理的技术与方法再先进，也总是不能脱离人的主体而单独地发挥作用。其实，即使管理制度的设计也总是要基于一定的人性假设基础，不论是"机器人"、"工具人"、"心理人"、"情感人"，抑或是"精神人"、"智慧人"。正是在这个意义上，即使制度在管理中十分重要，甚至特定阶段的管理发展可能主要体现为管理制度的发展，然而，管理中最重要的始终还是人。

真正的管理发展也只能寄希望于人这个主体，寄希望于由人所带来的创新力与竞争力。而管理的未来，恰如罗贝尔·萨蒙在《管理的未来：走向以人为本》中根据社会发展的新变化所作出的论断，必定会"把战略建立在人的基础上"，将"走向以人为本"。他指出，由于不确定性是未来社会的关键特征，人们将生活在一个充满了未知性、不安定的变化无常的世界里，而技术的高速发展也注定一切既有的制度安排都将是落后的，为了保持足够的适应力、应变力与控制力，人的创造性与能动性显得弥足可贵。据此，萨蒙指出，"把工作内容规定得尽可能的精确，代表了一种相当无效的操作方式，它不能产生整体的质量的改进"，"工作永远不能归结为仅仅是执行"[①]，所以，"人是竞争优势的主要源泉"，而"重视人的因素和尊重个人代表着一种有效的管理手段"。[②]

值得指出的是，萨蒙所论述的"以人为本"，仍是不彻底的，还不是真正的"以人为本"。其中的人仍是"工具人"，"手段人"，只是为了更好的"控制"人而被迫去"重视"人，却不是为了顺应人的发展需求

① [法] 罗贝尔·萨蒙：《管理的未来：走向以人为本》，王铁生译，上海译文出版社 1998 年版，第 258 页。

② [法] 罗贝尔·萨蒙：《管理的未来：走向以人为本》，王铁生译，上海译文出版社 1998 年版，第 257 页。

而尊重人；尊重人的目的不是因为人是改造世界、创造世界的主体，因而是值得尊重的，而是迫于改善工具使用效能的压力；而重视人的发展的目的，也不是为了顺应人的发展需求，而是为了更好地发挥其工具的作用。或者说，在“以人为本”的管理未来，人应该是目的而不是手段，“以人为本”不仅要重视人或尊重人，而且更重要的是把人放在第一位，放在根本位置。正如有学者所指出的，“任何有意义的运动或影响深远的行动，都必须从我们每一个人开始。我们自己必须先改变，必须先认清我与外在世界的关系的本质和结构。这份洞悉力就是行动，有了这份洞悉力，身为人类一员的我，就能为这个世界带来另一种品质。”①

人本管理顺应了社会发展的需求。如未来学家所提出的，一个新的社会发展时期已经来临，社会发展中知识的重要性正日益增强，社会正日益发展为信息社会或知识社会。正如管理学家德鲁克所指出的，知识已“成为最重要的资源而不是某种资源，正是这一点使我们的社会变成‘后资本主义社会’。它改变了，而且是从根本上，改变了社会结构。它创造了新的社会动力。它创造了新的经济动力。它创造了新的政治”。在这样的社会中，信息正以远远超过工业社会中机器的力量创造着生产力与竞争力，而且，每个人都能迅速地掌握与了解足够多的信息。那些在过去只有极个别高层管理者才能知晓的信息正在被几乎所有的人所掌握，很明显，传统的管理者通过信息垄断的方式去实行管理控制已变得不再可能。当然，知识或信息虽已成为重要的资源，传统的管理方式也不再可靠，却并不意味着不需要管理，反而更需要管理，只是需要一次管理的革命——这就是人本管理的实现。其原因就在于，“在有效管理的地方，即在知识应用于知识的地方，我们总能获得其他资源。”②

然而，知识或信息毕竟使得人本管理与传统的管理具有很大的

---

① ［印］克里希那穆提：《重新认识你自己》，若水译，群言出版社 2004 年版，第 189 页。

② ［美］彼得·德鲁克：《后资本主义社会》，张星岩译，上海译文出版社 1998 年版，第 48 页。

不同，人本管理中的管理者与传统的管理者也必然是不同的。如丹尼尔·雷恩所指出的：管理的发展史表明，管理世界有两个永恒的主题，“一个是演变中的管理职能概念，另一个是变动中的管理环境”。[①] 信息社会的来临，不仅改变了传统的管理职能，而且改变了管理环境，而管理者总是“在一个经济、社会、政治及技术力量变动的开放系统中进行经营与决策的”[②]。因此，在管理职能与管理环境已经不同往昔的管理世界中的管理者——人本管理中的管理者必然是全新的，是与传统的管理者不同的。关于信息社会对管理者所带来的不同与发展机遇，曾有学者以行政人员这个管理主体为例，把其概述为：“体能的延伸与增强”，“开阔视野，提高判断、分析和解决问题的能力”，“时间和精力的节约”，“观念的更新”，以及对“全面发展”的激励。[③]

“人本管理”中的管理者虽然意识到规则与制度“能够起到限制和抑制的作用，但是它不能起动员和激发热情的作用”[④]，从而，自觉地把规则与制度的作用控制在维护秩序的范围内，却把人放在规则与制度之上。当然，这绝不意味着人可以不受规则与制度的约束，而是说，在规则与制度的僵化性妨害了人的发展时，应该以人的需求为最高法则。这样既能充分地发挥人的能动性与创造力，又能使规则与制度保持足够的灵活性与适应力；既能使规则与制度更好地发挥秩序保障作用，又有利于人们对规则与制度的认同与遵从，自觉地把外在的约束力内在化。在这个过程中，最重要的是不能把规则与制度神圣化，而是要不断地反思、解构，去“考虑在某种特殊的场合更需要什么，而不是一概而

---

① ［美］丹尼尔·雷恩：《管理思想的演变》，赵睿等译，中国社会科学出版社 1997 年版，第 549 页。

② ［美］丹尼尔·雷恩：《管理思想的演变》，赵睿等译，中国社会科学出版社 1997 年版，第 525 页。

③ 参见李传军：《管理主义的终结：服务型政府兴起的历史与逻辑》，中国人民大学出版社 2007 年版，第 144—145 页。

④ ［牙买加］迈克尔·曼利：《变革的政治》，沈连昭译，辽宁人民出版社 1995 年版，第 249 页。

论地决定什么是能接受的、什么是不能接受的；什么是对的、什么是错的”。[①] 为了使规则与制度等既有的治理手段更有效，使它们发挥更加深远的、持久的影响力，我们需要不断地改变以增加其灵活性与适应力。正是在这个意义上，人本管理中的管理者虽然重视规则与制度，但却能够把人放在最重要的位置，能够做到始终以人为本。

三、公共管理者角色的伦理化

近代领域不断分化的结果是工作被分成许多种类，人也承担起数个不同的角色。然而，角色化虽然有利于技术专门化的发展与职务职责的承担，但过度的角色化也导致了一种新的形式主义。如鲍曼所说的，“我们在每一种环境中的存在正如工作本身一样被碎片化了。在每一种情境中，我们都仅仅以‘角色’的面目出现，是我们所扮演的很多角色中的一种。似乎没有一种角色能被假定与作为‘整体的’和‘唯一的’个体的‘真实状况’完全一致。”[②] 这样一来，工作或职责的完成越来越依赖于角色，反而承担角色的人却变得越来越不重要，角色被形式化了。角色分化在促进社会发展的同时，却抑制甚至排斥了人的发展，其最终的结果就是，“群体在分化中生存；个体在分化中倒下”[③]。

虽然，过度角色化会妨害管理者的发展，但是，历史发展的实践却一再表明，角色化是走向有效管理的重要途径。毋庸置疑，正是在近代的角色化进程中，管理者的角色变得更加重要了。如学者科恩等在《新有效公共管理者》[④] 中指出，公共管理者的工作是“一项非常有意义

① ［美］弗兰克·卡德勒：《重建自我：从阴影走向光明》，熊汉忠、吴思娜译，现代出版社 2005 年版，第 93 页。

② ［英］齐格蒙特·鲍曼：《后现代伦理学》，张成岗译，江苏人民出版社 2002 年版，第 22 页。

③ ［德］诺贝特·埃利亚斯：《个体的社会》，翟三江、陆兴华译，译林出版社 2003 年版，第 43 页。

④ ［美］科恩、［美］埃米克：《新有效公共管理者：在变革的政府中追求成功》（第二版），王巧玲等译，中国人民大学出版社 2001 年版，第 220—221 页。

的行业”，在经历了许多的政府危机事件与很多场政府改革之后，我们“仍然坚定地相信政府的中心作用，……我们依赖着政府来保护我们、稳定经济以及护卫我们的国家”。而为了使政府的工作会更加有效，“我们热切地渴望具有开拓精神的公共管理者”，“我们的确需要新型的公共管理者，更加有效的公共管理者”，为此唯有实现“公共服务的职业化”，通过职业角色的方式来保证公共管理者工作的有效性。即使在西方以“企业家精神”重塑政府的运动中，如胡德所指出的，“这场发生在国家官僚体系内的改革，旨在促使政府变得更像商业组织，更加强调管理者角色的重要性。”① 但其目的仍在于通过强调管理者角色重要性的方法去实现有效的管理。

既然管理角色的重要性是不可替代的，而以管理角色来代替传统社会的统治者身份也曾经代表了一种历史进步，那么，为了缓和或解决过度角色化的矛盾，在从行政人员的角色发展为公共管理者角色的过程中，如何才能顺利地完成从科学定位到伦理定位的转变，如何才能成为有效的、负责任的公共管理者呢？或许，我们可以从杨立新教授的《从契约到身份的回归》一书中得到某种启示。杨立新教授认为在民法领域，身份在社会中的重要性曾经历了一个马鞍的两端的变化。即在中世纪以前的一端，身份以权力为中心，是一种支配权，体现的是人与人之间的不平等；而在回归后的一端，身份发挥社会作用的方式已经发生了很大的变化，即不再是直接对人的支配，而是以义务为中介，着重于调整人们之间的利益分配。很明显，虽然身份的名称未变，但此身份已非彼身份。或者更准确地说，回归后的“身份”已不再是身份，我们也可以不把它称作身份。其实质意义就在于对契约精神的发展，是一个使人这个主体与责任或义务完全相统一的、相结合的概念，是一种对传统身份与近代契约的超越形式，是伦理化的代名词。

---

① ［英］克里斯托弗·胡德：《国家的艺术：文化、修辞与公共管理》，彭勃、邵春霞译，上海人民出版社 2004 年版，第 3 页。

当然，在从统治者的身份到管理者角色的发展中，人们以角色的形式参与到社会的分工——协作体系中，毕竟代表了历史进步的方向，因而，要解决角色发展的困境，绝不可能退回到传统的身份。但是，为了更好地发挥管理者角色的重要性，我们却可以从传统的身份中借鉴某些合理的因素。即为了解决角色发展中的形式化、过度化问题，我们可以通过为其增加伦理考量的方法，把管理角色发展为伦理角色，实现公共管理者角色的伦理化，从而重新找寻到人作为个体性存在与社会性存在之间的一致性，促成角色、责任与人这个主体之间的完全统一。伦理角色不同于管理角色之处就在于，它能够把客观的制度化责任转化为管理者的主观责任。这样一来，既能充分发挥规则、制度对人的规范和约束作用，为社会治理提供基本的秩序保障，又不至于损害管理者的能动性与主动性。因而，要真正发挥管理者的积极性，“使组织中每一个成员的行为能够符合组织的目标，除了硬性的规章制度约束外，还需要伦理道德的引导，以良好的伦理道德来激发组织成员的使命感、责任感和荣誉感，使每一个管理者与被管理者对自己的行为都有一个清醒的认识。”①

在公共管理者角色的伦理化中，最主要的就是实现公共管理者个体性与社会性的统一。如有学者所指出的，“人与个人两者是有差别的。‘个人’只是局部的存在，他存在于某个国家，属于某种文化、社会及宗教。‘人’却不是局部的，而是普世性的存在。一个人在广大的生命领域中，如果只把自己局限在某个小角落，他就和整体脱节了。”②管理者不仅是个体的存在和组织的存在，而且是社会的存在。认识到此，在诸多集于一身的角色之间发生冲突时，即在面临着制度与人情的矛盾时，是听从上级的指示，还是遵从宪法与法律的规定，抑或是在客观责任的规定之间发生混乱时，公共管理者才知道何去何从，也才能站在一

① 苏勇：《现代管理伦理学——理论与企业的实践》，石油工业出版社 2003 年版，第 37 页。

② ［印］克里希那穆提：《重新认识你自己》，若水译，群言出版社 2004 年版，第 7 页。

个总体的、超然的高度上，真切地体会到公共管理者角色的社会使命。而公共管理者某个具体职业行为的做出，以及对单项工作任务的完成，都将具有深远的、真切的社会意义，于是，公共管理者也才能从容地站在诸多繁杂的角色责任面前，做出取舍自如的选择。

公共管理者角色的伦理化将促成人类自由而全面发展的理想，也能够适应未来的高不确定性与高复杂性的社会治理环境。我们应该看到，"与角色履行相联接的行为规范和选择准绳并不能抓住'真我'。……逃离了仅仅是'角色扮演者'的命运后，……我们并且只有我们自己为我们的行为负责，我们可以自由地做出自己的选择，我们只被我们认为值得追求的东西所指引。"① 角色的伦理化，使角色的客观责任与角色扮演者的主观认同相结合起来，人们在履行客观的制度责任时，是因为他们自己也认为是值得的、是应当的，而不是由于是制度规定了的原因，因而，角色就不再是外在于主体的存在，责任也不再只是与角色相联系，而是与角色扮演者这个主体相联系，这就使角色扮演者走出了以往的伦理困境。正如鲍曼所说的，"社会清楚如何把义务固定到规则或法律职责之中，我在被赋予任何一个这类义务之前就已经负有责任。"② 这将是一种有着主体伦理自觉性的境界，公共管理者也因此获得了自由与自主，是公共管理者自身而不是规则、制度或角色才是最重要的。

① [英] 齐格蒙特·鲍曼：《后现代伦理学》，张成岗译，江苏人民出版社2002年版，第23页。

② [英] 齐格蒙特·鲍曼：《个体化社会》，范祥涛译，上海三联书店2002年版，第217页。

结语：努力用未来拖动现在的发展

正如学者托夫勒所说的，“今天世界上正飞快地发展着另外一种看法：进步再也不能以技术和生活的物质标准来衡量了……我们开始以一株开了花的树，形象地来考虑进步问题，它有着很多伸向未来的树枝，我们将以人类丰富多彩的文化，来衡量社会的进步。”[①] 未来社会的高不确定性、高复杂性特点日益突出，如果我们仍囿于用“过去来推动现在”的发展方法——即希望通过对过去经验的总结及相关教训的吸取而图谋社会发展的方法，已变得不太可能。当务之急是，“努力用未来拖动现在的发展”[②]。即在把握未来发展特点的基础上，保持相当的前瞻性与足够的灵活性，通过构想的方式，制定出较长远的发展目标，去努力地、主动地促进现实的转变。因而，提出一个未来社会的发展目标的意义将是重大的，它不仅可以为社会标明一个方向，并通过现实的努力去探寻出各种可行的路径；而且预示着，在朝向未来发展目标的方向上，前进的哪怕只是很小的一步，也会体现为社会的进步。

在努力用未来拖动现在的发展道路上，人的主体性作用将是促进发展的最重要因素。其原因就在于，人的智慧不仅可以转化为源源不断的生产力，而且可以体现为足够的适应力与旺盛的创造力。然而，在

---

① ［美］阿尔温·托夫勒：《第三次浪潮》，朱志焱译，生活·读书·新知三联书店 1983 年版，第 366 页。

② 转引自［法］罗贝尔·萨蒙：《管理的未来：走向以人为本》，王铁生译，上海译文出版社 1998 年版，第 299 页。

工业社会的发展中，“我们曾经以为我们可以拥有一切。用钱选择我们想要的任何东西，由技术负责供给。”① 但结果却发现，技术不仅带来了社会的发展，还带来了诸多的副效应，如环境恶化、能源危机、疾病横生，道德滑坡等一连串的社会不可控难题。或者说，我们在利用机器与技术推动社会迅猛发展的同时，却没有相应地促进人的发展，反而排斥与压抑了人的发展。其结果是，发现我们的地球已不适合居住，而我们也不再是世界的主人——人的主体性已离开而远去，人成了机器的奴隶，成了技术的牺牲品，成了制度控制中会说话的工具。当然，同技术与制度相比而言，人永远是最重要的，并不意味着技术与制度的不重要，而是说，我们希冀通过伦理价值的倡导而实现对制度理性的超越，使人成为拥有伦理自觉性的社会主体。

应该说，社会角色化本身也是技术进步的产物，并致力于通过专业化的途径更好地促进技术的进步。然而，在角色化的过程中，随着知识专业化的不断加深与角色的日益分化，人与人之间相互交换角色正变得越来越不可能，人们之间的关系也变得越来越陌生，越来越缺乏理解。通俗地说，某人在某一方面能力得到突出发展的同时，正以更多的其他方面能力的降低为代价。其发展的结果是，人们对世界、对生活、对发展的看法也正变得缺乏全局性与整体性，反而只是如“盲人摸象”般的支离破碎。恰如有学者所指出的，“人们往往并不用历史上的变化和制度上的矛盾来说明他们的困境，往往也不把他们的幸福归因于社会的巨大变动。一般人很少意识到自己的生活方式和世界历史进程这两者之间的错综复杂的关联。他们往往并不知道正是有了这种关联他才成为目前这样的人，也正是有了这种关联，历史才被创造成目前这样的历史。”②

然而，社会发展的目的就在于使人生活得更好些，应该是“以人

① [英] 汉迪:《超越确定性——组织变革的观念》，徐华、黄云译，华夏出版社 2000 年版，第 2 页。

② [美] 赖特·米尔斯、[美] 塔尔考特·帕森斯:《社会学与社会组织》，何维凌、黄晓京译，浙江人民出版社 1986 年版，第 4—5 页。

为本”的，是朝向“人的全面而自由的发展”理想状态的发展。在工业社会的体系设计中，只能看到技术、制度、规范，却唯独看不到人，人只是一个拥有一定智力水平的标准件。人被要求排斥情感等非理性的考虑，祛除掉价值巫魅，甚至是绝不允许进行道德判断的，更惶谈什么自由发展，人所能做的就是照章循例，依法办事。在未来的社会，为了使人——角色的扮演者，承担起“努力用未来拖动现在的发展”的重责，角色必须是创造性的，而不是被规定的。或许，正如有的学者所指出的，“正确地发现最高任务，是创造角色的精髓”。而“最高任务的完成与演员对角色的认识（即‘理性的解释’）有关，也与演员对角色的体验和体现（即‘感情的解释’）有关”。①

为了促进人们更好地扮演社会角色，最重要的方法并不是要制定出数量更多的、内容更详细的角色规范，而在于为角色扮演者制定出一个“最高任务”——社会发展的目标，通过鼓励“人的全面而自由的发展”的方法，充分地发挥人的主体性与创造力。因而，人本身必须是得到解放的，是自由的，即“你不能依赖任何人，事实上并没有向导，没有老师，也没有权威，只有靠你自己——你和他人，以及你和世界的关系——除此以外，一无所恃”②。同时，人还必须是得到全面发展的，不再满足于支离破碎的角色生活，而是恢复了总体性的存在。在这个过程中，作为个体的人必须认识到：历史是传承的，世界是整体的，而人的个体性与社会性是相统一的。即“个人的行动不是孤立的，而是与集体，进而与整个社会联系在一起的。个人的行动反映了集体愿望和要求，同时这种愿望和要求又包含着社会深层的历史趋势”③。

① 郑君里：《角色的诞生》，中国电影出版社 1981 年版，第 164—165 页。

② ［印］克里希那穆提：《重新认识你自己》，若水译，群言出版社 2004 年版，第 11 页。

③ 张康之：《总体性与乌托邦》，中国人民大学出版社 1997 年版，第 193 页。

参考文献

一、外文译著参考书目

1. [美] A. 麦金太尔：《追寻美德：道德理论研究》，宋继杰译，译林出版社 2003 年版。

2. [美] 阿尔温·托夫勒：《第三次浪潮》，朱志焱译，新华出版社 1997 年版。

3. [美] 安东尼·唐斯：《官僚制内幕》，郭小聪等译，中国人民大学出版社 2006 年版。

4. [美] 保罗·C. 莱特：《持续创新：打造自发创新的政府和非营利组织》，张秀琴译，中国人民大学出版社 2004 年版。

5. [美] 彼德·布劳：《社会生活中的交换与权力》，孙非、张黎勤译，华夏出版社 1988 年版。

6. [美] 彼德·布劳、[美] 马歇尔·梅耶：《现代社会中的科层制》，马戎等译，学林出版社 2001 年版。

7. [美] 彼得·德鲁克：《个人的管理》，沈国华译，上海财经大学出版社 2003 年版。

8. [美] 彼得·德鲁克：《后资本主义社会》，张星岩译，上海译文出版社 1998 年版。

9. [美] 彼得·德鲁克：《社会的管理》，徐大建译，上海财经大学出版社 2003 年版。

10. [美] C. I. 巴纳德：《经理人员的职能》，孙耀君等译，中国社会科学出版社

1997 年版。

11. [美] 查尔斯·林德布洛姆:《政治与市场》，王逸舟译，上海三联书店、上海人民出版社 1994 年版。

12. [美] 查尔斯·J. 福克斯、[美] 休·T. 米勒:《后现代公共行政》，楚艳红等译，中国人民大学出版社 2002 年版。

13. [美] 戴维·奥斯本、[美] 特德·盖布勒:《改革政府》，周敦仁等译，上海译文出版社 1996 年版。

14. [美] 戴维·奥斯本等:《摒弃官僚制：政府再造的五项战略》，谭功荣、刘霞译，中国人民大学出版社 2002 年版。

15. [美] 戴维·约翰·法默尔:《公共行政的语言——官僚制、现代性和后现代性》，吴琼译，中国人民大学出版社 2005 年版。

16. [美] 丹尼尔·A. 雷恩:《管理思想的演变》，赵睿等译，中国社会科学出版社 2002 年版。

17. [美] 丹尼尔·贝尔:《后工业社会的来临》，高铦等译，新华出版社 1997 年版。

18. [美] 菲利普·J. 库珀:《二十一世纪的公共行政：挑战与改革》，王巧玲、李文钊译，中国人民大学出版社 2006 年版。

19. [美] F. J. 古德诺:《政治与行政》，王元、杨百朋译，华夏出版社 1987 年版。

20. [美] F. W. 泰罗:《科学管理原理》，胡隆昶译，中国社会科学出版社 1984 年版。

21. [美] 弗兰西斯·福山:《信任——社会道德与繁荣的创造》，李宛蓉译，远方出版社 1998 年版。

22. [美] 荷尔瑞格等:《组织行为学》(第八版)，胡英坤等译，东北财经大学出版社 2001 年版。

23. [美] 赫伯特·西蒙:《管理行为：管理组织决策过程的研究》，杨砾等译，北京经济学院出版社 1988 年版。

24. [美] 简·芳汀:《构建虚拟政府》，邵国松译，中国人民大学出版社 2005 年版。

25. [美] 杰伊·D. 怀特、盖·B. 亚当斯:《公共行政研究——对理论与实践的反思》，刘亚平、高洁译，清华大学出版社 2005 年版。

26. [美] 克劳德·小乔治:《管理思想史》，孙耀君译，商务印书馆 1985 年版。

27. [美] 莱因霍尔德·尼布尔：《道德的人与不道德的社会》，蒋庆等译，贵州人民出版社 1998 年版。

28. [美] 蓝志勇：《行政官僚与现代社会》，中山大学出版社 2003 年版。

29. [美] 路易士·亨利·摩尔根：《古代社会》，杨东莼等译，商务印书馆 1971 年版。

30. [美] 罗伯特·B. 登哈特：《公共组织理论》（第三版），扶松茂、丁力译，中国人民大学出版社 2003 年版。

31. [美] 罗杰·理若·米勒、[美] 丹尼尔·K. 本杰明、[美] 道格拉斯·C. 诺斯：《公共问题经济学》，楼尊译，上海财经大学出版社 2002 年版。

32. [美] 马克·E. 沃伦：《民主与信任》，吴辉译，华夏出版社 2005 年版。

33. [美] 麦克尔·巴泽雷：《突破官僚制》，孔宪遂等译，中国人民大学出版社 2001 年版。

34. [美] 波斯纳：《衰老与老龄》，周云译，中国政法大学出版社 2001 年版。

35. [美] 乔尔·阿伯巴奇、[美] 罗伯特·普特南、[美] 伯特·罗克曼：《两种人：官僚与政客》，陶远华等译，求实出版社 1990 年版。

36. [美] 乔纳森·H. 特纳：《社会学理论的结构》，邱泽奇、张茂元等译，华夏出版社 2000 年版。

37. [美] 乔治·弗雷德里克森：《公共行政的精神》，张成福等译，中国人民大学出版社 2003 年版。

38. [美] 乔治·H. 米德：《心灵、自我与社会》，赵月瑟译，上海译文出版社 2005 年版。

39. [美] R. J. 斯蒂尔曼：《公共行政学》，李方等译，中国社会科学出版社 1985 年版。

40. [美] S. N. 艾森斯塔得：《帝国的政治体系》，阎步克译，贵州人民出版社 1992 年版。

41. [美] T. 帕森斯：《现代社会的结构与过程》，梁向阳译，光明日报出版社 1988 年版。

42. [美] 汤普逊：《中世纪经济社会史》，耿淡如译，商务印书馆 1997 年版。

43. [美] 唐纳德・克林格勒、[美] 约翰・纳尔班迪：《公共部门人力资源管理：系统与战略》（第四版），孙柏瑛等译，中国人民大学出版社 2001 年版。

44. [美] 特里・L. 库珀：《行政伦理学：实现行政责任的途径》（第四版），张秀琴译，中国人民大学出版社 2001 年版。

45. [美] 蒂姆、[美] 彼得森：《人的行为与组织管理》，钟谷兰译，中国轻工业出版社 2004 年版。

46. [美] V. 奥斯特罗姆、D. 菲尼、H. 皮希特：《制度分析与发展的反思——问题与抉择》，王诚等译，商务印书馆 1992 年版。

47. [美] 威廉・F. 韦斯特：《控制官僚》，张定淮、白锐译，重庆出版社 2001 年版。

48. [美] 文森特・奥斯特罗姆：《美国公共行政的思想危机》，毛寿龙译，上海三联书店 1999 年版。

49. [美] 约翰・罗尔斯：《正义论》，何怀宏等译，中国社会科学出版社 1988 年版。

50. [美] 约翰・麦金太尔、[美] 玛丽・约翰・奥黑尔：《教师角色》，丁怡等译，中国轻工业出版社 2002 年版。

51. [美] 詹姆斯・N. 罗西瑙：《没有政府的治理》，张胜军等译，江西人民出版社 2001 年版。

52. [美] 珍妮特・V. 登哈特、[美] 罗伯特・B. 登哈特：《新公共服务：服务，而不是掌舵》，丁煌译，中国人民大学出版社 2004 年版。

53. [英] 安东尼・吉登斯：《社会的构成》，李康、李猛译，生活・读书・新知三联书店 1998 年版。

54. [英] 安东尼・吉登斯：《现代性与自我认同》，赵旭东、方文译，生活・读书・新知三联书店 1998 年版。

55. [英] 安东尼・吉登斯：《现代性的后果》，田禾译，译林出版社 2000 年版。

56. [英] 伯特兰・罗素：《权力论——一个新的社会分析》，靳建国译，东方出版社 1988 年版。

57. [英] 戴维・毕瑟姆：《官僚制》（第二版），韩志明、张毅译，吉林人民出版社 2005 年版。

58. [英] 弗里德利希・冯・哈耶克：《自由秩序原理》，邓正来译，生活・读书・新知三联书店 1997 年版。

59. [英] 查尔斯·汉迪：《超越确定性——组织变革的观念》，徐华、黄云译，华夏出版社 2000 年版。

60. [英] J. S. 密尔：《代议制政府》，汪瑄译，商务印书馆 1982 年版。

61. [英] 克里斯托弗·胡德：《国家的艺术——文化、修辞与公共管理》，彭勃、邵春霞译，上海人民出版社 2004 年版。

62. [英] 马丁·阿尔布罗：《官僚制》，阎步克译，知识出版社 1990 年版。

63. [英] 梅因：《古代法》，沈景一译，商务印书馆 1959 年版。

64. [英] 齐格蒙·鲍曼：《生活在碎片之中：论后现代道德》，郁建兴等译，学林出版社 2002 年版。

65. [英] 齐格蒙特·鲍曼：《流动的现代性》，欧阳景根译，上海三联书店 2002 年版。

66. [英] 齐格蒙特·鲍曼：《后现代性及其缺陷》，郇建立、李静韬译，学林出版社 2002 年版。

67. [英] 齐格蒙特·鲍曼：《后现代伦理学》，张成岗译，江苏人民出版社 2003 年版。

68. [英] 齐格蒙特·鲍曼：《共同体》，欧阳景根译，江苏人民出版社 2003 年版。

69. [英] 威廉·韦德：《行政法》，楚建译，中国大百科全书出版社 1997 年版。

70. [英] 休谟：《人性论》，关文运译，商务印书馆 1997 年版。

71. [英] 亚当·斯密：《道德情操论》，韩巍译，西苑出版社 2005 年版。

72. [英] 亚当·斯密：《国富论》上、下卷，杨敬年译，陕西人民出版社 1999 年版。

73. [英] 约翰·格林伍德、戴维·威尔逊：《英国行政管理》，汪淑钧译，商务印书馆 1991 年版。

74. [英] 约翰·洛克：《政府论》下篇，瞿菊农、叶启芳译，商务印书馆 1964 年版。

75. [英] 约翰·洛克：《政府论》上篇，瞿菊农、叶启芳译，商务印书馆 1982 年版。

76. [英] 詹宁斯：《法与宪法》，龚祥瑞、侯健译，生活·读书·新知三联书店1997年版。

77. [法] 阿兰·佩雷菲特：《官僚主义的弊害》，孟鞠如等译，商务印书馆1981年版。

78. [法] 埃哈尔·费埃德伯格：《权力与规则——组织行动的动力》，张月等译，上海人民出版社2005年版。

79. [法] 埃米尔·涂尔干：《社会分工论》，梁东译，生活·读书·新知三联书店2000年版。

80. [法] 爱弥尔·涂尔干：《职业伦理与公民道德》，梁敬东、付德根译，上海人民出版社2000年版。

81. [美] 查尔斯·T. 葛德塞尔：《为官僚制正名——一场公共行政的辩论》，张怡译，复旦大学出版社2007年版。

82. [法] 狄骥：《公法的变迁·法律与国家》，郑戈、冷静译，辽海出版社、春风文艺出版社1999年版。

83. [法] 卢梭：《论人类不平等的起源和基础》，李常山译，商务印书馆1997年版。

84. [法] 卢梭：《社会契约论》，何兆武译，商务印书馆1980年版。

85. [法] 托克维尔：《论美国的民主》，董果良译，商务印书馆2003年版。

86. [法] 马克·布洛赫：《封建社会》上卷，张绪山译，商务印书馆2004年版。

87. [法] 孟德斯鸠：《论法的精神》，张雁深译，商务印书馆1961年版。

88. [法] 米歇尔·福柯：《规训与惩罚》，刘北成、杨远婴译，生活·读书·新知三联书店1999年版。

89. [法] 米歇尔·克罗齐埃：《科层现象》，刘汉全译，上海人民出版社2002年版。

90. [法] 皮埃尔·卡蓝默：《破碎的民主——试论治理的革命》，高凌瀚译，生活·读书·新知三联书店2005年版。

91. [法] 皮埃尔·卡蓝默等：《心系国家改革——公共管理建构模式论》，胡洪庆译，上海人民出版社2004年版。

92. [德] 卡尔·曼海姆：《重建时代的人与社会：现代社会结构的研究》，张旅平译，生活·读书·新知三联书店2002年版。

93. [德] 柯武刚、[德] 史漫飞：《制度经济学：社会秩序与公共政策》，韩朝华译，商务印书馆 2000 年版。

94. [德] 黑格尔：《法哲学原理》，范扬、张企泰译，商务印书馆 1961 年版。

95. [德] 罗曼·赫尔佐克：《古代的国家：起源和统治形式》，赵蓉恒译，北京大学 1998 年版。

96. [德] 马克斯·韦伯：《经济与社会》上、下卷，林荣远译，商务印书馆 1997 年版。

97. [德] 马克斯·韦伯：《新教伦理与资本主义精神》，于晓、陈维纲等译，陕西师范大学出版社 2002 年版。

98. [德] 马克斯·韦伯：《学术与政治》，冯克利译，生活·读书·新知三联书店 2005 年版。

99. [德] 马克斯·韦伯：《支配社会学》，康乐、简惠美译，广西师范大学出版社 2004 年版。

100. [德] 诺贝特·埃利亚斯：《个体的社会》，翟三江、陆兴华译，译林出版社 2003 年版。

101. [德] 诺贝特·埃利亚斯：《文明的进程——文明的社会起源和心理起源研究》，王佩莉译，生活·读书·新知三联书店 1999 年版。

102. [德] 尤尔根·哈贝马斯：《交往行为理论》，曹卫东译，上海人民出版社 2004 年版。

103. [德] 尤尔根·哈贝马斯：《公共领域的结构转型》，曹卫东等译，学林出版社 1999 年版。

104. [德] 尤尔根·哈贝马斯：《交往与社会进化》，张博树译，重庆出版社 1989 年版。

105. [德] 尤尔根·哈贝马斯：《作为意识形态的技术与科学》，李黎、郭官义译，学林出版社 1999 年版。

106. [德] 尤尔根·哈贝马斯：《合法化危机》，刘北成、曹卫东译，上海人民出版社 2000 年版。

107. [德] 尤尔根·哈贝马斯：《在事实与规范之间》，童世骏译，生活·读书·新知三联书店 2003 年版。

108. [日] 片岡寛光：《论职业公务员》，熊达云、郑希宏译，上海科学普及出版社 2001 年版。

109. [印] 阿马蒂亚·森：《以自由来看待发展》，任赜、于真译，中国人民大学出版社 2002 年版。

110. [加] H. 明茨伯格：《经理工作的性质》，孙耀君译，团结出版社 1999 年版。

111. [加] 大卫·莱昂：《后现代性》（第二版），郭为桂译，吉林人民出版社 2005 年版。

112. [澳] 哈里·奥斯曼：《人性管理》，易晔译，中国财政经济出版社 2005 年版。

113. [澳] 欧文·E. 休斯：《公共管理导论》，彭和平等译，中国人民大学出版社 2001 年版。

114. [波兰] 弗·兹纳涅茨基：《知识人的社会角色》，郏斌祥译，译林出版社 2000 年版。

115. [波兰] 彼得·什托姆普卡：《信任：一种社会学理论》，程胜利译，中华书局 2005 年版。

二、中文参考书目

1. 郭咸纲：《西方管理学说史》，中国经济出版社 2003 年版。

2. 邓正来：《国家与社会——中国市民社会研究》，四川人民出版社 1997 年版。

3. 丁煌：《西方行政学说史》，武汉大学出版社 1999 年版。

4. 丁水木、张绪山：《社会角色论》，上海社会科学院出版社 1992 年版。

5. 费孝通：《乡土中国》，生活·读书·新知三联书店 1985 年版。

6. 傅礼白：《国家公务员制度概论》，山东大学出版社 2004 年版。

7. 高王凌：《政府作用和角色问题的历史考察》，海洋出版社 2002 年版。

8. 龚祥瑞：《英国行政机构和文官制度》，人民出版社 1983 年版。

9. 李春成：《行政人的德性与实践》，复旦大学出版社 2003 年版。

10. 李和中：《21 世纪公务员制度》，武汉大学出版社 2006 年版。

11. 李中华：《中国人学思想史》，北京出版社 2005 年版。

12. 刘佑成：《社会分工论》，浙江人民出版社 1985 年版。

13. 刘泽化、汪莽和、王兰仲：《专制权力与中国社会》，天津古籍出版社 2005 年版。

14. 刘祖云：《当代公共行政的伦理审视》，人民出版社 2006 年版。

15. 彭和平：《国外公共行政理论精选》，中共中央党校出版社 1997 年版。

16. 史凤仪：《中国古代的家族与身份》，社会科学文献出版社 1999 年版。

17. 世界银行：《2004 年世界银行发展报告：让服务惠及穷人》，中国财政经济出版社 2004 年版。

18. 宋世明：《西方国家行政改革述评》，国家行政学院出版社 1998 年版。

19. 苏勇：《现代管理伦理学》，石油工业出版社 2003 年版。

20. 孙柏瑛：《公共部门人力资源管理》，中国人民大学出版社 1999 年版。

21. 孙耀君：《西方管理学名著提要》，江西人民出版社 1995 年版。

22. 苏国勋：《理性化及其限制》，上海人民出版社 1988 年版。

23. 谭功荣：《公务员制度比较研究》，重庆出版社 2007 年版。

24. 唐兴霖：《公共行政学：历史与思想》，中山大学出版社 2000 年版。

25. 王伟、鄯爱红：《行政伦理学》，人民出版社 2005 年版。

26. 王秀华：《技术社会角色引论》，中国社会科学出版社 2005 年版。

27. 王亚南：《中国官僚政治研究》，中国社会科学出版社 1981 年版。

28. 温泉信：《角色：人的行为选择》，军事译文出版社 1992 年版。

29. 夏有恒：《新角色——企业文化人》，吉林人民出版社 1998 年版。

30. 杨心恒、宗力：《社会学概论》，群众出版社 1986 年版。

31. 游永恒：《现代管理中的人》，贵州教育出版社 1995 年版。

32. 袁祖社：《权力与自由：市民社会的人学考察》，中国社会科学出版社 2003 年版。

33. 俞可平：《权利政治与公益政治》，社会科学文献出版社 2003 年版。

34. 俞可平：《治理与善治》，社会科学文献出版社 2000 年版。

35. 汪新建、孙丽丽、杨桂华：《社会心理学概论》，天津人民出版社 1988 年版。

36. 奚从清、沈赓方：《社会学原理》（第五版），浙江大学出版社 2004 年版。

37. 徐扬杰：《中国家族制度史》，人民出版社 1992 年版。

38. 张成福：《大变革——中国行政改革的目标与行为选择》，改革出版社 1993 年版。

39. 张成福，党秀云：《公共管理学》，中国人民大学出版社 2001 年版。

40. 张金鉴：《行政学典范》，（台北）中国行政学会 1986 年版。

41. 张康之：《公共管理伦理学》，中国人民大学出版社 2003 年版。

42. 张康之：《公共行政中的哲学与伦理》，中国人民大学出版社 2004 年版。

43. 张康之：《社会治理的历史叙事》，北京大学出版社 2006 年版。

44. 张康之：《寻找公共行政的伦理视角》，中国人民大学出版社 2002 年版。

45. 张康之、李传军：《行政伦理学教程》，中国人民大学出版社 2004 年版。

46. 张康之、李传军：《一般管理学原理》，中国人民大学出版社 2005 年版。

47. 张康之、李传军、张璋：《公共行政学》，经济科学出版社 2002 年版。

48. 郑杭生：《社会学概论新修》（第三版），中国人民大学出版社 2003 年版。

49. 钟年：《中国人的传统角色》，湖北教育出版社 1999 年版。

50. 周晓虹：《现代社会心理学》，上海人民出版社 1997 年版。

51. 周晓虹：《现代社会心理学——多维视野中的社会行为研究》，上海人民出版社 1997 年版。

52. 周雪光：《组织社会学十讲》，社会科学文献出版社 2003 年版。

53. 周怡：《解读社会——文化与结构的路径》，社会科学文献出版社 2004 年版。

54. 周至忍：《当代国外行政改革比较研究》，国家行政学院出版社 1999 年版。

三、中文期刊文献

1. 陈桑桑：《公共管理者的伦理角色与责任的关系》，《科技经济市场》2006 年第 7 期。

2. 邓念国：《从管理主义到服务主义：公共行政理论基础的变迁》，《江汉论坛》2005 年第 6 期。

3. 丁煌：《当代西方公共行政理论的新发展》，《广东行政学院学报》2005 年第 6 期。

4. 高中义、高伟：《行政伦理失范及其治理对策》，《中南民族大学学报》（人文社会科学版）2002 年第 7 期。

5. 加里・万斯莱：《公共行政与治理过程：转变美国的政治对话》（《黑堡宣言》节

选)，《中国行政管理》2002 年第 2 期。

6. 江畅：《论人的社会角色》，《襄樊学院学报》2000 年第 7 期。

7. J. S. 朱恩：《什么是行政哲学》，《北京行政学院学报》2004 年第 4 期。

8. 李传军：《服务行政模式对官僚制的借鉴与超越》，《江西行政学院学报》2003 年第 4 期。

9. 李靖、文宏：《转型期我国行政官员责任伦理的强化》，《学术交流》2005 年第 9 期。

10. 李萍：《论中国公共行政伦理的核心任务——从“距离悖论”的中国式表现说起》，《学习与探索》2006 年第 3 期。

11. 林敏娟：《浅谈公共行政人员的公共性》，《行政论坛》2004 年第 11 期。

12. 林希斌：《“公共性”视角下政府行政人员的角色定位》，《常熟理工学院学报》2005 年第 5 期。

13. 刘晓红：《影响行政人员伦理角色定位的因素及对策分析》，《福建经济管理干部学院学报》2003 年第 4 期。

14. 刘熙瑞：《“三个代表”重要思想与服务型政府建设》，《天津行政学院学报》2004 年第 5 期。

15. 刘祖云：《历史与逻辑视野中的“服务型政府”》，《南京社会科学》2004 年第 9 期。

16. 卢颂华：《试论公共行政过程中的责任冲突与对策思考》，《中共福建省委党校学报》2002 年第 7 期。

17. 孙政、齐心：《公务员职业角色定位与行政伦理建设》，《辽宁教育行政学院学报》2006 年第 5 期。

18. 唐兴霖：《再造公共行政的伦理向度》，《学术研究》2003 年第 1 期。

19. 王海明：《专制主义概念辩难》，《山东大学学报》(哲学社会科学版) 2007 第 2 期。

20. 王学军：《新时期公共管理者的角色定位》，《党政论坛》2005 年第 3 期。

21. 王育民：《职业与职业道德》，《社会学研究》1994 年第 1 期。

22. 奚从清：《关于建立角色社会学的几个问题》，《中共长春市委党校学报》2004

年第 3 期。

23. 肖俊勇：《关于公共行政选择中的伦理困境的思考》，《法制与社会》2006 年第 7 期。

24. 张劲松、宋清：《论官僚制与行政人员的角色冲突》，《中共长春市委党校学报》2005 年第 5 期。

25. 张康之：《道德存在：把握完整的人的必要纬度》，《社会科学研究》2006 年第 3 期。

26. 张康之：《领域分化后的道德寓所——兼论公共行政的道德原则》，《文史哲》2006 年第 5 期。

27. 张康之：《论行政伦理研究中的理论追求》，《社会科学研究》2007 年第 1 期。

28. 张康之：《论作为职业活动的公共管理——公共管理伦理学视角中的公共管理活动》，《北京行政学院学报》2003 年第 4 期。

29. 张康之：《"协作"与"合作"之辨异》，《江海学刊》2006 年第 2 期。

30. 张康之：《沿着合作的向度思考意识形态》，《毛泽东邓小平理论研究》2006 年第 8 期。

31. 张康之：《政府的责任在于培育成熟的社会》，《浙江学刊》2000 年第 2 期。

32. 张炜、朱倬然：《行政角色定位的最优化假设》，《行政论坛》2002 年第 5 期。

33. 郑钟炎、程竹松：《论公务员的角色定位和职业属性》，《上海大学学报》（社会科学版）2004 年第 3 期。

34. 周建勇：《从行政伦理看行政人员的角色冲突及其对策》，《云南行政学院学报》2005 年第 4 期。

35. 朱国云：《韦伯官僚组织结构理论的新演变》，《国外社会科学》1995 年第 11 期。

四、外文参考资料

1. Hinkle，Christina H.，*Study Guide* [*for*] *Public Administration and Public Affairs*，*Eighth Edition*，N.J.：Prentice Hall，2001.

2. Denhardt，Janet Vinzant，*New Public Service*，Armonk，NY，USA：M.E.Sharp，Inc.，2006.

3. Denhardt, Robert B., *Dance of Leadership*: *The Art of Leading in Business*, *Government*, *and Siciety*, Armonk, NY, USA: M.E.Sharp, Inc, 2006.

4. George Ritzer, *Contemporary Sociological Theory and Its Classical Roots*: *The Basics*, Beijing: Peking University Press, 2004.

5. Levitan, David M., "The Responsibility of Administrative Officials in a Democratic Society", in *Political Science Quarterly*, Vol.61, No.4, 1946.

6. Mosher Frederick C., *Democracy and the Public Service*, 2nd ed., New York: Oxford University Press, 1982.

7. Hellmut Wollmann, *Evaluation in Public Sector Reform*: *Concepts and Practice in International Perspective*, Edward Elgar, 2003.

8. Herman Finner, "Administration Responsibility in Democratic Government", *Public Administration Review*, Vol.1, No.4, 1941.

9. James S. Bowman, *The Professional Edge*: *Competencies in Public Service*, N.Y.: M.E. Sharpe, 2004.

10. Janet V. Denhardt, Robert B. Denhardt, *The New Public Service*: *Serving*, *Not Steering*, New York: M.E. Sharpe, 2003.

11. Jay M. Shafritz, E.W. Russell, *Introducing Public Administration*, New York: Longman, 2003.

12. Jerald Hage, Charles H.Powers, *Post-Industrial Lives*: *Roles and Relationships in the 21st Century*, California: SAGE Publications, Inc., 1992.

13. Jonathan H. Turner, *The Structure of Sociological Theory*, 5th ed., Belmont, Calif.: Wadsworth Pub. Co., 1991.

14. Judith R. Blau, Norman Goodman, *Social Roles and Social Institutions*, Boulder: Westview Press, 1991.

15. Kato, Junko, *Problem of Bureaucratic Rationality*: *Tax Politics in Japan*, NJ, USA: Princeton University Press, Inc., 1994.

16. Donald C. Menzel, *Ethics Management for Public Administrators*: *Building Organizations of Integrity*, Armonk, NY, USA: M.E. Sharpe, Inc., 2006.

17. Michaeld D. Bayles, *Professional Ethics*, Belmont, Calif.: Wadsworth Pub. Co., 1981.

18. Nicholars Henry, *Public Administration and Public Affairs*, N.J.: Prentice Hall, 2001.

19. Right Hummel, *The Bureaucratic Experience*, New York: St. Martin's Press, 1987.

20. Robert B. Denhardt, Janet Vinzant Denhardt, Maria P. Aristigueta, *Managing Human Behavior in Public & Nonprofit Organizations*, Sage Publications, 2002.

21. Robert E. McGinn, *Science, Technology, and Society*, New Jersey: Prentice-Hall, Inc., 1991.

22. Robert P. Watson, *Public Administration: Cases in Managerial Role-playing*, New York: Longman, 2002.

23. Ruth F. Chadwick, *Ethics and the Professions*, Aldershot; Brookfield, USA: Avebury, 1994.

24. Steven W. Hays, Richard C. Kearney, *Public Personnel Administration: Problems and Prospects*, [*Fourth Edition*], Beijing: Peking University Press, 2006.

25. Warren G. Bennis, "The Coming Death of Bureaucracy", in *Management Review*, Vol.56, Issue 3, 1967.

26. William G. Scott, David K. Hart, *Organizational Values in America*, New Brunswick, U.S.A.: Transaction Publishers, 1989.

后　记

在完成本书的写作和修改之时，回首往昔，思潮起伏。人生就好比过隙的白驹，一晃而过。不由得感叹：吾生也有涯，而知也无涯。真恨不能化成一颗小星星，不管是一千年，还是一万年，都可以在天空中依然地闪烁着、光亮着，而我也可以依旧的风华正茂和恰同学少年。

本书是在我的博士毕业论文的基础上修改而成。但由于在专业领域涉猎不深，加上自己的学术积累还很薄弱，且能力水平有限，离恩师的要求还相差甚远。在写作的前期阶段，提纲曾九易其稿，亦不能得到导师的颔首同意，曾一度让我灰心绝望。在初稿的写作阶段，历时八个月之久。其中，曾有几多的眉头紧缩，几多的煎熬困苦；曾有多少次的思绪大开，又有多少次的欣喜若狂；个中滋味恰是“如人饮水，冷暖自知”。在毕业后长达几年的修改阶段，由于身体和工作原因，几度耽搁，又几番拣起继续，终至今日定稿。

在此，谨以此书表达我对恩师张康之教授的衷心感谢！恩师学识渊博，思维缜密，治学严谨，是他让我渐渐明白学问之道，品尝治学之乐，对我有再造之恩！在写作过程中，从选题、构思到初稿、修改稿的各个环节，无不渗透着恩师的心血！多少次徘徊在迷途关头之时，多亏有恩师的费心点拨和悉心指导！然则，虽几易其稿，还是有着颇多的遗憾，不能让恩师和自己满意。唯有寄希望于未来的不懈努力，以及导师与各位前辈同仁的不吝赐教与批评指正，使此书可以得到更多更好的修改意见！

同时，我还要感谢中国人民大学行政学系所有关心、培养与帮助过我的师长及同学。特别要感谢刘熙瑞教授，他的平易近人、无私教诲使我受益颇多，感激一生！

此外，我还要感谢中共珠海市委党校各位领导和同事的鼎力相助！感谢珠海市委党校对本书出版予以一定的资金资助！

尤其要感谢我的父母及家人！想到已过花甲之年的双方父母，想到兄长与姐姐所给予的无微不至的关爱，是他们无怨无悔的付出与支援，才使我能够有时间、有精力投入到写作之中。尤其要感谢我的丈夫段龙飞博士和可爱的儿子得得，如果没有他们的体贴、关爱和持续鼓励，此书也很难完成。

毕瑞峰

2016 年 3 月　谨识于珠海

责任编辑：孔　欢　王　锋
封面设计：徐　晖
版式设计：董晋伟
责任校对：方雅丽

图书在版编目(CIP)数据

政府行政人员角色研究/毕瑞峰 著. —北京：人民出版社，2018.1
ISBN 978-7-01-018597-2

Ⅰ.①政…　Ⅱ.①毕…　Ⅲ.①国家机关工作人员-社会角色-研究-中国
Ⅳ.①D630.3

中国版本图书馆 CIP 数据核字(2017)第 288430 号

政府行政人员角色研究
ZHENGFU XINGZHENG RENYUAN JUESE YANJIU

毕瑞峰　著

人民出版社 出版发行
(100706　北京市东城区隆福寺街 99 号)

北京汇林印务有限公司印刷　新华书店经销

2018 年 1 月第 1 版　2018 年 1 月北京第 1 次印刷
开本：710 毫米×1000 毫米 1/16　印张：18.5
字数：272 千字

ISBN 978-7-01-018597-2　定价：49.00 元

邮购地址 100706　北京市东城区隆福寺街 99 号
人民东方图书销售中心　电话 (010)65250042　65289539